JN262280

菊池勇夫 編著

地方史・民衆史の継承

―林史学から受け継ぐ―

芙蓉書房出版

編集にあたって―林史学から学ぶこと―

林英夫先生は二〇〇七年二月五日、八十七歳で亡くなられた。先生の周囲にあって薫陶を受けた者たち数人が集まり、同じく同窓の出版人平澤公裕さんの協力を得て、学恩に対してささやかなお礼の意味を込めて論集を作ろうということになった。それから数年経ってようやく刊行に至ったのが本書である。

私たち寄稿者は、先生に大学・大学院などで直接学んだというだけでなく、地方史研究協議会における学会活動、あるいは自治体史の編纂や、郷土資料館・博物館の開設・運営など実践的な場においてもさまざまに指導・助言を受けてきた。歴史のみかた、資料館・博物館のありかたといった、歴史学の根本、精神に関わるところでの影響が大きいように思われる。

先生の歴史学者としての歩みについては、先生ご自身の文章を中心に編まれた『林英夫先生を偲んで』（林英夫先生お別れの会事務局編集・発行）に詳しい。先生は『近世農村工業史の基礎過程』（青木書店、一九六〇年）、『在方木綿問屋の史的展開』（塙書房、一九六五年）といった主著からもわかるように、尾西地域を中心とした綿織物業の社会経済史家として知られ、マニュファクチャー論争の一方の当事者であった。

しかし、一九七〇年前後の「大学闘争（紛争）」の時代状況は先生においても歴史学者として少なからぬ転機となったのではなかろうか。私たちはこの時期、あるいはその終息後に先生と出会っている。織物工業の研究やマニュファクチャー論争のことをゼミ等で話されることはあまりなく、卒論・修論のテーマにした者もいなかった。先生ご自身、もう一度取り組んでみたいとふと漏らされることはあったが、ついに果たされることはなかった。

今、あらためて先生の一九七〇年代半ばの著書『絶望的近代の民衆像―地方主義の復権』（柏書房、一九七六年）を読み直して感じるのは、先生が人生の熟年・晩年期、折につけて雑談のなかで日々話されていたことが、この本のなかに凝縮されていることであった。変革的な時代の雰囲気のなかで、本来の文学青年としての、沖縄や民俗などに関心を持たれていた若き頃の情動的なものがこみあげてきて、経済史研究の枠を突き抜けようとしたのではなかろうか。むろん、戦後歴史学の一翼としての地方史研究運動を推進してこられたから、「国のあゆみ」中心の歴史観・歴史叙述に対して、「民の歩み」を中心に据えた地方史や民衆史を徹底させようというところに情熱が傾けられていた。以下、この『絶望的近代の民衆像』に即して、林史学の本質的なところを確認しておきたいと思う。

一九七〇年代、「民衆」という言葉がはやり、「民衆」についてたくさん書かれ論じられていた。一揆研究や民衆思想の研究がもっともさかんな時期であった。先生は「民衆から離れて高いところから、民のかまどの状況を判断して語っているようにすぎないように思われる」と、自戒もこめて、『絶望的近代の民衆像』の「まえがき」に記されている。どのあたりを念頭においていたかは明示されていないが、民衆不在の観念的な民衆史への違和感の表明であっただろう。ならば、地方史、民衆史がめざすべきはどのようなものとなろうか。

郷土の地平にたって、そこから家や村のあゆみを確実に地固めすることなくして歴史を民のものとすることはできない。住民の暮しのなかにひそむ歴史的関心をすくいあげ住民の手によって、あるいは市民の共同作業によって歴史を調べ書くという、地方史研究や地方主義を貫く文化運動を推進していくことが、村や町の未来を切りひらき豊かな地域文化を創造する要素である。（まえがき）

歴史を書く人は、特殊の技術者だけであってはならない。家庭の主婦も、野良で働く農夫も、工場の労働者も、学生、商店の主人も誰でも書けるようになることが、地方文化を育て、地方を開発していくうえの要素である。

（「郷土の地平から」）

歴史を民のものとする、それは郷土の住民、ないし市民自らが能動的に歴史を調べ書く主体になっていく、そうなれば地域の未来をおのずと切り開いていく力になっていく、そうした地方史研究を理想としていたことが確信的に語られている。先生が郷土資料館などの生涯教育や、カルチャーセンターのような市民講座に積極的に関与されていったのは、そうした動きを作り出すためであったのである。崩し字の解読辞典やテキストを編集されたのも、市民の人たちが家や、村・町に残る古文書を自ら読み解いていくための道具の提供であった。

「特殊の技術者」というのは、歴史史料・歴史研究について専門的な知識を持ち、大学教員や学芸員などとして働く人のことであろうが、その人たちの役割を否定しているわけではない。後に書いた文章になるが、生涯教育を例にあげて、「講師は万能である必要は全くない。受講生の前で、解読に手間どり試行錯誤する状況を実演すればよい」、「講師は智者・賢者・学者たらんとする必要はない。ただ巧者であることと、受講者の意見・異見を虚心に聞く耳をもち、受講者と協力しつつ、なまの史料の語る情報から歴史像を作り上げることが大事である」(「現代社会のなかの歴史学」『岩波講座日本通史』別巻1、一九九五年)と述べている。講師は気負って主婦や年配の受講者を教育する必要はまったくなく、多少経験を積んだ「巧者」として、生の史料から直接歴史を読み取ろうとする市民派的研究者に必要なかぎりで手助けするといった、むしろ控えめな役割であるのがよいという考えだった。市民というものへの信頼がそこにはある。

『絶望的近代の民衆像』は題名が示すように、明るい民衆史ではない。その点では平凡社の『日本残酷物語』の系譜に近いものがある。村人たちが共同体をなして幾世代にもわたって伝承してきた暮らしやしきたりを「郷土」の歴史の重みとして受けとめつつも、本書では村から出ていかざるをえなかった共同体からの脱落者や、村に戻っては来るものの渡り歩く旅芸人や職人に対して暖かいまなざしを向けていた。博奕打ちや瞽女、乞食などであるが、たとえば、若狭の千歯扱きの行商人についての、やがて消えゆく体験者からの聞き取りの論考は民俗学的な調査記録としても貴重であろう。

近代百年と江戸三百年とではどちらが民衆にとって不幸であったかと問う。近代のほうが江戸時代をはるかに上回る民衆の惨苦であったと答える。たとえば、娼婦部屋、女工部屋、そして北海道開拓の土方部屋では暴力が猛威をふるった。それは、日本軍隊と変わらない「凶暴な真空地帯」であり、天皇制国家権力の「非情」がそれらの暴力を構造的に生み出していたのだと批判する。

今はやり流に、江戸時代を美化しようというのではなかった。過酷な重税、村落共同体の息苦しさ、死を意味した飢饉、権力者による殺害など、「圧政と酷薄」な近世社会の側面をきびしい批評眼でみている。それと比べても「近代」は、底辺民衆の境遇に熱い視線を注ぐがゆえに、まさに「絶望的近代」としか言いようがなかったのである。現今、近代日本の戦争や国家体制を合理化し、美化しようとする動きが一部にかまびすしいが、そうした歴史の修正に対して、先生が試みられたような近代民衆の「絶望」的状況を明らかにし提示していくことがますます重みをもってきているのではなかろうか。

当然ながら、近代の歴史学に対する批判にも手厳しいものがあった。とくに東京帝国大学に代表されるアカデミズムに対しては、実証史学としての意味を否定しないまでも、「学閥とよばれる私的・閥族的な集団エゴイズムを温存・助長」し、「閥外の学問を軽視するか無視する傾向」があったと、その弊害を指摘して憚らない。官・公に対する私立の矜持のようなものを生涯、頑として持っていた先生であったように思う。

アカデミズムの政治史偏重からは「民衆の抵抗と解放の理論」は創造されないと断ずる一方で、山路愛山・徳富蘇峰らの「史論史学」、佐野学・野呂栄太郎らの「唯物史観史学」、そして坪井正五郎・柳田國男らの「地方・郷土・田舎をフィールド」とした土俗学・民俗学に、「民衆の学」の確かな歩みを認めている。在野の民間史学という括りであるが、そのなかでも、とりわけ土俗学・民俗学の影響を受けて各地に郷土史家たちが生まれてきたのであるという。

しかし、郷土（史）研究は皇国史観や国家神道を通した道徳教化政策、国家主義イデオロギーによって順調に発展できたのではなかったと捉える。民衆の生活と直接かかわりあいがないような、皇国史観の影響をうけた「通俗日本史」がいわば妥協の産物として生み出され、再生産されることになったからである。戦後、民衆の歴史へと郷土研究の視点が大きく変わると、郷土史は「お国自慢・独善的・趣味的・好古僻」の代名詞のようになってしまい、地方史さらには地域史が使われるようになったが、それは先生ばかりでなく、私たちの戦後世代にも共有されている感覚であろう。

にもかかわらず、先生は「郷土」の視点、「郷土」の地平などと、郷土という言葉を多用されている。ただ「郷土史」ではなく、かといって「地域史」でもなく、「地方史」を掲げてこられたのは、「中央に対峙する概念」として「地方史」の意義を尊重したいからであった。「郷土」としか表現しようのないもの（郷土愛といってもかまわないが）を大切にしながら、天皇中心史観、国家主義イデロギーにからめとられてしまった「郷土」概念の苦い歴史を繰り返したくない、そういう抵抗ないし対抗の思いが先生の「地方史」には明らかに含意されているのである。

今日、学校教育・社会教育で「郷土（愛）」が頻繁に使われるようになった。同じく郷土という言葉を使っても、国家主義と地方（地域）主義の相克、葛藤がそこには内在していることを私たちは知らねばならない。民衆・地域の側に「郷土」をつなぎとめ手放さない、それが先生の「地方史」観から学ぶ点であろう。

さらに、先生はいくつかの歴史系博物館の展示計画に関わり、民衆文化の理解や文化財保護のありかたについて積極的に提言されてきた。『絶望的近代の民衆像』においてもすでにその基本的な考えが民衆の視点から率直に語られていた。

日本文化史は貴族・武士などの支配階級のエリート文化史であって、アイヌ文化、沖縄文化、農民文化が欠落している。こうした「支配者文化的一級品主義」、「芸術至上主義的文化史観」から脱却することなくして日本文化を理解したことにはならない。国の文化財指定は、芸術的価値優先主義に偏り、貴族・武家・元勲・資本家などの中央の支配者中心の文化が尊重され、たとえば貧民家屋のような民衆的な生活文化は保護の対象にはなってこなかった。めぼしいものだけをその環境から切り離し持ち去って保存するのは間違っている。民衆の資料は「民具」で、武家・貴族の資料は「歴史」なのか、わざわざ「民」を付けて区別する必要があるのか。

たとえば、そういった物言いであるが、本質をわかりやすく突いている。史跡めぐりでも国定文化財に「無条件に感服」して歩くようなものでは駄目であるとし、「民主的で正しい文化財の守られ方は、地域の住民が、みずから文化財を登録文化財として申請し」ていくようなありかた、すなわち地域住民の文化財意識がもっとも重要であることを喝破していた（「国定」文化財イデオロギー）。

住民ないし市民主体による文化財保存は、市民講座などで先生がよく語っていたことである。先生の講演テープは今でもたくさん保存されているだろうが、このたび、秋山伸一さんを通して、豊島区立郷土資料館が保管する一九八六・八七年当時の二本の録音を聴くことができた。先生の肉声が懐かしく思われた。それは、区民の方々を前にして、文化財や生活資料の意義・理解について語ったものであった。そこでも国定文化財ではなく、区民が大切だと思うものを保存していくことの大切さや、柳宗悦や柳田國男らの活動によって民芸・民俗が着目されるようになった経緯が語られていた。

先生は講演のうまさに定評があった。高校の教員になったとき、話す内容を徹底的に覚え込んで事前練習し授業に臨んだとお聞きしたことがある。そうした努力だけでなく、生来の資質もあずかっていると思われるが、聴衆を飽きさせず魅了していく語り口は真似のできないものがあった。文章を読む以上に講演によって感銘を受けた方たちも多かったのではなかろうか。

林史学の特長について述べてみたが、先生の真骨頂は、あくまで民衆主体、住民主体、市民主体、地方主体であらねば、といった主張を貫かれた歴史学者であった点にある。どちらかといえば、実証研究に没頭するというより歴史学の運動に時間を割くようなタイプであったが、ただ一方的に正しさを語り、押し付けるというのではなく、人々の意見をよく聞き、ものごとの功罪ということもたえず考えておられたように思う。

私たちはあらためて先生の民衆史、あるいは地方史の精神を確認しながら、先生の在りし日を偲び、ここに本書を献呈するものである。

二〇一三年六月

菊池　勇夫

地方史・民衆史の継承
―林史学を受け継ぐ　目次

〈尾張国中島郡起村林家文書〉

天保八年林浅右衛門より貞治へ役継関係史料

翻刻・解説　藤井　智鶴
校閲　髙橋　紀子

江戸北郊における植木屋の庭空間
―伊藤伊兵衛家「武江染井翻紅軒霧島之図」の検証―

秋山 伸一

はじめに

「春の日が足らず伊兵衛をくれて立ち」

この川柳に現れる「伊兵衛」とは、武蔵国豊島郡上駒込村染井（現東京都豊島区駒込）に居住した植木屋伊藤伊兵衛（家）のことを指している。伊兵衛家は近世中期の一時期において、江戸の園芸界を代表する存在であり、多くの業績を後世に遺した植木屋として高い評価を受けている。つまり、先の川柳は、伊兵衛が管理する庭空間が豊富な植木・花卉類で見どころ満載のため、見物するのに思わぬ時間を要してしまい、日が暮れてから帰途についた状況を詠ったものと理解できる。

近世中期以降植木屋として活躍した伊藤伊兵衛家については、内容の精粗はあるものの、江戸園芸の歴史に関する事項を扱う研究報告や読み物には必ずと言ってよいほど記述がみられる*1。しかしながら、その名声ぶりとは裏腹に、伊兵衛家が江戸北郊を代表する植木屋としてどのような経営を行い、一方、訪れる人々はどのような想いで伊兵衛家の庭空間を楽しんでいたのかについては、史料的な制約もあり具体的には明らかにされていないのが実情である。

本稿は、伊藤伊兵衛家の庭を描いたとされる「武江染井翻紅軒霧島之図」を素材として、同家の植木屋経営の一端について検討していくものである。近世中期以降長きにわたり、魅力的な庭園の姿を維持しながら多くの見物客を集め、のちに「江都第一の植木屋」*2という評価まで受けるようになった理由は何に求められるのかについて、やや立ち入って追究していくこととしたい。

一、江戸名所としての「伊兵衛庭」

明和二年（一七六五）三月二八日、士分とみられる木村有周ら一行は、出羽国由利郡新庄村（現秋田県由利郡矢島町）を旅立ち、西国札所を巡ったのち同年六月二二日に江戸に入り、その後三〇日まで江戸に滞在して、〝江戸観光〟を満喫している。この間、上野・浅草など言わずと知れた江戸名所はもちろん、梅屋敷（現東京都江東区）・飛鳥山（現東京都北区）といった花名所とともに「伊兵衛庭」も訪れている*3。

木村有周ら一行が「伊兵衛庭」を訪れてから約六年後の明和八年四月三日、寒河江楯南村（現山形県寒河江市）の安孫子周蔵ら全三名一行は、江戸見物の折に上野から飛鳥山・王子方面を廻ったのち、その足で伊兵衛の庭に立ち寄っている*4。その様子を記した「見聞録」には、伊兵衛家のことを「公義の植木屋也、種もの草花・薬草の類ひ千草万木もるゝ事なし、中にとりわきよき頃はつゝじの頃也、屋敷の前ニ所々に茶やあり、植木見物の貴賤に茶をうる」と記してあり、①伊兵衛と幕府とのつながり、②栽培している植物の豊富さ、③つつじの綺麗さ、④近隣地域の茶店の存在など、当時の伊兵衛家や当該地域の植木屋のあり方を考える上で、興味深い指摘をしている。もちろん、周蔵らの旅の主目的は伊勢参りなどであり、江戸見物は、あくまでその途中での〝寄り道〟に過ぎなかったのであるが、江戸名所観光の延長線上に伊兵衛家の庭を位置づけていることに興味を惹かれる。

さて、これより以前の享保八年（一七二三）八月一三日、八代将軍吉宗は雑司が谷（現東京都豊島区雑司が谷）付近で狩りをしたのち、染井まで足をのばし伊兵衛宅でひと休みしている*5。当然この時には伊兵衛の庭を見物したものと考えられる。

また、享保一二年三月二一日（新暦の五月一一日）には、大納言家重（のちの九代将軍）が染井を訪れており、『徳川実紀』には「廿一日大納言殿染井のほとりに御遊覧あり、これよりさき、花商伊兵衛が園中に仮屋を設らる。伊兵衛より盆花三種を献す、翌日銀を賜ふ」と記されている*6。これによると、三月二一日以前の段階で、伊兵衛の敷地内に御成り用の小屋を設け、「御遊覧」当日は伊兵衛から「盆花三種」が献上されたとしている。引用史料には、明確に伊兵衛の庭を「御遊覧」したとは記されていない。

しかしながら、『新編武蔵風土記稿』の「上駒込村」、「芸家伊兵衛」の部分には、「子孫伊兵衛政武が時、享保十二年三月二十一日、有徳院殿経過せらる【筆者注：実際に訪れたのは「有徳院殿」（将軍吉宗）ではなく大納言家重】、松平能登守・松下専助等従ひ奉る、巳刻将軍東門より成らせられ、花壇・植溜を御覧せられ、午刻後西門より還御なり」と記されており*7、訪れた時期や前後の文脈から考えて、その時に伊兵衛家の庭内で咲き誇っていたと思われるキリシマツヅジ（後述）などを一時ほど見物したと判断してよかろう。

将軍家による染井方面への御成りは、江戸時代を通してこれ以ら外にも数度確認できる。もちろん、〈染井方面への御成り〉すべてを〈伊兵衛の庭の見物〉に読み替えることはできないが、染井に集住する植木屋たちの代表として伊兵衛家に立ち寄っていた可能性は十分に考えられるのである。

ここまで掲げた事例以外にも、例えば寛政年間（一七八九～一八〇〇）に成立した地誌である『新編江戸志』では、伊藤伊兵衛家のことを「染井花壇」として取り上げ、「四時花実の遊観たゆる事なし（後略）」と記述する*8など、同家の庭の美しさ、見事さを高く評価する随筆・記録類を見つけ出すことは比較的容易である。江戸および江戸周辺の居住者にとって、伊兵衛の庭の素晴らしさは周知のことがらだったのかも知れない。そこで、以下節を改めて、同家の庭を描いたとされる「武江染井翻紅軒霧島之図」を様々な角度から読み解いていきながら、同家の庭が持つ魅力について考えていくことにしたい。

二、「武江染井翻紅軒霧島之図」を読む

（1）本図の基本的情報

「武江染井翻紅軒霧島之図」（後掲第1図参照）は、料紙の左下部に「軒主江戸染井伊藤伊兵衛　画工近藤助五郎清春」と刊記がなされ、成立年代の記載はないものの、染井の植木屋伊藤伊兵衛政武が、画工の近藤助五郎清春に依頼して作ったものであることが知られる。

表題の意味するところは、武蔵国江戸（「武江」）の北部「染井」に位置する「翻紅軒」という屋号の植木屋（伊兵衛家）で栽培している「霧島」つつじの「図」、ということであり、キリシマツツジが見ごろとなる三月下旬頃（現在の

No.	第1図書き込み読みおこし
1	入口より是まて二町余
2	泉水・かきつはた・すいれん
3	御腰掛場
4	腰掛
5	きりしまうへこミ高壱丈よ
6	きり嶋古木三本
7	唐松
8	無三
9	面向
10	さつき
11	きりしま植込高一丈三尺
12	きりしまうへ込高一丈二尺
13	百花つはき
14	いろいろ鉢木
15	からくさ木・ゆり
16	ほたん・しやくやく・つゝし
17	いろいろ鉢木
18	唐楓
19	百色もみぢ
20	いろいろ鉢木
21	居宅
22	草花鉢植
23	薬草二百余品鉢植
24	草花品々鉢植
25	つゝじなへ
26	ムロ
27	拝領朝鮮人参
28	百花つはき
29	作り木植込
30	百花つばき
31	龍虎つくり木
32	百花つばき
33	きりしまうへこみ
34	つゝじいけかき
35	いろいろ植溜
36	つゝじいけかき
37	きりしま植込
38	入口

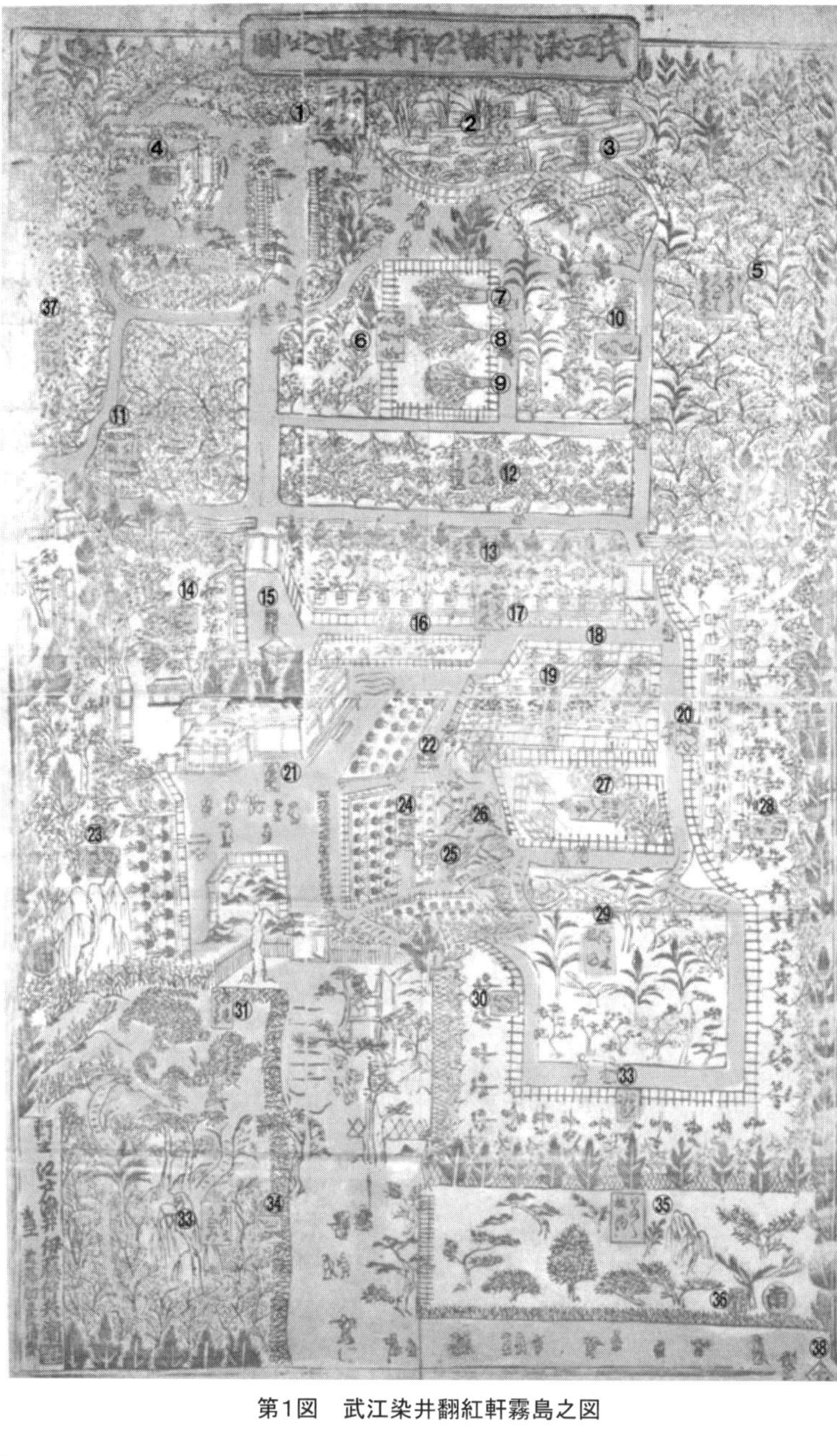

第1図　武江染井翻紅軒霧島之図

四月下旬～五月上旬）に花見遊覧客への宣伝・周知用として板行されたものと考えられる。今日で言うと、集客を目的とした観光案内パンフレットの類に該当しよう。周知のように、伊兵衛政武の父親である伊兵衛三之丞烝は、元禄五年（一六九二）につつじ・さつきの園芸書である『錦繡枕』を板行しており、代替わりをした後もつつじの栽培を得意としていた様子がわかる。

さて、「画工」の近藤助五郎清春については、「江戸の浮世絵師、通称助五郎、鳥居清信の門人、美人画をよくす、また草双紙の版下を画く、傍ら戯作をなし、『吉原細見記』、『江戸歌舞伎狂言』等、自ら書画を筆して多く、開版せり、また始めて泥絵をえがく」と『大日本書画名家大鑑』には記されている*9。享保一六年正月には、江戸芝神明前の井筒屋という版元から板行された「なんけんけれどもばけ物双六」の作者であることが判明している。また、斎藤月岑による『武江年表』には、享保年間（一七一六～三五）の記事として、「浮世絵師、奥村文角政信（芳月堂）、西村重長（仙花堂）、鳥居清信、同清倍、近藤助五郎清春、富川吟雪房信等行はる」との記述が見られ、この時期の人気浮世絵師の一人として把握されている。

もちろん、先行研究ではすでにこうした点を踏まえ、本図の成立年代を享保年間末年と比定してきた。ただし、後掲の拝領朝鮮人参に関する記述でも触れるように、伊兵衛家に朝鮮人参の種がもたらされるのは元文元年（一七三六）のことである*10。伊兵衛政武の活躍期間、近藤助五郎清春の浮世絵師としての作品成立年代を勘案すると、本図の成立時期は元文年間（一七三六～四〇）頃と考えられよう。

いずれにせよ、多くの花見遊覧客を集める染井の植木屋として評判となっていた伊藤伊兵衛家の観光案内パンフレット制作に、同じ頃人気浮世絵師となっていた近藤助五郎清春が選ばれたことになる。また、伊兵衛政武は、清春に「きりしま古木の図」（後述）の制作も依頼している*11。この図もまた成立年代の記載はないものの、キリシマツツジを素材とした図版という共通項から、これら二点の資料は同じ時期、享保年間末年から元文年間頃に成立したものと推測されるのである。

第１表「武江染井翻紅軒霧島之図」現状一覧

	所蔵者	寸法（タテ×ヨコ）	彩色	裏打ち	所　見
1	東京都立中央図書館特別文庫室	595×389	×	○	汚れ・裂け目が目立つ、刷りムラが強い
2	東京大学総合図書館	585×358	○	○	わずかに虫損あり、刷りの状態は良好
3	雑花園文庫	688×476	×	○	板木が摩耗した状態で刷ったもののように見える、刷りムラが強い
4	豊島区立郷土資料館	611×385	○	○	刷りムラ、汚れあり、彩色の状態など全体的には最もバランスがとれている

（２）本図の書誌学的検討

本図は、管見の限りで六点の存在が確認されている。本稿の作成にあたり、それらのうち四点については原資料を閲覧・調査する機会に恵まれた。その結果、すべて同一の板木で摺られ、四枚の料紙が貼り継がれて本図となっていることが確認できた。そこで、現状を第１表にまとめてみた。

この表で注目したいのは、同一の板木を用いていると考えられるにもかかわらず法量にバラツキがあることと、彩色が施されているものとないものがあることの二点である。

法量のバラツキについてであるが、タテ六八八㎜×ヨコ四七六㎜で四点のなかで最も大きい雑花園文庫のものを基本形と考えたい。すなわち、他の三点については、もともと「基本形」サイズ（に近い）のものが、おそらく台紙のようなもの（あるいは壁面）に糊で貼付されており、それを剥がす過程で料紙の縁が裁ち落とされ、「基本形」サイズよりもひと回りからふた回り小さくなり、それが古書店等を経由して、各所蔵機関に伝わってきたと考えられるのに対し、雑花園文庫のものは、糊を使った貼付や裁ち落としの形跡が認められないためである。

一方、彩色の有無についてであるが、本図は成立時期から考えても、後年現われる錦絵のように複数の版木を用いて精度の高い多色刷りを施しているわけではない。墨一色で摺られたところに淡い黄色を全体に塗り、その上で主に通路部分に濃い黄色を、キリシマツツジの花の部分に朱色を、いずれも絵具で重ね塗りをしているものである。彩色されたものと墨一色のものが混在して伝わっている理由についてはよくわからないが、そもそも本図は、鮮やかな緋色のキリシマツツジが見ごろの時期を狙って板行されたものであり（前述）、しかも彩色されたもの二点がきわめて類似した状況で伝存されているところから、彩色されたものの方が本図の完成形と考えられるのである。

（３）本図に含まれる情報

続いて、本図の描写から読み取れる事項について検討していく。先に掲げた第１図は、本図に書き込まれている細かい書き込み部分に番号をふったものである。さらに書き込みの読みおこし文を付しておいた。以下、本図から読み取れることがらをいくつかピックアップしてみよう。

Ａ　全体の敷地状況について

「入口」**38**は現染井通り側に位置し、来訪者はここから敷地内に入り奥に進んで行くことになる。植木と鉢植えがほどよいバランスで配置されており、来訪者は飽きることなく散策を続けられそうである。本図下部から上部に向かっては、実際には谷戸川（藍染川）へと続く下り坂の傾斜地となっており、一番奥（上部）中央に位置する**2**「泉水・かきつはた（杜若）・すいれん（睡蓮）」は、湿地の自然地形を利用した配置と考えられよう。

また、敷地の北側には「入口より是まで二町余」と記されている。間口を奥行の約半分の一町程度とみると、敷地面積は二ヘクタール程度と想定されようか。さらに、本図中心よりやや上部には東西方向に小河川の流れが描かれるなど、実際にはかなり起伏のある敷地だったと推測され、このことは近代以降に印刷された当該地域の実測図と対照してもよくわかる。**21**「居宅」は敷地の西側ほぼ中央に描かれており、近辺には小型の建物が数棟配置されている。作業小屋や物置として使われていたのであろう。

さて、先に指摘したように、本図はキリシマツツジ開花時の宣伝用に板行されたものと思われるが、実際には伊兵衛の敷地全体がキリシマツツジのみで占められていたわけではなく、22「草花鉢植」、23「薬草二百余品鉢植」、29「作り木植込」などが配置され、見物客を飽きさせることのないように様々な鉢植えと植木で構成されていた。そして、見ごろの植木・花卉類を次々と揃えて提供するために、言わばバックヤードとしての35「いろいろ植溜」、14 17 20「いろいろ鉢木」が存在しているのである。伊兵衛の庭が一年を通して江戸北郊の観光スポットであり続けるために、効率的な土地利用が工夫されていたのではなかろうか。

B　キリシマツツジについて

先に述べたように、本図はキリシマツツジが見ごろとなる三月下旬頃に板行されたものと考えられ、それゆえ5「きりしまうへこミ」をはじめ、同様の記載は全五箇所にのぼる、そのほかに34「つゝじいけかき」を含めると、敷地のなかでつつじが占める割合はかなりの部分を占めている。

キリシマツツジは、伊藤伊兵衛三之烝によるつつじ・さつき限定の園芸書『錦繍枕』には、「霧島」として取り上げられ、「花の色なるほど、こひくれないなる事余花にすぐれたり、小りんにして花形美し、きり嶋は接木にしたるよろしからず、木の性年々おとろへ花の色もうすくなるもの也、唯わけ木やさし木にしたる物をむくといひて、後ほど木の性よく大木になり、しかも古木は花の色すぐれてよし」と記されている。花の色が濃い紅色であることが他の花より優れていること、接木にしたものはよくないこと、株分け（「わけ木」）や挿し木にしたものを「無垢」といい、時間が経過するほど木の性質がよく大木になり、古木は花の色が優れていることが記述されている。このような記述からも、本図への朱色の描き込みは、「こひくれない」のキリシマツツジの花を示していることが知られるのである。

C　人の描写について

本図には五〇数名の人物が描かれている。いずれもラフなスケッチのため細かい部分まで読み取ることはできないが、武家らしき集団、武家とその供の者数名、古老とその付き添い、古老一名といった来訪者が、植物を眺めたり、あるいは一休みしている様子が描かれている。なかでも武士身分に属しているとと思われる人物が多くを占めているところが印象的である。そして、女性や子供らしき人物は見当たらず、いずれも成人男性の描写となっている。

時代は降るが、享和三年（一八〇三）の北尾政美画『絵本江戸桜』所収「染井之植木屋」は、絶頂期の伊兵衛家の庭の様子を描いたものと考えられている（第2図）。そこにも武家らしき集団が二組と庶民らしき二人連れが描かれており、説明文には「花屋の伊兵衛といふ、つつじを植しおびたゝし、花のころは貴賤群集す（以下略）」と記されている＊12。こうした記述からも、キリシマツツジの開花時には、多くの人々が見物に訪れていたであろうことが推測できるのである。

第2図「染井之植木屋」

D　二箇所の腰掛について

本図上部右側のこんもりとした丘の頂上には、柵に囲まれた3「御腰掛場」という記述が、上部左側の小屋の脇には4「腰掛」の記述がある。

「御腰掛場」という文言からは、伊兵衛家と将軍家とのつながりを連想させる。前述のように享保八年には将軍吉宗が、また享保一二年には大納言家重が伊兵衛宅に立ち寄っていることが判明しており、丘の頂上の見晴らしの良い場所で吉宗あるいは家重が一時を過ごし、のちにそこが伊兵衛の庭における見どころのひとつとなったことは間違いのないところであろう。一方の「腰掛」は、一般見物客用の休息場所と考えられる。

三、「武江染井翻紅軒霧島之図」に描かれる将軍家からの下賜植物

本図には、将軍家から下賜されたと伝えられる植物が三種類描かれている。ここでは、それぞれの植物がどのように描かれ扱われているのか、そして伊兵衛家の庭空間を考える際にどのような効果をもたらしているのか、について考察していきたい。

（1）朝鮮人参

庭空間のほぼ中央部に、27「拝領朝鮮人参」と記された立て札があり、二重の柵で囲まれていることがわかる。

大石学氏は、朝鮮人参の栽培について、幕府による試作が享保一四年（一七二九）に日光で行われ、ここで育った苗を諸藩や各地の薬園などに配布したことを紹介。仙台藩・岩国藩では享保一九年に、尾張藩・紀伊藩・水戸藩・弘前藩では享保二〇年に、福井藩・加賀藩でも元文年間（一七三六〜四〇）に、人参を配布されたり栽培を始めたりしていることを明らかにしている。そして、本図を根拠資料として江戸北郊の染井の地でも人参が植えられていたこと、さらに、江戸西郊の武蔵野新田では、元文年間に名主が人参を栽培し、近在への販売を出願していることを指摘している*13。

幕府による人参の各地への配布は、ここまで見てきたように享保一九年以降に集中している。一方、前述のように、伊藤伊兵衛家へは元文元年（一七三六）に配布されたようである。

すなわち、江戸南町奉行所の法令・先例集である『享保撰要類集』元文二年五月、「染井　植木屋　伊兵衛」による報告として「去年六月拝領仕候朝鮮人参実五拾粒、不残去六月実被下置候節、直ニ瓶え植申候、三拾本程宛生出申候所、追々きへ申候、唯今拾三本有之、葉は三葉にて御座候、此以後生出可申も難計奉存候、土ハ所之土え植申候」と記述されており、この報告がなされた前年の元文元年に下賜された朝鮮人参の種五〇粒を瓶（植木鉢の意カ）に植え、三〇本ほど発芽したものの、徐々に減ってしまい、現在は一三本になってしまったこと、そして葉は三つ葉であ

ること、以降新たに発芽する見込みはないと思われること、用土は伊兵衛家の庭の土を使ったこと等が記されている。伊兵衛にとっては栽培を試みるものの、あまりうまく生育していない状況を読み取ることができよう＊14。

伊兵衛の庭空間には「拝領朝鮮人参」が植えられ、見物人へも公開していたことが本図から読み取れ、また右に掲げた朝鮮人参栽培に関する伊兵衛の報告内容を勘案すると、本図の成立時期は元文年間（一七三六～四〇）頃と考えてよかろう。

なお、本図には、ここで取り上げた「拝領朝鮮人参」以外にも、23「薬草二百余品鉢植」といった八代将軍吉宗による薬草（医療）政策に関連しそうな記載を確認できる。多くは今後の課題にせざるを得ないが、薬草の栽培普及に植木屋たちが一定の役割を果たした可能性についても追究していく必要があろう。

（2）唐楓

庭のほぼ中央の東側に二重の柵に囲われて18「唐楓」が植えられている。

拝領唐楓については、享保二〇年に成立した『続江戸砂子温故名跡志』において、「唐楓は御用につきて唐船長崎へ持ちわたりしを享保十二のとし拝領せし種なり」と、享保一二年に伊兵衛に下賜された旨が記されている。また、先に掲げた『新編武蔵風土記稿』上駒込村「芸家伊兵衛」の項目には、それまでの経緯も含めて詳しく解説されており、享保一二年（一七二七）九月二二日に御小納戸役の松下専助を通して政武へ下賜された旨が記されている＊15。さらに、文政一二年（一八二七）刊行の『草木奇品家雅見』下巻冒頭の文章でも同様に、「（前略）後十二年ひろく世に蕃殖せしめんと、一株を伊兵衛に賜ふ」と享保一二年説を採用している。

それに対し、中嶋久夫氏は、享保一七年に成立した『追加楓集』に所収されている「唐楓」部分の記述「世間へ弘事を奉窺、蒙御許容願千板と云来、去亥十月九日依台命奉拝領之旨也」から、この樹木を世間に広めることを許して欲しいと強く願ってきたところ、享保一六年（辛亥）一〇月九日に許可されて拝領することができたとし、享保一六年説を強調している。中嶋氏が根拠とする『追加楓集』は、享保一七年に伊藤伊兵衛政武によって著された自筆本との評価がなされ、その信憑性は高い。一方、享保一二年説の根拠となっている『続江戸砂子温故名跡志』、『新編武蔵風土記稿』、『草木奇品家雅見』は、いずれも第三者により後年になって刊行された編纂物であり、自筆本と比較すると記述の信憑性は下がるため、以降本稿では中嶋氏が唱える享保一六年拝領説を支持しておきたい。

（3）霧島古木（キリシマツツジ）

庭空間の奥まったところに、柵で囲まれ6「きり嶋古木三本」、そして7「唐松」8「無三」9「面向」と記されている。そばには三名の武家らしき人物が見物している様子が描かれている。

「霧島古木」三本が伊兵衛家にもたらされた経緯を比較的詳しく記した資料は、現段階で三点確認できる。

まず、享保年間末年に板行されたと考えられる「きりしま古木の図」である＊16。これは、先に掲げた「武江染井翻紅軒霧島之図」の画工近藤清春が三本の霧島古木を描き、それに付随する形で「東武江北染井　伊藤伊兵衛政武」の名前で経緯が記されているものである。すなわち、「霧島の根元ハ、薩摩国霧島山の産木なれバとてきりしまと名付ルとなり、然るに、其一本正保年中薩州より摂州大坂え初て来ルを、取木にわけて、又大坂より五本京都え登ル、名花なるゆへ、珍賞のあまり各々名付て銘をよぶとなむ、いわゆる冨士山　麟角　面向　無三　唐松となり、中にて冨士山・麟角の二本ハ木形随一なりとて、禁裏の御庭え植ルよし、残る三本ハ明暦二丙申年、武江染井え下ス、それより接木・指枝として数々に分取り、諸国えひろめたり、右三本の元木今は古木となりて、おのれとはびこり、春毎開花猶色をまされり、東武江北伊藤伊兵衛（政武落款印）」と記されている。

続いて、「きりしま古木の図」と同じ時期に成立したと考えられる「八十八夜花盛　源氏花道躑躅の花道」である＊17。これは双六形式によるキリシマツツジの案内パンフレットであり、植木屋の名前とともに『源氏物語』全五四帖が「桐壷」から順に「夢の浮きはし」まで記され、〝上がり〟の位置には、霧島古木三本と唐楓（後述）のスケッチとともに「花屋伊兵衛」と記されるものである。なお、本資料に記されている全二一名の植木屋（表記されている肩書き文言は「花屋」）の半数以上が染井の植木屋であることが確認できるため、広く植木屋一般によるキリシマツツジ案内ではなく、染井地域に限定したものと考えるのが妥当であろう。

本資料に記される文言は、「（題名部分）八十八夜花盛　花五十四品有之候得共、紙せまき故ことごとく記ス事あたわず、其一種を写す、余ハ尋て珍花を知給へ　（本文）源氏名寄躑躅の花道　夫躑躅霧島と名付る花の名所ハ、色香染井の里にて、いとかしこくも、上様の尊き命給りて、枝葉ますます栄るハ、実に難有御代万歳、抑霧島の根元は、薩州霧島山の産木にして、正保の昔京都に登る、花いと妙に美しくめでかなるに、花の名も二なき物とや愛給ひ、冨士山・麟角・面向・無三・唐松と名付給し、其中に冨士、麟角二本禁裏に植て、跡三ツを花の東に花咲て、明暦二ツ申の年、初て此里に接指の工ミの功も数そえて、花色命き、年々歳々種類も多く五十あまり四と定て、光りそう源氏の栄花開く、此春爰に名にしおふ染井の躑躅問給へかし　花屋中に代りて　催亭略記」である。

最後に『新編武蔵風土記稿』「上駒込村」部分「芸家伊兵衛」の項目には、「庭際に栽る所の紅躑躅の俗に霧島と称するものは、もと薩州霧島山の産なり、正保中に始て其五種の木を浪華に輸す、士山、麟角、面向、無三、唐松と号す、内二種を京師に留め面向、無三、唐松の三種は江戸に送れり、依て政武が父祖是を伝て今猶圃中に古木残れり、江戸の人家に植戸戸培するものは、これによれりと云」と記されている＊18。

さて、これらの資料の記述から想定できる江戸への導入経路は、以下のようになろう。

もともと薩摩国を発祥とするキリシマツツジの一本を正保年間（一六四四～四七）に大坂で取木の方法で増やし、五本を京都へ送った。美しい花なのでそれぞれの木に名前をつけた。すなわち、冨士山・麟角・面向・無三・唐松である。これらのうち冨士山と麟角の二本については特にすぐれていたので朝廷の庭に植えるとのことで、残る三本は明暦二年に染井へ送られた。そこで接ぎ木などを行い苗木を増やして、江戸をはじめとして各地へ広めた。三本の元木（面向・無三・唐松）は古木となってしまったが自然に茂り、毎年春になると今もきれいに開花している。

ここで注意しておきたいのは、キリシマツツジの苗木は、大坂から江戸の伊兵衛家に対して直接送られたわけではなく、江戸（染井）に向けて送られたということである。ただし、江戸にもたらされてから約九〇年後の元文年間には伊兵衛家の庭で「古木」として実際に管理されていること、そして、「八十八夜花盛　源氏花道躑躅の花道」でみたように、同じ時期に染井の植木屋たちが揃ってキリシマツツジを栽培し、花名所の場となっていたことが推測されるため、明暦年間以降、染井の地で苗木を増やしていったのであろう。後年になってこの地が植木屋の集住地域、すなわち〝江戸の園芸センター〟として広く知られる端緒となったのかも知れない。

四、伊藤伊兵衛家の庭空間とその魅力〜むすびにかえて〜

ここまで、「武江染井翻紅軒霧島之図」から読み取れる情報を通して、伊藤伊兵衛家の庭空間について検証してきた。その結果、伊兵衛の庭は単に植木・花卉類がきれいに配置されているだけではなく、見物客を飽きさせないために随所に工夫が凝らされていることが明らかになった。すなわち、キリシマツツジが江戸にもたらされ伊兵衛家の庭で栽培されるまでには、様々なエピソードが付随していること、また、柵で囲われた「唐楓」・「拝領朝鮮人参」・「御腰掛場」には、いずれも将軍家による伊兵衛家への御成りや、植物をめぐる両者間での交流が伴っており、見物客はそうした経緯や由緒にも興味を持ち楽しんでいると思われること、さらに言えば、こうした将軍家との関わりを示す植物やモノを、いわば集客の目玉として庭空間が構成されていたのである＊19。そうした評判がさらなる評判を呼ぶことにより、伊兵衛は後年「江都第一の植木屋」とまで言われるようになったのではなかろうか。

さて、伊兵衛政武は、元文二年（一七三七）発刊『歌仙百色紅葉集』の跋文の末尾において、「(前略）ねがふらくハ、町店荷売の植木屋にて、名と木と相違なからんことを」と記し、店を構える植木屋や振り売りの植木屋が、品種名と樹木とを間違わないようにしてほしいと自らの願望を記している。換言すれば、紅葉に限らず正確な植物名を一般の人々が理解・認識したうえで植物に親しんで欲しいと考えていたことに通ずるものであり、政武が単に文章のみによる園芸書ではなく、文章と植物画からなる植物図譜の制作に生涯にわたってこだわり続けた理由だと筆者は考えている＊20。

実は、政武の父親伊兵衛三之丞も、その著作『錦繍枕』の中で政武と同じ趣旨のことをすでに記していた。『錦繍枕』巻一所収の「目録凡例」冒頭で、「一、花形を図画にあらはし色品を印は、今町店荷売を見るに、花と名とことごとく相違の侍ればなり」の部分である。すなわち、花の形を図画で描写し、花の色彩や品質を記す理由とは、今、町の花屋や行商人を見ると、花と名前がことごとく違っているためである、と解釈できよう。奇しくも、親子二代にわたり同様の理由で植物図譜の制作に尽力したことになる。

以上のことがらを念頭に再度本図を眺めてみると、植物の配置をエリアごとに区切ってそれぞれに簡単な説明が加えられており、庭空間全体を見物客にとってわかりやすいものにしようとしていることが窺えよう。先に引用した三之丞と政武二人の思いを実現するために、政武は自らの庭空間を使って、各植物に品種名や説明を明記するなどの方法を実践していたことがわかる。つまり、伊兵衛家の庭は、見物客に正確な植物名を認識してもらう空間としても一定の効果をあげていたと考えられるのであり、近代以降日本各地に開園する植物園の先駆的役割を果たしていたと思われる。そして、さらに付言すれば、「拝領朝鮮人参」の部分では、植物の特徴が実際に視覚的に認識できるため、薬草としての朝鮮人参を理解すること、つまり幕府による薬草（医療）政策を庶民へ周知することに一役買ったと考えられるのである。

江戸時代の園芸文化、あるいは大都市江戸の園芸界を考えていくうえで、植木屋の経営のあり方について多面的に分析し、さらに園芸書の検討、地形図との対照、埋蔵文化財調査の成果などから植木屋の庭空間を多面的・立体的に復元していく試みは必須事項であると考える。しかしながら、その作業は緒に就いたばかりと言わざるを得ない。本稿がその素材提供の一事例となれば幸いである。

註

＊1　伊藤伊兵衛および駒込・巣鴨の植木屋に関しては、川添登『東京の原風景』（日本放送協会出版会、一九七九年、のち一九九三年にちくま学芸文庫〈筑摩書房〉に収録）、川添・菊池勇夫『植木の里』（ドメス出版、一九八六年）、菊池「江戸における草木奇品の流行について」（『生活と文化』第二号、豊島区教育委員会、一九八六年）、豊島区立郷土資料館編『植木屋のある風景』〈一九九三年度特別展図録〉（豊島区教育委員会、一九九三年）、拙稿「染井植木屋における精神生活の一側面」（『生活と文化』第八号、豊島区教育委員会、一九九四年）、君塚仁彦「近世園芸文化の発展」（佐藤常雄他編『日本農書全集　五四　園芸Ⅰ』農山漁村文化協会、一九九五年）、拙稿「江戸の庭園管理と園芸書」（竹内誠編『近世都市江戸の構造』三省堂、一九九七年）、拙稿「伊藤伊兵衛政武と楓研究」『生活と文化第』一三号、豊島区教育委員会、二〇〇三年）、豊島区立郷土資料館編『伊藤伊兵衛と江戸園芸』〈二〇〇三年度企画展図録〉（豊島区教育委員会、二〇〇三年）、拙稿「江戸北郊地域における花名所の創出」（地方史研究協議会編『大都市周辺の史的空間』雄山閣、二〇〇三年）などを参照のこと。
　また、近世の園芸文化全般については、小笠原亮『江戸の園芸、平成のガーデニング』（小学館、一九九九年）、小笠原左衛門尉亮軒『江戸の花競べ』（青幻舎、二〇〇八年）ほか、江戸園芸全般については、青木宏一郎『江戸の園芸』（筑摩書房、一九九八年）ほか、近世から近代にかけての江戸・東京の植木屋像については、平野恵『十九世紀日本の園芸文化』（思文閣出版、二〇〇六年）を参照されたい。

＊2　北尾政美画『絵本江戸桜』（一八〇三年刊）所収「染井之植木屋」の記述のなかで、伊藤伊兵衛のことを「江都第一の植木屋」と記している。

＊3　山本光正『江戸見物と東京観光』（臨川書店、二〇〇五年）五七・五八頁。

＊4　山本光正『江戸見物と東京観光』（前掲）五九～六六頁。

＊5　『豊島区史』資料編３（豊島区、一九七九年）六七二頁。

＊6　『有徳院殿御実紀』（『徳川実紀　第八篇』吉川弘文館、一九八一年）四二五頁。

＊7　『豊島区史』資料編３（前掲）四四三頁。

＊8　『豊島区史』資料編３（前掲）四一七頁。

＊9　『大日本書画名家大鑑』。なお、近藤については、岩城紀子「化物と遊ぶ」（『東京都江戸東京博物館研究報告』第五号、二〇〇〇年）の記述を参照した。

＊10　市川寛明氏のご教示による。

＊11　雑花園文庫蔵。なお、図版は、豊島区立郷土資料館編『伊藤伊兵衛と江戸園芸』（前掲）一三頁を参照のこと。

＊12　註2と同じ。なお、本図の解説は、豊島区立郷土資料館編『伊藤伊兵衛と江戸園芸』（前掲）一五頁を参照のこと。

＊13　大石学『享保改革の地域政策』（吉川弘文館、一九九六年）四八八〜四九〇頁。

＊14　『享保撰要類集』十ノ下（国立国会図書館蔵）所収。なお、幕府による朝鮮人参配布については、別稿を期したい。

＊15　拙稿「伊藤伊兵衛政武と楓研究」（前掲）

＊16　註11と同じ。

＊17　豊島区立郷土資料館編『常設展図録』（豊島区教育委員会、一九八四年）三三頁。

＊18　『豊島区史』資料編3（前掲）四四四頁。

＊19　伊藤伊兵衛家と将軍家との繋がりを示す資料として、将軍家から同家へ下賜されたと伝えられる三つ葉葵の家紋が描かれた木製の瓶子一対がある。これは現在豊島区駒込に所在する染井稲荷神社にて大切に保管されている。

＊20　拙稿「伊藤伊兵衛政武と楓研究」（前掲）

〔付記〕唐楓の政武への下賜時期については、中嶋久夫「唐楓は、いつ下賜されたか」（私家版、二〇〇二年）の記述を参照した。また、成稿にあたり、小笠原左衛門尉亮軒氏には、資料閲覧の便宜をはかっていただいた。末筆ながら、記して謝意を表する次第である。

後家と女子相続
―近世後期尾張国中島郡起村における家相続の一事例―

藤井　智鶴

はじめに

農村における女性相続人の存在は宮川満氏＊1や大竹秀男氏＊2の研究により広く知られている。また大口勇次郎氏は「宗門人別帳」における女性名前人の分析を通じて女性相続人が男性相続人の中継者としてではなく自立的性格をもつ女性相続人があらわれたことを立証されている＊3。

女性相続人の多くは夫に先立たれた妻が後家となり家を相続したものである。本稿では、妻が亡夫の家を相続することを望まない場合どのように対処されたのかを尾張国中島郡起村（おこし）（現、愛知県一宮市）林家文書を使って明らかにする。まず「人別御改帳」の記載より起村における女性名前人の存在を確認してから、後家を立てなかった喜蔵妻ゆかの事例を検討する。

一、「人別御改帳」にみる起村と女性名前人

起村は濃尾平野の中央、木曽川左岸に位置し、尾張藩領に属する。天保一二年（一八四一）の村絵図＊4によると、

一円蔵入地、概高三二二石余、家数二三〇軒、人数一〇三三人（男五一五人、女五一八人）である。

また、東海道宮の宿から中山道垂井宿に至る脇往還美濃路七か宿の一宿起宿でもある。天保一五年「起宿大概帳」＊5によれば宿高一四五七石余（うち加宿は冨田・西五城・東五城・小信中島村四か村で一一八二石余）、旅籠屋二二軒（大三・中一四・小五）、人馬継問屋二か所である。起宿から大垣宿の間にある木曽川には渡船場が設けられ、尾張藩船手役所管轄下の定渡船二艘・置船一艘・御召船一艘、ほかに鵜飼船一七艘、馬船一四艘が置かれていた。

尾張中島郡の木曽川沿岸の村々から美濃の竹鼻（現、岐阜県羽島市）・加納（現、岐阜市）・笠松（現、岐阜県羽島郡）を含めた一帯は、一八世紀中期頃から綿織物である桟留縞や絹綿交織物である結城縞の生産がさかんとなり、尾張縞として全国にその名を知られるようになった＊6。起村は濃尾縞木綿生産地帯の中心的な村の一つであった。

起村には弘化二年（一八四五）と嘉永三年（一八五〇）の「人別御改帳」＊7（以下、弘化人別改帳・嘉永人別改帳と略記）が残されている。弘化人別改帳は次のように記載されている。

御蔵入百姓
一持高　七斗六升四合
下町住居　自分地持家
文助後家みか　年六拾
農業并機賃織渡世
女子　みを　年三拾三
みを男子　由太郎　年三ツ
文助後家女子　みよ　年廿四
同断　ゆか　年廿
同断　とめ　年拾八
〆家内六人

弘化人別改帳の記載事項は世帯ごとに、①蔵入地・給知の別、②居住地、③住宅の形態、④持高、⑤生業、⑥家族（続柄・年齢）の六項目である。附札によって変更の内容を知ることができる。嘉永人別改帳も同様である＊8。

弘化二年の名前人は二六二人、うち女性は三五人（一三・四％、後家は一八人）、嘉永三年は二七五人、うち女性二八人（一〇・二％、後家は一〇人）である＊9。表1は弘化人別改帳、表2は嘉永人別改帳の女性名前人の記載内容をまとめたものである。大竹秀男氏は、女性名前人はたいてい後家か娘であり、畿内八部郡花熊村の人別帳では女性名前人は「誰跡後家某」「誰跡娘某」と記載し、正式の名前人として扱っていないとされている＊10。起村の場合、後家は「誰後家」と記載されるが、それ以外は名前のみである。嘉永人別改帳③そでは父庄次郎の、⑤そのは息子彦四郎の、⑥たきは弟正助の、それぞれ跡を継ぎ名前人になったのであるが、人別改帳には特にその旨の注記はない。「宗門御改帳」では相続した年次には「誰跡娘某」と記載されるが、次年から名前のみとなる。

女性名前人の年齢層は、二・三十歳代は五人と少なく、四十歳代以上が二八人と八割を占める。この傾向は嘉永三年になるとさらに顕著となり、二十歳代は〇人、三十歳代一人となり、ほとんどが四十歳代以上である。

持高について、弘化二年は無高一八人（五一・四％）、嘉永三年は無高一三人（四六・四％）である。無高の占める割合が大きいが、起村全体で見た場合、弘化二年は二六二人中無高一二六人（四八・五％）、嘉永三年は二七五人中無高一三七人（五〇・一％）であることから、女性名前人に限ったことではないといえる。

生業について、紡いだ糸を枠にかけて綛糸にする「綛賃くり」や、繰り取った綿を綿打器にかける「綿賃打ち」、機賃織などの織物業に従事する者が弘化二年一七人（四八・六％）、嘉永三年一二人（四二・九％）である。起村全体では弘化二年八〇人（三〇・五％）、嘉永三年六七人（二四・三％）であり、それと比較すると割合は多い。この点について、林英夫氏は「綛賃くり」「綿賃打ち」が女子家族の賃稼ぎとして行われていたことから、家計の中心であった男子の働き手を失った結果、人別改帳の表面に記載されるようになったことを示すと指摘された＊11。生計を立てることができる賃稼ぎが起村に存在したことが多数の女性名前人を出現させたといえよう。

表１　弘化２年人別改帳女性名前人一覧

番号	名前	年齢	持高	生業	住居	子ども
⁑1	幸七後家小いと	29	0	機賃織	△	男子(3)
●2	幸左衛門後家みよ	32	0	農業・たがし小売	△	男子(7)
3	佐平次後家まき	37	0.495	農業	○	男子(13)(11)
4	仙七後家つる	39	0.235	農業・在中買出	□	男子(15)(10)女子(22)
5	九十郎後家かね	42	62.228	農業	○	女子(12)
*6	文右衛門後家こう	43	9.284	農業・薪商	○	男子(21)(11)
7	五郎兵衛後家ゆか	47	0	農業・豆腐作小売商	○	男子(18)女子(22)
8	兵次郎後家すゑ	48	0	綛糸賃くり	×	女子(22)(18)男子(12)
9	繁右衛門後家みと	49	0	農業	□	男子(27)(10)女子(25)孫(4)掛り人
10	理助後家こと	52	0.155	綛糸賃くり	○	女子(32)(25)男子(2)亡夫姉(63)
11	佐之八後家ゆき	55	0	農業・米小売くた物小商	□	女子(14)男子(33)同人妻(30)同人女子(4)男子(26)(20)(16)
*12	文助後家みか	60	0.764	農業・機賃織	○	女子(33)(24)(20)(18)孫(3)
*13	弥兵衛後家すて	60	0	綛糸賃くり	□	男子(28)同人男子(3)男子(21)
14	仙助後家いの	62	0.166	農業・織屋職	○	女子(34)(23)男子(31)(29)
*15	安兵衛後家るの	67	0	農業・船人挊	□	男子(38)
*16	彦太後家ぬい	68	0	農業	○	男子(45)同人妻(36)男子(31)
⁑17	伝七後家すゑ	70	0	綛糸賃くり	○	
*18	権八後家ぬい	73	0	綛糸賃くり	□	女子(52)孫(24)ひ孫(4)
*19	さの	26	13.096	農業	○	養子(16)
●20	みす	31	0.061	農業	○	女子(4)妹(21)(16)弟(19)
21	すな	39	0	桟留機縞織	□	女子(21)姉(42)
22	もと	41	0.378	農業・菓子小売	○	男子(16)女子(14)
*23	すめ	42	1.468	農業	○	甥(8)
24	あき	44	0.382	農業・機賃織	○	女子(19)妹(39)弟(36)
25	ふて	42	0	出挊	○	男子(22)
26	すて	48	0	綿賃より・干菓子類持遊品小売	○	男子(24)妹(33)
27	かな	50	0.193	地機賃織	○	
*28	るい	53	4.463	農業・質屋穀物商	○	男子(32)(29)(26)女子(23)
29	みゑ	54	0	農業・綛糸賃くり	□	男子(22)(20)女子(25)孫(11)兄(61)
30	るい	54	0	日雇挊	△	
●31	ふて	55	0	綿賃より	□	女子(15)掛り人
*32	たみ	64	0.462	農業・紺屋職	○	男子(32)女子(39)男子妻(28)
33	はつ	66	0.39	綿賃より	○	
34	かん	73	0	綿賃より	○	
35	とふ	79	1.334	農業・薪木商	○	

注1）番号に付した記号の意味は次の通りである。＊は子どもに、●は子ども以外に名前人が変更したもの、⁑は記載がなくなったものである。
2）住居の形態の記号の意味は、○自分地持家、□借地持家、△借地借家、×他家同居である。

表２　嘉永３年人別改帳女性名前人一覧

番号	名前	年齢	持高	生業	住居	子ども
①	仁三郎後家てい	41	4.537 (−0.232)	農業・紙商	○	女子(9)弟(41)弟妻(22)子(7)弟(34)
3	佐平次後家まき	42	0.4950	農業	○	男子(18)
4	仙七後家つる	44	0.2350	農業・在中買出	○	男子(20)(15)
5	九十郎後家かね	47	48.824(−13.404)	農業	○	養子(28)養子妻(家付娘、17)
7	五郎兵衛後家ゆか	52	0	※豆腐作小売商	○	男子(23)女子(27)
8	兵次郎後家すゑ	53	0	絽糸賃くり	×	女子(27)(23)男子(17)
9	繁右衛門後家みと	54	0	農業	□	男子(32)同人妻(30)男子(15)女子(30)孫(9)(3)掛り人
10	理助後家こと	57	0.155	絽糸賃くり	○	女子(37)(30)男子(7)亡夫姉(68)
11	佐之八後家ゆき	60	0.08 (+0.08)	※農業	○	女子(19)男子(38)同人妻(35)同人女子(9)同人男子(3)男子(31)(21)男子(25)同人女子(1)
②	庄三郎後家みわ	55	0.085	農業	○	養子(17)
14	仙助後家いの	67	0.166	※農業	○	女子(28)男子(36)(4)
2	みよ(注2)	37	0	※菓子色々小売	△	男子(12)女子(5)
21	すな	44	0	桟留縞賃織	□	女子(26)
22	もと	46	0.378	農業・菓子小売	○	男子(21)女子(19)
⑦	そで	42	0	絽糸賃くり	□	男子(15)
24	あき	49	0.382	農業・機賃織	○	女子(24)妹(44)弟(41)
25	ふて	47	0	出挊	×	男子(27)
26	すて	53	0	※綿賃より	○	男子(29)妹(38)
27	かな	55	0.193	地機賃織	○	
③	きぬ	50	0.05	綿賃より	○	女子(32)孫(10)
④	その	58	0.348	農業・渡船人挊	○	男子(21)
⑤	たき	53	0	綿賃より・色々小商ひ	○	
18	はつ(権八後家娘)	57	0	絽糸賃くり	□	女子(29)孫(9)(2)
29	みゑ	59	0	※農業	△	男子(25)孫(16)(4)
30	るい	59	0	日雇挊	△	
⑥	ひで	62	0	絽糸賃くり	×	女子(29)
33	はつ	71	0.17 (−0.22)	綿賃より	○	
35	とふ	84	1.239 (−0.095)	※農業	○	

注 (1)番号は表1と共通である。①〜⑦は嘉永人別改帳で新たに記載されたものである。
(2)みよは弘化人別改帳では幸左衛門後家であったが、幸四郎掛り人となったため後家の肩書は消失した。
(3)持高のカッコ内の数値は弘化人別改帳との差異である。
(4)生業が弘化人別改帳と違った場合、※を付した。
(5)嘉永3年の女性名前人は28人である。
(6)住居の形態は表1と同じである。

住居は、前出文助後家みかを例にすると「下町住居　自分地持家」とあるのは字下町に住み、土地・家屋を所持していたことを意味する。居住地と土地・家屋の有無が記載されており、「自分地持家」(土地と家屋を所持)、「〇〇地子自分持家」(借地持家)、「〇〇地子借家」(借地借家)、「〇〇同居」(他家同居)の四形態がある。表3は住居の形態別にまとめたものである。女性名前人の約八割が「自分地持家」と「〇〇地子自分持家」である*12。女性名前人の大半は何らかの家産を持っていたことがわかる。

弘化人別改帳女性名前人三五人のうち、一一人が嘉永人別改帳では男子・弟・甥など男性に変更されている。弘化人別改帳の後家一八人のうち五人が嘉永人別改帳では男子に、17権八後家ぬいの場合は五二歳の女子に名前人が変更されている。

2幸左衛門後家みよ(二九歳)は後家の肩書がなくなっている。嘉永二年「中島郡起村男女増減帳」(以下「男女増減帳」と略記)の減人に「当酉正月御願済之上同村親類幸四郎方へ掛り人ニ参り申候」と記されている。また同年「村方願達留」にみよの次のような願書が記されている。

乍恐奉願上候御事

一私儀当酉年三十六才相成、男子幸太郎年十一才、女子みせ年四才、都合家内三人相暮シ申候処、病身ニ付家相続難相成、当村幸四郎儀ハ近親ニ御座候付、私病気養生之ため右子供両人引連、右幸四郎方掛人ニ罷越申度、此段親類納得何方ニ少も故障筋無御座、幸四郎方ゟも御願申上筈ニ御座候間、願之通御聞済被成下置候様偏ニ奉願上候、以上

表3　住居の形態

	弘化人別改帳				嘉永人別改帳			
	名前人		女性名前人		名前人		女性名前人	
	人	%	人	%	人	%	人	%
自分地持家	162	61.8	22	65.7	168	61.1	18	64.3
借地持家	50	19.1	9	25.7	41	14.9	4	14.3
借地借家	36	13.7	3	5.7	45	16.4	3	10.7
他家同居	14	5.4	1	2.9	21	7.6	3	10.7
合　計	262	100.0	35	100.0	275	100.0	28	100.0

起村
幸左衛門後家
みよ

酉二月

千村三四郎様
御陣屋
奥印例之通

みよは病身を理由に幸四郎方の掛り人になることを出願し、幸四郎からも同様の願書が出されている。みよが幸四郎の掛り人となったため幸左衛門家は絶家となったのである。

記載そのものがなくなったのは、1幸七後家小いと（弘化二年二九歳）、17伝七後家するゑ（同七〇歳）、34かん（同七三歳）である。するゑ・かんは高齢であるから死亡したものと思われる。小いとは弘化四年「男女増減帳」に「当未正月御願済之上在所元濃州五反郷新田忠助方へ掛り人ニ罷越申候」とあり、同年「村方願達留」には、小いとの次のような願書が記載されている。

乍恐奉願上候御事

私儀当未三十一才相成申候処、去々年夫幸七相果、其後私病身相成御百姓相続難相成御座候付、当時病気養生之ため親元濃州五反郷新田忠蔵方へ掛り人ニ罷越、男子繁太郎ハ当未五才ニ候付幼年ゆへ家相続難行届御座候付、是又当時本家同村九郎蔵方へ掛り人ニ為相越申度［（虫損）］親類一同納得故障之儀無御座候間、願之通御聞済被成下置候様偏ニ奉願上候、以上

起村
幸七後家
小いと

未二月

千村三四郎様

御陣屋

（奥書省略）

この願書から小いとは病気を理由に親元へ戻ることになり、男子繁太郎も幼年のため本家九郎蔵方の掛り人となったため幸七家は絶家したことがわかる。

四十歳以上が大半を占める後家のなかで、みよと小いとの両人は若く、いずれも無高、住居は借地借家、子どもの年齢は小さい。17伝七後家すゑ以外の後家は十歳以上の子どもを持っており、「自分地持家」がほとんどであり、相続すべき家産があり、それを伝える子どもがいるということができる。自分地持家を持たない後家には成人に達している子どもがいる。後家を立てうる条件は、自身および子どもの年齢や住居の有無が重要な要素となったと思われる。

夫を失ったにもかかわらず後家を立てなかった事例は弘化人別改帳では喜蔵女房ゆか、嘉永人別改帳では孫兵衛女房けいである。けいは三七歳で夫と死別、子どもはいなかった。けいの場合は孫兵衛死亡時に三一歳になる弟甚助が同居していたため、持高二石六斗一升七合と自分地持家・織屋は甚助が相続し、以降けいは「故孫兵衛女房」と記載されていた。その後けいは嘉永五年（一八五二）に掛り人甚八ともに別家したことが「宗門御改帳」の記載から判明した。嘉永五年以降の年貢勘定帳「西町御勘定」に年貢負担者としてけいの名前があることから、別家の際に甚助から本田二斗五升を分与されたものと推測されるが、その経緯は不明である。

本稿で取り上げる喜蔵は五石余の持高と自分地持家を有し、農間余業として織屋を営んでいたが、子どもの出生を見ずに死亡した。孫兵衛女房けい同様、ゆかは三六歳で子どもは小さく後家が立ちにくい事例ではある。どのように喜蔵家の相続が図られたのか、その経緯を具体的に検討していくことにする。

二、喜蔵とその兄弟

喜蔵家は父市郎左衛門が本家喜平治家から分家し創設された家である。喜蔵の妻ゆかが後述する相続についての訴訟で兄弟として名前を挙げたのは喜右衛門・音蔵*13・喜十郎の三人である。三人は全員分家し、一家を構えており、父市郎左衛門が次男喜蔵と同居していたことから、喜蔵が継嗣といえる。この三人のほかに天保一五年（一二月に弘化に改元、一八四四）「奉差上済口証文之事」に出てくる「故喜蔵姉のよ」がいる。のよは弘化人別改帳に源之助女房とあり、「申九月同村市郎左衛門娘縁付来ル」と記されていることから、喜蔵の父市郎左衛門存命中に源之助に嫁いだものである。このほかに文政一〇年（一八二七）「宗門御改帳」で確認できる妹もよがいる。弘化人別改帳の記載から天保九年に起村又七に嫁いだことがわかる。年齢順にまとめると、のよ・喜右衛門・喜蔵・音蔵・喜十郎・もよの六人兄弟である*14。図1は家系図である。

喜蔵および兄弟の弘化人別改帳に記載されている持高・生業は表4の通りである。のよの夫源之助は茶屋旅籠屋を営み、音蔵は林英夫氏が問屋的な性格を持つ仲買商人と位置付けられた「結城桟留縞綛糸商」である*15。この二人以外は全員織屋を営んでいる。

林氏は弘化人別改帳の織物関係の全部八〇戸と織物に関係することで富を蓄積したとみられる二戸を抽出して、弘化二年を基準に持高・抱奉公人・内機の数等の変化をまとめられている*16。弘化二年の持高は八二戸中、喜十郎が一番多く、以下、音蔵は二番目、喜蔵の跡を継いだ喜兵衛は三番目、又七は一九番目、喜平治は二〇番目、喜右衛門は二四番目に位置づけられる。また奉公人の人数は喜右衛門―三人、喜十郎―六人、喜平治―五人、又七―七人である。林氏は弘化二年の織屋四七戸の抱奉公人は一六七人であり、二人から四人の奉公人を抱えている織屋が大部分で

図1　喜蔵後家ゆか関連家系図

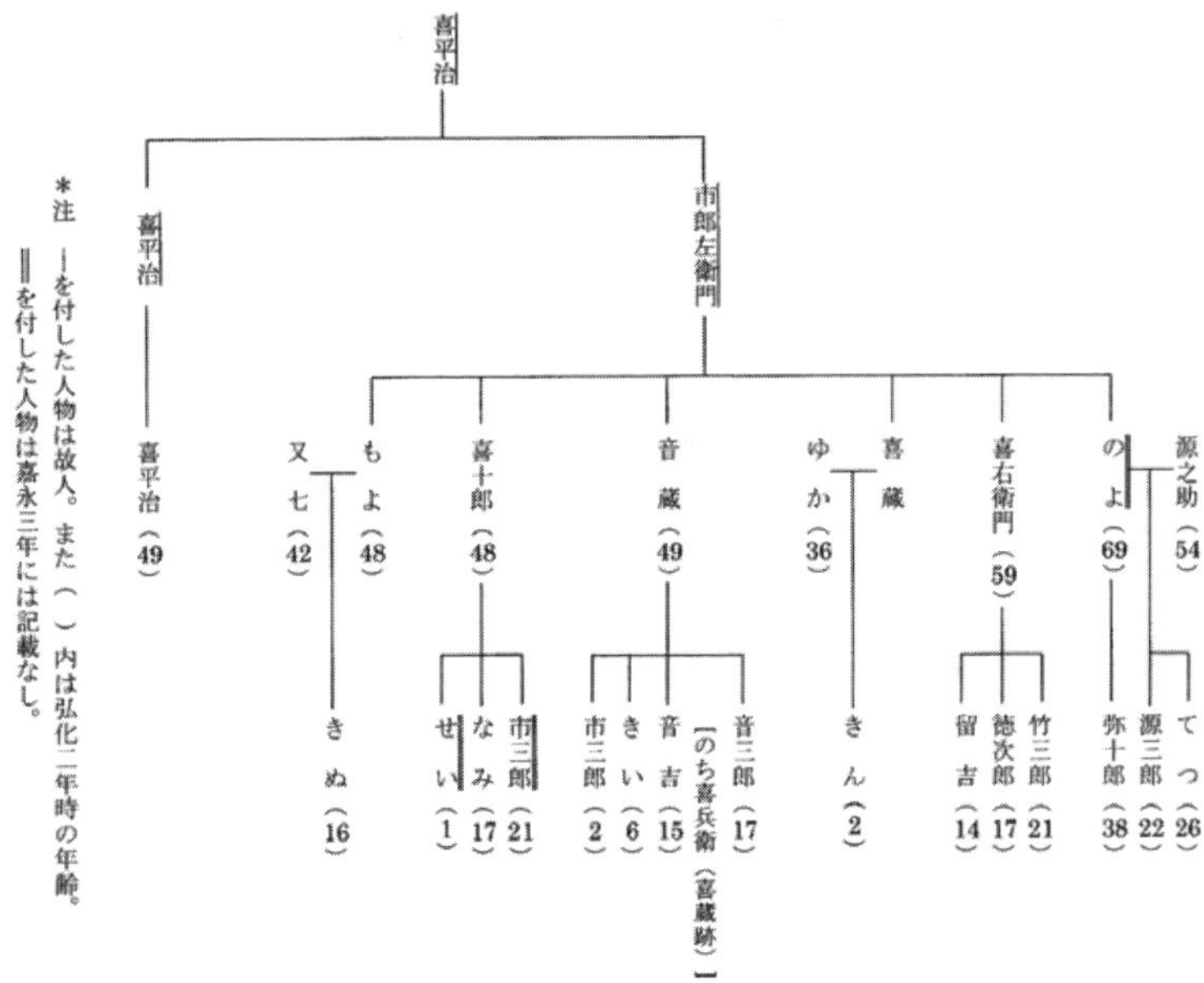

表4　持高・生業一覧

名　前	年齢	持　高	生　　業
源之助（姉のよ夫）	54	1.830	農業・茶屋旅籠屋
喜右衛門（兄）	59	0.930	農業・織屋職
故喜蔵		5.538	農業・織屋職
音蔵（弟）	49	7.082	結城桟留縞絽糸商
喜十郎（弟）	48	8.117	農業・織屋職
又七（妹もよ夫）	42	1.393	農業・織屋職
喜平治（喜蔵本家）	49	1.362	農業・織屋職

注（1）本表は弘化２年（1845）「人別御改帳」により作成した。
（2）音蔵の生業に農業の記載はなかった。

あったと述べられており＊17、喜右衛門・喜十郎・喜平治・又七の経営規模は平均以上であったということができる。また、林氏は織屋と織物業に関係することによって富を増したと推定された一五戸の土地集積の変化を「織元の土地集積表」＊18（後出、表5）としてまとめられたが、その表に喜十郎・音蔵・喜右衛門の名前が挙げられており、音蔵と喜十郎は嘉永期以降に急速に持高を増し、土地を集積したことがわかる。

三、喜蔵の死

喜蔵は天保一五年（一八四四）「男女増減帳」によると天保一四年十月に病死したとある。天保一三年三月「宗門御改帳」では、喜蔵には同居の家族はおらず単身者であった。ところが、天保一五年「男女増減帳」には「喜蔵女房事ゆか」から、同一五年一月に女子「きん」が出生した旨の届け出がなされた記述がある。喜蔵はゆかと結婚したものの、実子きんの誕生を見届けることなく死亡したのである。

「男女増減帳」では筆頭名前人が死亡した場合、通常次のように記載されている。

一男壱人　　　　重兵衛

去卯十一月病死仕候、右跡男子和蔵相続仕候

このように、死亡時期および死因と相続人が明記される。しかし喜蔵の場合は「去卯十月病死仕候、右跡」と記されているのみで相続人の名前がないことから、「男女増減帳」作成時には喜蔵家の相続人は決まっていなかったものと考えられる。

喜蔵家の相続について次の三点の史料が残されている。

①天保一五年「奉差上済口証文之事」（以下、天保一五年済口証文と略記）

②弘化三年（一八四六）「乍恐奉願上候御事」（以下、弘化三年願書と略記）＊19

③文久四年（一八六四）「乍恐御歎願奉申上候御事」（以下、文久四年歎願書と略記）＊20

①の天保一五年済口証文は喜蔵家の相続についてゆかと喜蔵の兄弟との間で取り交わされ、②と③の論拠となり、③に添付されたものである。②弘化三年願書は、喜蔵姉のよ死亡後夫源之助がのよの連れ子である弥十郎に代わって音蔵・喜十郎を相手取り、起こした訴訟の文書である。③は喜蔵の本家喜平次が音蔵息子音吉を相手取り、起こした訴訟の文書である。以下、それぞれの文書から喜蔵家の相続について明らかにしていく。

四、天保一五年の済口証文

天保一五年（一八四四、一二月に弘化に改元）済口証文は、ゆかと実家の西萩原村（現、愛知県一宮市）佐兵衛が喜右衛門・音蔵・喜十郎を相手とした訴訟が熟済したさい、起村本陣加藤右衛門七・小信中島村庄屋吉田茂右衛門・西萩原村庄屋市郎右衛門が取扱人となって作成されたものである。この証文には、故喜蔵姉のよ、喜蔵本家喜平治、親類又七（妹もよ夫）・弥十郎（のよ男子）・丈四郎（喜蔵との関係不詳、冨田村〈現、愛知県一宮市〉在住）、庄屋林浅右衛門が判方として名を連ねている。

ゆかと佐兵衛の訴えがどのようなものか、この済口証文には明記されていないが、文久四年歎願書には次のように記されている。

喜蔵儀廿余ケ年已前病死いたし候処、同人男子無之、幼少之女子壱人在之、後家ニ而右小児引受養育身代相続難行届哉ニ心付候より、右後家儀旧里江退去可仕所存を以、年来之諸色親元江持運ひ候躰を右喜蔵兄弟共見当り、

　夫より内輪彼是差入組、既ニ吉田助次郎様当御陣屋御在勤之節出願及ひ、

つまり、ゆかが後家の身で幼少の子どもを抱え身代を相続するのは難しいと考え、「旧里」即ち故郷へ戻るべく年来の品々を実家へ運びだしたが、その様子を目の当たりにした喜蔵の兄弟が介入し揉めたため、代官吉田助次郎（天保一四年から弘化四年在勤）に出願したというのである。ゆかの訴えが受理されていることから、ゆかが後家とならず「年来之諸色」を持ちだそうとした点は問題とされていないと言える。

この訴訟の熟済の内容は次のとおりである。

　後家ゆか儀、在所元西萩原村佐兵衛方江喜蔵実子きん共ニ引受養育仕候筈双方納得候ニ付、きん養育金として正金百五拾両差遣し、拾五歳之上養育為致、其後喜蔵跡相続方之儀ハ不及申、男女壱人之儀ハ乙蔵・喜十郎等之内ゟ貰受、きんニ見合何時ニ而も家相続為致筈、

要約すると、①ゆかは後家を立てずにきんを連れて在所西萩原村佐兵衛方へ戻り、一五歳になるまで養育する、養育金として正金一五〇両を受け取る、②喜蔵家はきんと音蔵・喜十郎の子どもの一人と結婚させて家名を相続させる、というものである。ここで正金というのは尾張藩の藩札である米切手に対して正貨という意味で使われた言葉である。

一方文久四年（一八六四）歎願書では熟済の内容を次のように述べている。

　後家儀ハ当人望ニ任せ相当之身代配分いたし遣シ親元へ差戻し、喜蔵跡方之儀ハ女子きぬ拾五才相成候得者右喜蔵弟音蔵忰喜兵衛と妻合相続為致筈、尤きぬ儀ハ音蔵方ニ而養育可仕約定、

この嘆願書では喜蔵女子の名前がきぬとなっているが、これはきんのことである。まとめてみると、①ゆかは当人の希望通り相当の財産の配分を受けて実家へ帰る、②きんが一五歳になったら音蔵息子喜兵衛（乙三郎）と結婚させて喜蔵家を継がせる、③きんは音蔵が養育する、の三点になる。③について、天保一五年済口証文ではゆかが養育するとあるが、弘化二年以降の「宗門御改帳」をみるときんは起村に留まり喜兵衛と同世帯という形で記載されている。しかし嘉永人別改帳「故喜蔵女子きん」の項には「未十二月ゟ幼年ニ付親郷中嶋郡西萩原村佐兵衛方へ参り居申候」という追筆がされている。この記載から、きんを実際養育したのは母ゆかであったことがわかる。

つまり、ゆかは相当の財産（正金一五〇両）を受け取り親元へ戻り、喜蔵家はきんが一五歳になったら結婚させて相続させるということで熟済したのである。ゆかには後家となって家を相続する意思はなく、「年来之諸色」を持ち出して親元へ帰ろうとしたゆかの行動自体は認められるものであったから、ゆかの訴えは受理されたといえる。亡夫の家を相続するか否かは後家自身が決めることで、その決定に亡夫の兄弟が干渉したことが問題であった。

この済口証文を受けて、弘化元年（一八四四）「村方願達留」に次のような願書が記録されている。

乍恐奉願上御事

一Ⓐ私儀病身ニ付後家相続難相成候ニ付、内輪模通筋江付（ママ）在所西萩原村佐兵衛所江掛り人ニⒷ罷越申度、夫ニ付女子きん家相続可致儀ニ候処、幼年ニ付「同人」（抹消）拾五歳ニ相成候迄Ⓒ親類乙蔵悴乙三郎Ⓓ家相続仕申候、親類納得何方ニも故障之儀少も無御座候間、願之通御聞済被成下置候様奉願候、以上

辰十二月

中島郡起村
喜蔵後家
ゆか
乙　蔵

吉田助次郎様
御陣屋

この文書で傍線の箇所Ⓐ～Ⓓは次のように訂正されている。

Ⓐ喜蔵後家ゆか儀

Ⓑ罷越申候処、同人女子きん

Ⓒ私

Ⓓ儀右家へ差遣家事引受相続為仕申度、右ハ

内容から判断して、訂正前の差出人はゆか、訂正後の差出人は乙蔵（音蔵）と考えられる。①ゆかは病身を理由に「後家相続」はせず、在所西萩原村佐兵衛方の掛り人になる、②きんに家を相続させるべきであるが、幼年のため一五歳になるまで親類乙蔵の息子に家相続させる、という内容の願書をゆか・乙蔵双方から差し出したものと考えられる。

この願書は聞き届けられ、乙三郎（後、喜兵衛）から次のような文書が提出された。

乍恐御達申上候御事

一私儀喜蔵女子きん拾五才相成候迄同人家事引請相続仕候ニ付、右引請年限中喜蔵持地高并家居之儀他江取放シ申間敷旨被仰渡奉畏候、依之御達申上候、以上

辰十二月

起村乙蔵悴 乙三郎

親類 喜右衛門

同 乙蔵

同　喜十郎（治）
本家　喜平二

吉田助次郎様
　御陣屋

乙三郎はきんが一五歳になるまで喜蔵家の「家事」を引き受け相続するという。家事は『日本国語大辞典』によると「①家庭内の事柄。一家内の私事、②家庭内のいろいろな仕事。また、その仕事のきりもり」＊21という意味であるから、乙三郎は家産の維持・管理を引き受けたもので家督を相続したとは言い難く、実際、嘉永五年年貢勘定帳「東町御勘定」の名義は喜蔵のままである。また乙三郎は喜蔵の「持地高幷家居」すなわち所持地と家屋敷を他人に手放してはならないと命じられている。

天保一五年「宗門御改帳」のゆかの記載は次の通りである。

一高持　（追筆）「喜蔵女房事」年三十五　ゆか　（抹消）「喜蔵後家ゆか」　貼り札
　　　女子　きん年壱ツ
右女弐人代々浄土真宗、旦那寺ハ
　当村徳行寺

これは、前述の達書を受けて「喜蔵後家ゆか」は抹消され「喜蔵女房事ゆか」と書き改められたうえ「西萩原へ掛り人、相続乙三郎也」という貼り札がされている。つまりゆかに代わって乙三郎が喜蔵家を相続したため、「宗門御改帳」が加筆・訂正されたのである。

翌弘化二年の「宗門御改帳」は次の通りである。

一高持

右男壱人代々浄土真宗、旦那寺ハ中島郡西萩原村寂雲寺旦那ニ候処預り旦方

当村徳行寺

喜蔵後家跡　喜兵衛 年拾七

右女壱人代々浄土真宗、旦那寺ハ

当村徳行寺

故喜蔵女子　きん 年弐ツ

乙三郎は喜兵衛と名を改め、きんには「故喜蔵女子」という肩書が記されている。この肩書は、きんの夫が喜蔵を名乗り、きんが喜蔵女房と記載されるまで付けられた。つまり「故喜蔵女子」という肩書は喜蔵家の相続人がきんであることを明示するために記されたと思われる。

五、弘化三年の願書

弘化三年（一八四六）願書は喜蔵姉のよの夫である源之助が音蔵・喜十郎を相手として起こした訴訟の文書である。願書には「御理解之上郷宿おゐて証文相渡置金子不相渡出入」とあり、この訴訟が以前郷宿においてのよと音蔵・喜十郎の間で取り交わされた証文通りに現金が渡されなかったために起こされたことがわかる。源之助が起こした訴訟は次のようなものである。

私忰弥十郎儀実子ニ不有、女房つれ参候子供ニ御座候付、女房親元喜蔵具申聞候ニハ、弥十郎儀手前引請身上為

持度旨常々申居候処、右親元喜蔵卯年病死仕候節、手前女房ゆか儀齢も若故後家も難立懐胎も致居候付、弥十郎貰ひ女房ゆかと見合、跡目相続被致呉候様兄弟之内喜右衛門・音蔵・喜十郎三人之者ニ遺言致置相果候得共、音蔵・喜十郎之両人慾心越（起）シ、音蔵より男子、喜十郎ゟ女子出、夫婦ニいたし喜蔵跡式相続仕致度旨申出候ニ付、内輪差入組候処、組合之者取扱呉候得共内輪おゐて熟談不行届、無拠卯年私女房御訴訟奉申上候、

つまり、喜蔵は三五歳と年齢も若く妊娠中であるゆかに甥の弥十郎を入婿させて「跡目相続」、すなわち喜蔵家の家督を相続させるように兄弟三人に遺言したが、兄弟のうち音蔵と喜十郎が慾心を起こし、音蔵より男子、喜十郎より女子を出し夫婦養子にして喜蔵の跡を相続させようとしたため内輪揉めとなり、のよは訴訟に及んだとしている。

この訴訟は次のように決着する。


当村又七・冨田村丈四郎・小信中島村太左衛門郷宿おゐて右三人者内輪立入、後家ゆか儀も親里相戻し候筈熟談相整候間、彼是入組之儀相談済口証文調印致呉候様致度、付而者金子五拾両相渡可申候間、何れニも納得致済口証文調印致呉候様右三人取扱人より右金子可相渡との儀別紙之通連印附証文壱通相渡候ニ付、右金子を以弥十郎身上之意ヲ定メ済口証文調印仕候訳ニ御座候処、

ゆかを親元に戻すということで熟談となったため起村又七・冨田村丈四郎・小信中島村太左衛門の三人が取扱人となり五〇両渡すという証文を提示し、のよと弥十郎に済口証文に調印するように頼んだというものである。「郷宿おゐて証文相渡置金子」とはこの五〇両である。この金子がなかなか支払われず催促を繰り返しているうちにのよが病死したため、弥十郎に代わり源之助が音蔵・喜十郎を訴えたのである。

源之助の訴えは聞き届けられ、音蔵・喜十郎が正金一二両と米切手二両を源之助に渡すことで熟済した。弥十郎は

この金子により源之助家から別家し一家を構えたことが嘉永人別改帳で確認できる。源之助の訴えが受理され金銭が支払われたことは、喜蔵の遺言を無視し弥十郎をゆかに入婿させなかった音蔵・喜十郎の非を認めたものである。

六、文久元年喜蔵家の相続

万延二年（二月に文久に改元、一八六一）「村方願達留」に、二月の日付で音蔵・喜兵衛・喜十郎の三人の次のような願書が記載されている。

[音蔵]

私儀本家兄喜蔵と申者、先年死去之砌同人女子きん幼年ニ付、私忰喜兵衛と申者御願済之上相続遺置申候処、右きん当酉拾八才相成候付、私儀三男市三郎当酉拾八才相成候付きん江入聟ニ差遣、右家相続為仕度奉願上候、此段村中親類納得何方ニも故障無御座候間、願之通早速御聞済被成下候様偏ニ奉願上候、

[喜兵衛]

私養父喜蔵儀先年死去之砌同人女子きんと申者幼年ニ付、私儀御願済之上是迄相続仕候処、右きん当酉拾八才相成申候付、私儀実父同村音蔵三男市三郎と申者きん江入聟ニ貰請跡相続為仕、私儀ハ親類同村喜十郎娘なみ江入聟ニ参度奉願上候、

[喜十郎]

一私親類同村喜兵衛と申者当酉三拾三才相成申候処、今般娘なみ江入聟貰請申度奉願上候、

喜蔵の遺児きんが一八歳になったため喜蔵家の相続が図られた。喜蔵後家ゆかに代わり喜蔵家の家事を担った喜兵衛ではなく、きんと同年齢の弟市三郎をきんに入聟させたのである。文久元年「宗門御改帳」には「喜兵衛跡　市三

郎喜蔵」と、きんは「きん事喜蔵女房」と記載されている。

一方、喜兵衛は喜十郎の娘なみの入婿となり、同帳には養子と記載された。しかし喜兵衛は文久三年二月に名古屋米倉町内小沢嘉八郎町屋敷ちか方へ養子に行った旨が元治二年（一八六五）「村方願達留」に記されているが、その後の消息は不明である。喜兵衛は一七歳から二三歳まで喜蔵家の家事を引き受けた訳であるが、若かったことから実質は父音蔵が担ったものと思われる。

七、文久四年の歎願書

文久四年（二月に元治に改元、一八六四）歎願書は喜蔵の本家喜平治が音蔵を相手取り起こした訴訟である。文久二年に音蔵は死亡したので、ここでいう音蔵は市三郎の兄にあたる二男音吉のことである。煩雑であるので、史料引用の場合を除いて音吉とする。

喜平治の訴えは次の通りである。

其後兼テ養子約定之喜兵衛儀も他家江養子仕、右養子先ゟ出奔いたし当時村方ニ居合不申候、就中音蔵儀も病死仕、跡目之儀同人二男音吉と申者相続罷居候処、同人儀此節一己之了簡を以亡喜蔵方持伝之家作を初居屋敷地共勝手次第他家売払、喜蔵跡方断絶之躰取計候由承之、付而ハ本家之私其分ニ難差置奉存、不取敢右音吉江如何訳ニ而如斯絶家取計ひ候哉、右様喜蔵跡方断絶相成候而ハ先祖初亡喜蔵位牌前江も申訳無之旨を以掛合候得者、同人答ニハ何方ニ而も右金子ニ而為替之家屋敷相求喜蔵跡方之名目相立相続可取計、左候得者絶家と申筋ニも無之と申立候得者、私おゐてハ其意承服難相成故段々相対談判仕候得共、先方儀兎角自侭而已之申条ニ付迚も内輪相対之掛合難行届、喜平治は、音吉が喜蔵家伝来の家作・居屋敷を他家へ売り払い喜蔵家が断絶したかのような取計いをしたことについて、本家として音吉に掛け合ったと述べている。文久元年に市三郎が入聟となり喜蔵を相続しており、喜平治にすれば音吉の行動は看過できなかったものと思われる。それに対して音吉は売却金で替わりの家屋敷を買えば喜蔵の家督・家名も立つので絶家とは言えないと反論したため、喜平治は内輪で話し合っても解決できないとし、願い出たものである。

さらに喜平治は「私亡父時代ニ夫々身代配当を以一家取建、父市郎左衛門と申者分家為致置候、右之身代筋私江何等之挨拶も無之、音吉儀私慾ゟ自恣之取計相成、右家屋敷他家へ売払罷成候而者重々嘆ケ敷奉存候」と述べ、亡父の時代に分家したものを本家に挨拶もなく売却することを身勝手な取計いと非難している。また、この嘆願書で天保一五年（一八四四）喜蔵家の相続については次のように述べている。

且右躰兄弟中私慾ゟ差揉候故、身代取締之儀ハ本家之私江被仰付奉畏、一両年世話仕居篤々懸案仕見候処、喜蔵跡目之儀ハ前顕之通音蔵悴を以相続之筈、然ニ私ゟ右身代締筋取計候も私慾ニ而世話可仕様見込相附候而ハ迷惑心配可致と心付、其儘前以相預り候品々不残差出万事音蔵江相任セ置候、

これによると喜蔵死後、兄弟の私慾から揉めたため喜蔵の家産の管理は本家喜平治に命じられ一両年世話をしたが、私慾で管理していると見られては迷惑と思い、預かっていた品々を返したという経緯があった。喜蔵の「年来之諸色」を喜蔵後家ゆかが持ち出そうとしたことに端を発し一連の訴訟は起こされており、それは喜平治をして兄弟が喜蔵の家産をめぐって私慾から揉めたと言わしめたものである。音蔵は喜蔵の家産から一五〇両をゆかに渡してきんを養育させ、文久元年に自分の三男をきんの入婿とし喜蔵と名乗らせ、喜蔵家を相続させた。天保一五年以降喜蔵家の

忠八郎 織屋	文　助 織屋	喜右衛門 織屋 米屋	吉右衛門 織屋	善三郎 織屋	源　助 織屋	九八郎 農業	喜　蔵 農業 織屋
					3.628	59.580	
					↓	↓	
					3.337	60.056	
					↓	↓	
					↓	↓	
					2.211	60.813	
	0.000				↓	↓	
	0.587				↓	↓	
	↓				1.845	60.793	
	↓			分家又は無高	↓	↓	
	↓		分家	0.442	↓	61.891	
	↓	0.000	0.660	↓	↓	↓	
	↓	0.650	↓	↓	1.410	↓	
	↓	↓	↓	↓	↓	↓	
	↓	↓	↓	↓	↓	62.071	
	↓	0.750	↓	0.939	↓	62.533	
	↓	↓	0.850	↓	↓	63.313	
	↓	↓	↓	↓	↓	62.639	
分家	↓	0.930	↓	↓	↓	↓	
2.720	1.073	↓	1.442	3.675	↓	↓	
↓	↓	↓	↓	↓	↓	62.85	
↓	↓	↓	↓	↓	↓	↓	
↓	↓	↓	↓	↓	↓	↓	
↓	↓	↓	↓	↓	↓	↓	
↓	↓	↓	↓	3.878	↓	↓	
↓	↓	↓	↓	↓	↓	48.824	5.538
3.719	1.646	0.830	↓	↓	↓	↓	↓
5.678	2.343	1.305	↓	↓	↓	↓	↓
8.378	1.603	↓	↓	↓	↓	↓	↓
9.262	↓	1.546	↓	↓	0.933	↓	↓
↓	2.206	↓	↓	↓	↓	↓	5.538
↓	↓	↓	↓	↓	↓	↓	↓
↓	↓	↓	↓	1.353	↓	↓	5.538
↓	↓	↓	↓	↓	↓	↓	↓
↓	↓	↓	↓	↓	↓	↓	↓
9.951	2.102	↓	↓	↓	↓	↓	↓
↓	↓	↓	↓	↓	↓	↓	↓
↓	↓	↓	↓	↓	14.100	↓	↓
9.951	2.102	2.026	1.642		1.410	48.824	4.738
8.951	1.646	2.026	1.642	3.262	3.062	48.824	4.738
9.951	0.366	2.026	1.423	3.994	3.062	48.824	
500両	500両	300両	300両	300両	300両	1300両	500両

頁所収）に年貢勘定帳に記載されていた喜蔵の持高を加えたものである。

表５ 織元の土地集積表

	茂兵衛 中買 出機	音　蔵 中買 出機	伊三郎 中買 出機	文右衛門 中買 出機	助左衛門 織屋	円　蔵 織屋	喜十郎 織屋	又　蔵 織屋 紺屋
文化 6 (1809)	0.900			6.075	3.236	0.550	0.098	
10 (1813)	↓			7.743	↓	↓	↓	
文政 5 (1822)	↓			10.832	2.076	↓	0.094	
6	↓			↓	1.262	↓	↓	
7	↓			↓	↓	↓	↓	
8	↓			↓	↓	↓	↓	
9	↓	分家		↓	↓	↓	↓	
10	↓	1.884		9.352	↓	↓	↓	
11	1.004	4.349		↓	↓	↓	↓	
12	↓	↓		↓	↓	↓	↓	
天保 1 (1830)	↓	3.154		10.317	↓	↓	0.424	
2	2.517	↓		↓	1.924	↓	↓	
3	↓	5.164		↓	2.454	↓	↓	
4	↓	4.507		↓	↓	↓	↓	
5	↓	5.428		10.678	4.276	↓	↓	
6	2.702	6.497		10.784	↓	3.170	↓	
7	↓	7.111		11.901	3.365	3.320	1.459	
8	↓	↓		↓	↓	↓	↓	
9	↓	6.402		↓	6.199	3.500	1.769	
10	8.998	5.038		12.966	6.359	4.954	2.708	
11	9.558	↓		12.310	↓	5.835	6.089	0.000
12	↓	↓		↓	↓	↓	7.909	0.170
13	↓	↓		9.284	↓	18.406	↓	0.465
14	4.605	↓	茂兵衛分家	↓	↓	13.186	↓	↓
弘化 1 (1844)	5.183	↓	0.512	↓	6.199	12.125	↓	↓
2	6.977	↓	↓	↓	↓	11.845	7.000	↓
3	↓	7.082	↓	8.923	4.720	↓	8.117	0.170
4	7.996	6.480	0.752	↓	5.771	14.478	9.123	↓
嘉永 1 (1848)	8.849	7.279	3.284	↓	6.984	17.134	↓	↓
2	13.154	↓	5.047	↓	7.497	15.854	11.210	0.693
3	14.345	↓	5.508	↓	8.057	15.134	12.910	0.590
4	20.765	10.213	6.318	↓	8.858	15.034	11.917	↓
5	25.620	7.421	6.127	↓	10.084	15.594	14.709	1.170
6	26.743	10.384	↓	↓	10.204	15.023	14.929	↓
安政 1 (1854)	28.763	12.569	3.440	↓	10.582	14.085	14.685	4.271
2	21.308	15.518	3.979	8.653	11.279	↓	15.180	7.148
3	33.556	15.845	4.329	↓	↓	↓	15.273	8.317
4	34.347	15.881	↓	↓	13.116	↓	14.796	10.637
文久 2 (1862)	40.726	21.973	3.067	8.653	13.612	15.377	13.630	16.903
慶応 3 (1867)	37.321	25.377	3.067	12.513	14.896	14.589	13.643	35.215
明治 5 (1872)	35.821	27.677	3.272	13.479	14.896	14.637	11.143	35.215
明治 1身代	1500両	1300両	500両	1000両	1000両	1000両	1000両	1000両

(注)本表は林英夫氏が作成された「織元の土地集積表」（『近世農村工業史の基礎過程』170・171頁
喜蔵の明治元年の身代は同書「慶応４年身代向書上（起村）」（180頁所収）による。

家事を引き受けた喜兵衛も音蔵の息子である。音蔵の息子喜兵衛が家事を引き受けるということは、喜兵衛の年齢を考慮すると、音蔵自身が喜蔵の家産を管理することに他ならない。音蔵の死後、跡を継いだ音吉の行動は父音蔵が行ってきたことの延長線上のことと言える。音吉は弟が継いだ喜蔵家の家産について伝来のものにこだわらず同等のものであればよいと考え売却しようとした。本家喜平治は喜蔵家伝来の家産を市三郎事喜蔵およびきんではなく、音吉が売却しようとしたため訴訟を起こしたのである。これ以外に史料がなく、この訴訟の結末は不明である。

音蔵が兄とはいえ他家である喜蔵家の相続に関わり、結果自らの息子を相続人として送り込んだ行動を、本家喜平治は「私慾」として捉えた。その喜平治は天保一五年の訴訟が熟済したさい、代官所から喜蔵家の「身代取締」を命じられ喜蔵家の家産を管理したが、その行為が「私慾」と見られることを迷惑・心配して、預けられた品々を音蔵へ渡したのである。一方、音蔵は「私慾」と見られても、なお喜蔵家の相続に関わり続けたのである。

表5は林英夫氏が作成された「織元の土地集積表」＊22に年貢勘定帳に記載された喜蔵の持高を加えたものである。この表から明らかなように音蔵は嘉永期以降急速に持高を増加させている。これは音蔵が喜蔵家の家産を管理しはじめた時期と重なり、弘化二年段階で織屋のなかで三番目に多い持高を有していた喜兵衛（喜蔵）とは対照的である。音蔵のこのような行動は「私慾」とみられたのである。

おわりに

起村は尾張縞の中心的主産地であることから生計を立てうる賃稼ぎが広範に展開していたため、女子世帯が多く存在した。そのなかには後家も多かったが、年若く幼い子を抱えた妻が後家を立てるのは困難であり、とくに亡夫の兄弟が同居している場合は後家を立てなかった。本稿で取り上げた喜蔵家の場合は、妻ゆかが後家を立てることを望まず、兄弟がいずれも分家していたことが問題をこじらせたのである。喜蔵家は家産を有し、かつ織屋を営んでいたこともあり、後家ゆかが親元に帰ることは絶家につながることであった。それにもかかわらず後家を立てるか否かの決定権は後家自身に委ねられており、後家ゆかの意思が尊重されたことが確認できた。後家の意思が尊重されたこと、さらに親元に帰るさい一五〇両の身代が配分されたことは、弱いと考えられがちな妻の立場の再検討を促すものであろう。

また、ゆかが後家を立てなかったことから、喜蔵家は遺児きんが一五歳になった時点で相続することが決められた。このような女子相続は「一、『人別御改帳』にみる起村と女性名前人」でみたように起村では珍しいことでない。きんのように女子が家の相続人となった例として、由兵衛娘はるがある。由兵衛は、弘化人別改帳によると石高一石六斗一升三合を有し織屋を営む六左衛門の息子である。由兵衛は安政二年（一八五五）六左衛門の跡を継いだが、同六年「願達留」によると六月に病気を理由に姉りきの嫁ぎ先七三郎方に、次いで同七月には妻こうの在所美濃国厚見郡細畑村（現、岐阜市）七兵衛方の掛り人になり、家の相続人として一二歳の娘はるが残された＊23。はるは「宗門御改帳」には「由兵衛跡はる」と記載されており、以降慶応元年（一八六五）一七歳で病死するまで単身の女性名前人として過ごした。「二、『人別御改帳』に見る起村と女性名前人」の項で述べたように起村には多くの女性名前人が存在する。その中にはきんやはるのような女子相続の結果、女性名前人になった事例もあると推察される。

夫に先立たれた妻が後家を立てることを望まなかった場合、如何に対処されたかを明らかにした。起村には単身者の女子世帯も多く存在する。きんやはるのような女子相続や家付娘、婚家から戻ってきた女性などさまざまな事例が想定される。「宗門御改帳」の詳細な分析を通じて明らかにできよう。今後の課題としたい。

註

＊1「近世家族の動向」（一九五八年、『家族の歴史的研究』日本図書センター所収）。
＊2『封建社会の農民家族　改訂版』（一九六二年、創文社）。
＊3『女性のいる近世』（一九九五年、勁草書房）。

＊4『尾西市史村絵図編』（一九八二年、愛知県尾西市役所）。
＊5『尾西市史』資料編一（一九八四年、尾西市役所）。
＊6 林英夫『近世農村工業史の基礎過程』（一九六〇年、青木書店）五三～五六頁。
＊7「林家文書」。本稿の引用史料は注記のないものは一宮市尾西歴史民俗資料館所蔵「林家文書」である。
＊8 林英夫氏は両人別改帳を生業別に分類・整理され、旅籠屋・往還人足稼ぎ・船人稼ぎ・織屋・紺屋・綛糸賃くり・穀物商・味噌溜商・日雇稼ぎなど、多岐にわたる農間余業が展開されていたことを明らかにされた（林氏前掲書一一五～一三三頁）。
＊9 大口勇次郎氏は武蔵国下丸子村の貞享元年（一六八四）から明治二年（一八六九）にいたる一八五年に現存する七二冊の「宗門人別帳」により、女性が相続者として現われたものは貞享元年から文化八年（一八一一）にいたる一二七年間に一二件、天保四年（一八三三）から明治三年（一八七〇）までの三七年間に一六件と分析された（前掲書四四頁）。同様に武蔵国馬込村の場合は天保五年（一八三四）から明治二年（一八六九）までの三六年間三〇冊の「宗門人別帳」から二一件と分析された（同一一二頁）。起村の弘化二年一年間で三五人という数は多いと言える。
＊10 大竹秀男『「家」と女性の歴史』（一九七七年、弘文堂）二〇八・九頁。
＊11 林氏前掲書一四二頁。
＊12 表4から、総世帯数が増加しているのに自分地持家の数に変化がなく、また自分地持家・借地持家の占める割合は男女間で大きな差はないが、嘉永三年になると男女ともに減少傾向であることが読み取れる。住居の形態に女性名前人に限定した特徴がない点について、女性名前人になった経緯や生業と関連づけて考察する必要があろう。今後の課題としたい。
＊13 音蔵は乙蔵とも記載されているが、引用史料中以外は音蔵で統一する。
＊14 文久四年歎願書で本家喜平治は「私分家喜蔵と申者男女兄弟四人有之」と述べており、兄弟の人数が一致しない。
＊15 林氏前掲書一四二頁。
＊16 林氏前掲書一三八～一四三頁。
＊17 林氏前掲書一八四頁。
＊18 林氏前掲書一七〇～一七一頁。
＊19 弘化三年「村方願達留」に記されている。
＊20 文久四年「村方願達留」と問屋永田家文書（一宮市尾西歴史民俗資料館所蔵）。
＊21 第二巻（小学館刊）。
＊22 林氏前掲書一七〇～一七一頁。

＊23　由兵衛は通名六左衛門を相続した形跡はないが、年貢勘定帳「東町御勘定」には安政七年まで六左衛門の名で記載されていたが、持高は一斗五升に減少している。林氏前掲書第一二表「弘化二年を基準とする織物業者の変化」では六左衛門の慶応三年持高を一斗五升とされているが、文久二年以降の「東町御勘定」には六左衛門の名前はなくなり、七三郎のところに「村役元六左衛門屋敷」として一二一文計上されている。掛り人が村内でどのように扱われたか、その詳細は明らかではない。今後の課題としたい。

〈尾張国中島郡起村林家文書〉

天保八年林浅右衛門より貞治へ役継関係史料

翻刻　藤井　智鶴
校閲　髙橋　紀子

凡　例

一、漢字は常用漢字を用いた。誤字・当て字は、正字を右側に注記した。略字・異体字は現代表記に改めた。

一、変体仮名は原則として平仮名に改めた。ただし、江（＝え）、而（＝て）、者（＝は）が助詞として用いられている場合および而已（＝のみ）はそのまま用いた。また、助詞の江、而、者、而巳、片仮名のニ及び接続詞の并（ならびに）は、ポイントを下げて右寄せした。

一、本文には読みやすくするために、適宜読点（、）・並列点（・）を打った。

一、欠字・平出はこれを無視して続けて書いた。

一、表紙上書は「　」で囲み、右肩に（表紙）と注記し、本文の前に表記した。また、包紙上書は、「　」で囲み、（包紙）と注記し、本文の前に表記した。

一、朱筆・追筆は「　」で囲み、右肩に（朱筆）、（追筆）と注記した。

一、虫食・破損・解読不能の箇所は□で一字分を示し、字数の推定不能は［　］で示した。

一、抹消文字の表記は原文書のままにした。訂正文字がある場合は右行間に記した。また、抹消のため判読できない文字は■を字数分記した。

一、「嗳」（あつかう）・「禿」（つぶれ）・「躰」（てい、たい）・「扣」（ひかえ）などは、その通り用いた。

一、「天保八年林浅右衛門より貞治へ役継関係史料」は竪帳一冊、一紙文書一四通、綴一点の一六点である。林家文書は整理が繰り返されていることを考慮し、「脇本陣等仰付書本紙」六通一括を除き、一紙文書は日付け順に配列した。

(一から一〇までの包紙)

(包紙)
「天保八酉六月
　浅右衛門より悴貞治へ役継留
　　　　　　　　　　はやし」

(中包紙)
「諸向ゟ内々具合ニ付来状」

一、林浅右衛門ゟ悴貞治へ役継一巻

(表紙)
「天保八酉年
　六月六日浅右衛門落命
　同十五日脇本陣庄屋貞治へ被仰付并忌明御免
　同十八日船庄屋被仰付
　十月廿六日苗字帯刀御免
　翌戌二月十日良三郎順養子ニ而船庄屋見習済
　同年四月三日川庄屋被仰付
林浅右衛門ゟ悴貞治へ役継一巻　　　林氏」

一林浅右衛門病気之処俄ニ六ケ敷相成何レ全快難成存候、仍之悴貞治儀(六)四月五日夕出立出府いたし、末期願相認、御船手改役伊藤壮八様江参り御頼ミ申上申処、親類之者ヲ以書付役所へ差上候様との事ニ候、仍之其外改役武藤節平様・与力井沢吉六様等江茂内々末期達出シ候義御噂申上置、(六)四月六日八ツ時頃惣兵衛ヲ親類といたし中玄関筆役様へ願書出候処、御陣屋添翰如何と御談有之候付、此段ハ急成御願ニ付御添翰頂戴ハ不仕、右同様ニ御陣屋へも願置候段申上候得者願書御預りニ相成候

一同十五日鵜多須へも右同様末期達相認、伊兵衛殿ヲ以元〆伊藤清左衛門様并御手代元〆脇野間重右衛門様等江内々相頼置、右願書御同人様方へ差出候処、奥印無之候ハ而ハ表向難取揚候付内輪ニ而預り置候間、庄屋同役横山九十郎へ奥印相頼ミ可申、若奥印差拒ミ候へ者其節勘考可致と有之候付、伊兵衛立帰り浅右衛門落命者押隠し、翌七日朝九十郎へ奥印頼ミ候処、無士貢奥印いたし候付、其儘伊兵衛ヲ以六日朝鵜多須へ願書出ス、後ゟ直ニ死去達も出候、右ハ内輪ニ而頼申候付、願書ハ五日ニ出、死去達ハ六日ニ出候振ニ相成候也

一御代官荒尾喜蔵様其砌御出府中ニ付、同時ニ南波儀十郎殿親類之者ニ而御屋敷へ罷出御頼申上候処、万事首尾能御座候、并山田音九郎様ゟも御頼ミ被下候也

一浅右衛門落命六日四ツ時ニ候処、他向へ者相包置、貞治ヲ名古屋へ呼ニ参り候付、同夜八ツ時頃帰宅、夫ゟ葬式之用意内々ニ而相掛り、夜明次第七日朝落命之旨他向へ申出候

一七日八ツ時葬式、八日昼ゟ夕江向初七日取越申候

　此段此節ハ余り所々死者沢山ニ而有之、何方も初七日ヲ早ク引上候風儀之時節ニ有之候

一鵜多須ニ而聞合候処、御添翰ハ何ツニ而も直ニ差出可遣候旨内々相聞へ申候、仍之九日鵜多須へ廻り候而御添翰願申候、此願書ハ先達而御船手へ預り相成候末期願ニ右衛門七奥印いたし、右之通御添翰願申候処、庄屋之奥印無之候ハ而も宜敷クと被仰候付、此段右衛門七者船方ニ付加判相済居候付、是迄船庄屋同役無之候節者右衛門七奥印ニ而済来り候旨申候処、其日九ツ時御添翰出申候、右ハ浅右衛門落命已前六日ニ御添翰相渡り候振、同日書もらい申候而、直ニ御船手へ罷出、浅右衛門病中ニ御添翰持参之振ニ御頼置差上申候

附、此節七左衛門方悴計見習、貞治も見習ニ候付、若跡役弐人へ被仰付候様相成候而も如何と心配仕候処、（追筆）「七左衛門病気ニ而」先方格別骨折不申候哉、何分ニも此方ニ而ハ夫而已心配仕候、今般ハ右之通万事都合ハよろしく候得共、可相成者、若此後ケ様之事有之候節ハ表向病死達者不致、内葬礼ニ而譲り済之上死去之段申達候義可然と存申候

頼込ニ付諸向へ差上遣候覚

札弐分　改役　伊藤壮八様

　是ハ初ゟ格別御取持被下候御方

正弐分　与力　井沢吉六様

　是ハ御取扱

札弐分之反物配符　改役　武藤節平様

　是同断

札壱分　　同　斉藤佐次右衛門様
正弐朱ツヽ　　与力　小川慶助様
　　吉田与一右衛門様
　　佐藤留兵衛様
〆正三分弐朱
　札壱両壱分
正金三両　　御代官　荒尾喜蔵様
　是南波儀十郎殿持参
正金壱両　　鵜多須元〆　伊藤清左衛門様
　是伊兵衛殿持参
正金壱両　　同元〆脇御手代　野間重右衛門様
　是同断
〆正金五両
正金弐分　　御勘定所吟味役頭取　小池清右衛門様

是起鍬祭出入ゟ取扱ニ付遣、尤熊沢様ヲ以
差上
同　百疋菓子　　御船奉行　鮎川孫次郎様
是熊沢と格別之御間柄ニ付御同人様ゟ廻シ
候而差上、尤外御奉行衆弐軒ハ御病気等ニ
而御出勤無之、旁差上不申候
札壱分菓子配符　　改役　武藤節平様
是初而罷出候節別段差上申候
札三匁ノ折　　熊沢吾三様
是所々手入方相頼候付遣
札三匁　　行方様用人太蔵殿
是行方へ手入方頼候節遣
〆
右
合　正六両弐分弐朱
　札壱両弐分六匁

「（朱筆）鵜多須へ出願書下」

乍恐奉願上候御事

御蔭ヲ以役儀〔御用〕相勤来り御国恩之程千万〔重々〕難有仕合奉存
候、夫ニ付私儀文政八酉年親ゟ代替り十付「（追筆）被仰付
役儀之儀も」親同様役儀可相勤候様被仰付、猶又同
十亥年庄屋役被為仰付、是迄無恙御用相勤申候段此
上も無御座仕合重々〔千万〕難有御儀ニ奉存候、然処此節私
儀大病相煩最はや養生難行届由医師申聞、寔以従来
奉蒙御恩候処、右之通及臨終何共歎ケ敷御儀、此儘
相果申候而者跡相続方等彼是心配仕、不顧恐多も今
般御願申上候、付而者悴貞次（治）儀当年廿七才相成候儀
ニ御座候付、何卒同人江代替私跡役被仰付被下置候
様偏ニ奉願上候、哀レ右之始末被聞召分御憐愍之御
思召を以「（追筆）早行」御聞済被下置候ハヽ〔候様奉願上候、以上〕無滞跡相続相
譲り、不相替御用相勤可申と難有仕合奉存候、尤是
迄私儀無故障御用相勤来り蒙御重恩候段、寔加至極
重々難有仕合奉存候、以上

酉六月

起宿脇本陣庄屋船庄屋
林浅右衛門㊞

荒尾喜蔵様
御陣屋

右御願申上候通相違無御座、御聞済被下置候様仕度
奉願上候、以上

右宿庄屋
横山九十郎

乍恐奉願上候御事

船庄屋之儀先年ゟ代々相勤来り御国恩之程冥加至極
千万難有仕合奉存候、夫ニ付私儀文政八酉年親跡船
庄屋被仰付、其上悴貞治儀も翌戌年見習被為仰付、
御蔭ヲ以是迄無恙御用相勤申候段、此上も無御座仕
合重々難有御儀奉存候、然処此節私儀大病相煩最早
養生難行届趣皆（医）師申聞、寔ニ以従来奉蒙御恩候処、
右之通及臨終何共歎ケ敷御儀奉存候、尤私儀此儘相
果申候而ハ跡相続方等彼是心配仕、不顧恐多今般御
願奉申上候御儀ニ御座候、付而者悴貞治儀当年廿七
才相成、是迄十弐ケ年之間見習役相勤追々御用向も

事馴レ候儀ニ御座候付、何卒同人江私跡役船庄屋役
被仰付被下置候様只管奉願上候、束レ格別之御憐愍（候様重々奉願上候、以上）
ヲ以御聞済（早行）（追筆）「被仰付」被下置無滞代替被仰付被下
置候ハヽ、不相替悴儀御用相勤可申と千万難有仕合奉
存候、右ハ是迄私奉蒙御重恩ヲ無故障役儀相続仕御
用相勤来り申候段、幾重も冥加至極難有仕合奉存候
以上

酉六月　　起宿船庄屋　林浅右衛門㊞

御船手
　御役所

右浅右衛門御願奉申上候通相違無御座候間、願之通
御聞済被成下置候様偏ニ奉願上候仕度於私も奉願上
候、以上

右宿本陣　加藤右衛門七

一鵜多須江の死去達庄屋横山九十郎ゟ出ス、尤一と通之
文躰ニ付留不申候
一御船手江の死去達本陣加藤右衛門七ゟ出ス、右同断
一六月十一日暮六ツ時頃御勘定所へ御打合之手紙出候旨
筆役間瀬栄治様ゟ内々申条、右御打合之御手紙写別ニ
束有之候
一同十三日御勘定所ゟ鵜多須江御談シ相成候由支配勘定
平井甚九郎様ゟ内々承り申候
一同十四日鵜多須ゟ御勘定所へ（追筆）「土」貢無之旨の御返事
被遣候由
一同十木（七）日御勘定所ゟ御船手へ差障り無之旨御返事参候
由
一六月十五日鵜多須へ御呼出シ御状写

上書

荒尾喜蔵 六月十三日 起宿庄屋

起宿
貞　治

申渡義有之候間、明後十五日五半時印判持可罷出候、
其節此状可返候

六月十三日　　　　差添
　　　　　　　　　村役人

一六月十五日罷出申候処、左之通脇本陣庄屋被仰付候書
付写、但本紙者証文箱江入置申候

右者亡父林浅右衛門跡相続之儀承届、同人代之通脇
本陣申付候
　　　　　　　　　起宿
六月　　　　　　　貞治

庄屋役申付候、同役申相諸事締能可相勤候
　　　　　　　　　起村
六月　　　　　　　貞治

一同日忌明之儀元〆伊藤清左衛門江伺申候処、只今ヨリ
忌明御用相勤可申旨被仰聞候
一同十七日鵜多須ニ而忌明御免之旨御船手江左之通達出
ス

乍恐御達申上候御事

私儀一昨十五日鵜多須御陣屋へ御呼出之上、亡父跡
相続聞済忌明御用相勤候様被仰渡候、仍之御達申上
候、以上

酉六月　　　　　起宿船庄屋見習
　　　　　　　　　貞治

御船手御役所

一同十八日右忌明達旁出府罷在候付、御船手へ罷越様子
相伺申候処、何レ鵜多須江向御呼出参り候例ニ付、廿
日頃御済口ニ相成候趣ニ候、然処御奉行様御出勤被遊
候上御評議有之候由ニ而、此節役所へ罷出有之候へ者
別段呼出ニ不及、今日直ニ可申付との由ニ而待合候様
被仰聞候、然処伊兵衛殿外用ニ而出府有之候とて
「同時」(追筆)御船手へ立寄り申呉候、仍而同人ヲ右衛門七
代ニ而御前へ出、「同十八日四ツ時」(追筆)被仰付候御書付

写左之通、但本紙ハ証文箱ニ入置申候

起宿
船庄屋見習
貞治

六月

船庄屋申付候

右御船奉行鮎川孫次郎様・改役伊藤壮八様・与力井沢吉六様・同目付伊藤要右衛門様・筆役間瀬栄治様御立合被仰付

御礼廻り覚

御船奉行
行方八郎様　拾匁折

同
鮎川孫次郎様　同断

同
千賀志摩様　同断

右ハ是迄ハ無之様覚候へ共今般ハ遣ス

改役
武藤節平様　札弐分弐朱呉服配符

是ハ此節御役所ニ而も格別□方ニ付如此

同
伊藤壮八様　札壱両

是ハ御取扱殊ニ私方格別御取持被下候御方也

同
斉藤佐次右衛門様　札壱分

是別段御世話相掛ケ不申候

与力
伊沢吉六様　札弐分・札拾匁二口ニして遣

是御取扱也

同
小川慶助様　札拾匁

同
佐藤留兵衛様　同断

同
吉田与一右衛門様　同断

御目付
伊藤要右衛門様　札五匁

是仰付之節御立合被下候御方

筆役

間瀬栄次（治）様　札五匁

是御取扱別段御世話掛ケ候御方

御使役

中村庄次郎様　札五匁

是御取扱

同

川村為八様　札五匁

是御はかま等ヲ借り候御方

同

中村又市様　札三匁

同

大口十蔵様　同断

御仲間衆　札五匁

〆~~三両三分拾■匁~~　四両三匁五分弐朱

大舟頭

佐藤又三郎様　是ゟ末不残まんじう配符三十弐、

小川与次郎様　代ニして百文ツヽ、但此所江戸詰

中村万蔵様　之衆并船番所掛り之衆等者洩レ

大塚豊太郎様　申候也

相川長三郎様

粂幸三郎様

御船頭

吉田惣左衛門様

豊田藤八様

早川柳右衛門様

中村小兵衛様

高山信吉様

御目代

鳥居兵作様

水谷源八様

鈴木太兵衛様

〆壱貫四百文

御勘定所御吟味役頭取、此御人ハ御鍬祭りより起之儀御掛り也

小池清右衛門様　札弐拾匁菓子配符

是村庄屋之礼として私直ニ持参

御同人様　札壱両反物配符

是船庄屋之礼ニ熊沢ゟ廻し候而差上、此段熊沢様ゟ別段頼もらい候処、如此遣候様御同人

様仰ニ付多クとハ存候得共遣

御船奉行
鮎川孫次郎様　　札壱両反物配符
是御掛り、殊ニ熊沢ゟ別ニ頼候付、御奉行御
一統之分ハ前書之通直ニ遣、別ニ此分右同断
遣

御勘定所御吟味役
一之瀬東八郎様　　札壱分
是御掛りニ付平井様ゟ頼もらい候付、御同人
様ヲ以遣

同
山田音九郎様　　札弐分反物配符
是御代官様之御身内ニ付御同人様へ手入方御
頼ミ

御勘定所支配勘定衆也
平井甚九郎様　　札壱分
是諸向手入方御頼

同
福田林左衛門様　　札八匁五分まわた
是同断

同
熊沢又八郎様　　札弐分
是同断

御船奉行
行方八郎様支配人
太蔵殿　弐匁せきだ
是旦那様ヲ頼もらい

千賀様御用人
伊奈伴蔵様　　八匁五分まわた
是同断
〆「札」(追筆)四両と九匁

御代官
荒尾喜蔵様　　札壱両

元〆
伊藤清左衛門様　　札弐分
是御取扱ニ而別段御陰ニ預り候也

御手代
野間重右衛門様　　札弐分
是別段御世話掛申候付如此

同

服部忠兵衛様　　札壱分

同

志村佐右衛門様　　正弐朱

同

岸上藤兵衛様　　正弐朱

同

山内半右衛門様　　正弐朱

同

吉川源八様　　正弐朱

内詰

平松伊蔵様初　　札拾弐匁

〆四人様へ　　三匁ツヽ

御同心衆四人　　札壱分

御仲間衆　　五匁

〆正壱両弐分

札弐両弐分拾弐匁　十七匁

是ゟ内輪礼

南波儀十郎殿　　七匁五分菓子

右ハ今度都合よろしく、且又仙次郎見習等いたし候付、若両人ニも可相成哉と夫等之儀心配、礼別段に多ク遣シ申候、已来ハ此例ニいたし申間敷、余程減方取計可申事、且頼込ニ付遣シ候分も右同断減方可申事

船庄屋仰付有之候旨鵜多須へ達

乍恐御達申上候御事

私儀（追筆）「当月」十八日御船手御役所おゐて船庄屋被仰付千万難有仕合奉存候、仍之御達申上候、以上

酉六月　　起宿　貞　治

荒尾喜蔵様

御陣屋

（朱筆追筆）「苗字帯刀之出願」

乍恐奉願上候御事

御蔭ヲ以私儀親跡脇本陣庄屋船庄屋被仰付被下置冥加至極重々難有仕合奉存候、夫ニ付右脇本陣船庄屋之儀往還御用而已相勤、庄屋役之儀も御馳走御大名様等之節ハ宿方御用も相勤申候、旁以苗字帯刀無御

座候而者迷惑至極ニ奉存候間、何卒親代之通苗字帯刀御免被為仰付被下置候様奉願上候、尤脇本陣之儀本陣差支候節等御大名様方御旅宿被仰付本陣同様御用相勤申候、夫ニ付御大名様方御休泊等ハ前以夫々御約定有之、御格式ニ不抱（拘）御先約本陣江御入、御後約者脇本陣へ御入有之御規定ニ而、双方様御出（込）合之節等（ハ）、（追筆）「別而」本陣同様無之候而者先方様（おゐても如何ニ）并船庄屋有之、并船庄屋之儀も渡船場江罷出（追筆）「御用」相勤、其上御大名様御通行ニ付候而者御用向申込等ニ而、前日御泊り所等江罷出申候付、外宿々役人等付合苗字帯刀不仕候而ハ是又先方様御取扱向等不同之儀ニも御座候付、何とも歎ケ敷御儀奉存候、付而者是迄親勤役中ハ兼而御触通も御座候通、私儀名代見習等罷出候節父同様苗字帯刀仕来り、此節当役被仰付苗字帯刀無御座候ハ而ハ、例年御通行之御大名様等へ対し候而も何か見通（悪）敷御座候而、一ツニ者御用模通筋ニも差響候哉も可有御座と、彼是心配迷惑至極仕候、何卒右段々之始末被為聞召分、先前之通早速御免被成下置候様偏ニ奉願上候、右願之通御聞済被下置候ハヽ、難有仕合奉存候、以上

起宿脇本陣庄屋船庄屋
貞　治

酉六月

荒（追筆）「尾」喜蔵様
御陣屋

右御達申上候通相違無御座、他向へ掛り候付御用相勤候儀ニ付、願之通早速御聞済被成下置候様仕度奉願上候、以上

右村庄屋
横山九十郎

（朱筆）「六月廿六日鵜多須へ出願御預りニ成、御当番服部忠兵衛様其時御取扱被下候」

（朱筆追筆）「当分御代官様切苗字帯刀御願、此願書戻り候」

乍恐奉願上候御事

御蔭を以私儀脇本陣船庄屋被為仰付冥加至極難有奉存候、然ル処寛政二年御勘定所ゟ御触も御座候付、是迄右役江附名代見習等罷出候節々親同様苗字帯刀仕来申候、夫ニ付追々往還御用も差掛り申候処、苗

字帯刀不仕候ハ而ハ迷惑至極ニ奉存候間、奉恐入候
得とも、何卒当分之内御通行ニ付罷出申候節計当御
陣屋限御聞済被成下置候様偏ニ奉願上候、右御聞済
被下置候ハヽ千万難有仕合奉存候、以上

起宿脇本陣船庄屋
酉六月　　　　貞　治㊞

荒尾喜蔵様
　御陣屋

右御願奉申上候通早速御聞済被成下置候様奉願上候、
以上

右宿問屋
　永田久四郎㊞

（朱筆）「右願六月廿六日元〆伊藤清左衛門様ヲ以御願申上候処、
直ニ願書御差戻し相成、其上ニ而他向への儀是迄も取
計来候事ニ付、此已後も所方ニ而他所へ苗字帯刀之儀
ハ不相■（用捨いたし候間）候へとも、御役所向書上等ニハ苗字付候而出
申間敷段被仰渡候」

（朱筆）「苗字帯刀済口被仰渡書」

中嶋郡起宿庄屋
脇本陣
船庄屋兼
　貞　治

役儀（追筆）「相」勤候内苗字帯刀差免候旨

十月

右之通可申渡旨御勘定奉行衆被申聞候

（朱筆）「右十月廿六日朝御検見ニ而御出郷（追筆）『御代官様』御宿九
八郎様へ御呼出、御手代元〆伊藤清左衛門様御立合
（追筆）『御代官様』被仰渡候」

（朱筆）「右苗字帯刀済ニ付御陣屋御船手両所へ遣」

乍恐御達申上候御事

今般私儀苗字帯刀御免被仰渡難有仕合奉存候、夫ニ
付苗字之儀ハ林と相唱并浅右衛門と改名仕候、仍之

御達申上候、以上

起宿庄屋
脇本陣船庄屋
貞治事
林浅右衛門

酉十一月

荒尾喜蔵様
御陣屋

苗字帯刀御免御礼廻り覚

御代官
荒尾喜蔵様

米札壱両
是ハ外ノ入組中色々御世話も掛ケ居候時節旁以如此遣、尤御代官ハ其時之御気分ニ而善悪有之候得者、是ヲ例ニ引候事も不相成、其時之模寄勘弁ニ而取計可申事

元〆
伊藤清左衛門様

同弐百疋

元〆脇
野間重右衛門様

同弐百疋
是ハ外ノ入組御掛りニ而万端御気ニ違候而ハあしく旁如此

服部忠兵衛様

同壱分
是ハ願書出候節御当番ニ付如此遣

右外御手代様四軒へ

正弐朱ツヽ

内詰衆四人江

銀三匁ツヽ
但御同心「并」(追筆)御仲間へ者不遣

御勘定所支配勘定組頭
福田林左衛門様

米札弐百疋
是ハ御勘定所ニ而一寸御頼申上候御方、尤先年ゟ御出入之御屋敷ニ候、然処代継之節御礼少ク由ミちびき有之候付、今「般」(追筆)はり込み候而遣申候、尤例ニ者相成不申候

御勘定所吟味役頭取
小池清右衛門様

長生糖五十入配符
是ハ此方儀ニ付候而ハ万端御世話掛ケ候御方ニ付時之取計ニ而遣

正弐分歩
〆札弐両三分拾弐匁
菓子代七匁五分

（追筆）「外ニ御勘定奉行様不残、御吟味役頭取不残、御吟味役御取扱、此御方々江者口上ニ而御屋敷へ御礼ニ廻り候」

（追筆朱筆）「此願　書跡ニ而不用ニ成申候」

乍恐奉願上候御事

当村庄屋川庄屋是迄両人ニ而相勤来申候処、同役林浅右衛門儀病死仕候付、先達而鵜多須御陣屋おゐて庄屋役之儀同人悴貞治へ被仰付被下置候、夫ニ付川庄屋之儀も右浅右衛門跡貞治へ被仰付被下置候様仕度、此段御聞済被下置候様重々奉願上候、以上

酉十二月

起村庄屋川庄屋
横山九十郎

川並方
御陣屋

乍恐奉願上候御事

別紙之通川並方御陣屋へ御願申上度奉存候間、何卒御添翰被成下置候様偏ニ奉願上候、以上

起村庄屋川庄屋

酉十二月
横山九十郎

荒尾喜蔵様
御陣屋

（朱筆）「川庄屋願之留」

乍恐奉願上候御事

当村川庄屋之儀林浅右衛門横山九十郎両人へ被仰付、御蔭ヲ以無故障相勤来難有奉存候、然処右両人共病死仕、此節無役ニ相成候付、林浅右衛門跡役之儀悴当林浅右衛門へ被仰付、横山九十郎跡役之儀ハ追而御吟味之上被仰付被下置候様奉願上候、乍恐此段川並御役所へ宜御懸合被成下置候様仕度、仍而奉願上候、以上

戌二月

起村惣年寄
加納半左衛門

荒尾喜蔵様
御陣屋

（朱筆）「御取扱鵜多須御手代岸上藤兵衛様」

(朱筆)「林浅右衛門実弟良三郎ヲ順養子之願」

乍恐奉願上候御事

一私儀相続之男子無御座候処、実弟良三郎当戌年廿
才ニ相成候付、私へ養子へ仕申度奉願上候、右ハ
親類納得何方ニ少も故障之儀無御座候間、願之通
御聞済被成下置候様偏ニ奉願上候、以上

起村　林浅右衛門

戌正月

荒尾喜蔵様
御陣屋

右林浅右衛門奉願上候通相違無御座、何方ニ少も故
障之儀無御座候間、願之通御聞済被成下置候様仕度、
於私も奉願上候、以上

右村組頭　伊兵衛

(朱筆)「右ハ戌正月廿三日御手代志村佐右衛門様へ差上候処、
同日御代官様御前ニ而養子之儀御聞済之趣被仰渡候」

(朱筆)「林浅右衛門悴良三郎見習之願」

(欄外追筆朱筆)「良三郎見習御願」

乍恐奉願上候御事

御蔭ヲ以私儀船庄屋役相勤冥加至極千万難有仕合ニ
奉存候、夫ニ付恐多御願ニ者御座候得共、悴良三郎
儀当年廿一才ニ相成申候付、御大名様等御通行之節
々川場へ召連罷出御用為見習申度偏ニ奉願上候、何
卒御慈悲之御思召ヲ以、右之段被為聞召分願之通御
聞済被成下置候ハヽ、難有仕合奉存候、以上

起宿船庄屋　林浅右衛門

戌正月

御船手
御役所

右林浅右衛門御願奉申上候通相違無御座候、仍之奥
印仕候、以上

右宿本陣　加藤右衛門七

乍恐奉願上候御事

別紙之通御船手御役所へ御願奉申上度奉存候、奉恐
入候得共何卒御添翰被仰付被下置候様奉願上候、右

願之通御聞済被成下置候ハヽ、難有仕合奉存候、以上

　　　　　　　　　　　　　　　　起宿船庄屋
　戌正月　　　　　　　　　　　　　林浅右衛門

　荒尾喜蔵様
　　御陣屋

右林浅右衛門御願申上候通相違無御座、奥印仕候、
以上
　　　　　　　　　　　　　　　右宿本陣
　　　　　　　　　　　　　　　　加藤右衛門七

(朱筆)「右ハ正月廿三日出候処、御手代志村佐右衛門様御取扱
ニ而願書御預りニ相成候、然処二月五日御陣屋ゟ御船
手江直ニ御差出相成候よし」
右良三郎一件ニ付鵜多須御同心近藤平八様御出、永田久
四郎方ニ而御聞合有之候、仍之札弐朱差上御頼遣申候、
此分未タ御礼廻り之入用付有之場ニも付置申候
(追筆朱筆)「良三郎養子ニ致候儀御聞済之旨御船手へ達留」
　　乍恐御達申上候御事

一私儀相続之男子無御座候付、実弟良三郎儀私へ養
子ニ仕申度奉存候(追筆)「ニ付」其段御願申上置候処、
鵜多須御陣屋おゐて御聞済之趣被仰渡難有仕合奉
存候、仍之御達申上候、以上

　　　　　　　　　　　　　　　　起宿船庄屋
　戌二月　　　　　　　　　　　　　林浅右衛門

　御船手御役所

(追筆朱筆)「此達二月十日与力吉田与一右衛門様」
一良三郎見習願御陣屋ゟ御添翰直ニ相廻り候由承り候付、
十日御船手御役人衆願ニ廻り候処、翌十一日直ニ御聞
済相成、御奉行様ゟ御白砂(州)ニ而被仰渡写
(朱筆)「良三郎船庄屋見習御済口被仰渡書」
　　　　　　　　　　　　　　　　　林浅右衛門
　二月
其方悴良三郎儀船庄屋役為見習申度旨願之趣承届候
右御奉行千賀志摩様、森兵大夫様、改役武藤節平様、

与力吉田与一右衛門様、御目代伊藤要右衛門様、筆役
浅井貞治様、右御立合被仰聞候、路次日(日)迄御案内御使
役川村為八様

出願御船手へ頼込差上物

(朱筆)「見習済ニ付御船廻り頼込等差上物留、左之通」

四匁五分　改役 武藤節平様
　菓子配符
三匁　伊藤壮八様
　同断
弐匁弐分五厘　与力 伊沢吉六様
弐匁弐分五厘　同 吉田与一右衛門様

御船手御礼廻り

米札廿匁　改役 武藤節平様
　(追筆)「是御掛り」

改役

同　壱分　伊藤壮八様
　(追筆)「是御掛り無之候へ共別段之御方ニ付」
同　拾匁　改役 斉藤佐次右衛門様
　(追筆)「是白鳥御出勤之人ニ付カク」
同　壱分　与力 伊沢吉六様
　(追筆)「是御掛りニ而ハ無之候へ共別段御世話
　相掛ケ候付別段遣、例ニハ不成候」
同　拾匁　与力 吉田与一右衛門様
　(追筆)「是御掛りニ付」
同　五匁　与力 小川慶助様
　(追筆)「是御掛りニ而ハ無之候付」
同　五匁　与力 佐藤留兵衛様
　(追筆)「同」
同　三匁　大船人 伊藤要右衛門様

「(追筆)是御掛り計へ遣、跡へ者不参」
長生糖拾五配符　筆役　中村小兵衛様
代弐匁五分
「(追筆)是少御世話掛ケ」
同断　同仕理　浅井貞治様
「(追筆)是御掛り也」
同断　御使役　中村庄次郎様
「(追筆)是其日御役所へ御出勤有之、其日御出
勤無御使役へ者不参」
同断　御使役　川村為八様
「(追筆)同断」
正壱朱　御中間衆へ
〆正壱朱
銀ニ而九十三匁
鵜多須御礼廻り
御代官
米札弐分　荒尾喜蔵様
同　拾匁　御手代　野間重右衛門様
「(追筆)是御掛りニ而ハ無候(ママ)へ共別ニ御世話掛
候付」
同　拾匁　御手代　志村佐右衛門様
「(追筆)是御掛りニ付」
〆五拾匁
右頼込入用并御聞合候「(追筆)節」入用并御礼、御船手分
并御礼、鵜多須分
合　正壱朱
札弐両弐分弐朱、銀五匁
「(朱筆)川庄屋四月三日川並方ニ而被仰渡」
起村　林浅右衛門
右ハ川庄屋役申付候、村内締能立入并御材木流木有
之節ハ出情可相勤候
四月

（朱筆）「右川並御奉行本杉為三郎様、御手代丹羽儀市様御立合
被仰渡、但差添加納半左衛門出」

川庄屋被仰付候付御礼

米札弐朱　（御手代御掛り）丹羽儀市様

銀五匁宛　（御手代）岩田逸平様
　　　　　石黒与左衛門様
　　　　　西尾貞蔵様

銀三匁宛　（御同心）栗田野右衛門様
　　　　　藤岡助九郎様

銀五匁　御川目付衆中

米札弐朱　（鵜多須御手代御掛り）岸上藤兵衛様

〆銀四拾壱匁

目出度々々々

二、（御頼込御礼留綴）

○一弐朱　（名古屋行 小使）惣兵衛

○一壱朱　（名古屋行 小使）太蔵分

御船手入用頼込
一札弐分　伊藤取扱
一同弐分　武藤同
一正弐分　伊沢同
一正弐朱　小川
一同弐朱　吉田
一同弐朱　佐藤
一札壱分　斉藤
一札五匁　（筆役）間瀬栄治

○〆正三分弐朱

札壱両壱分五匁
鵜多須頼込
一正壱両
一同壱両　元〆（野間）のま
〆正弐両
御代官頼込
○一正三両
前日
一三分かし　武藤
同
一三匁かし　熊沢
〔一三匁かし〕
一三匁　行方内太蔵
一三分　鮎川・小池
○一壱分と札拾壱匁入白銀代
四月朔日行三日帰り、□泊二ツ、昼二ツ
御評定所用入用金六匁と弐百文
御材木用とも、外ニ宮昼酒代

四匁五分かし
六百廿四文　御材木ニ行
十匁
六百廿四文　何方へ成共入候事
三匁　小島へ亀七一件
六月七日
○正弐分　銭かへ
○正弐両出　鵜多須替ル
札弐両
十七（八）匁入
四月五日夕出かけ、六日帰り　朝一ツ、昼二ツ、帰り昼
三ツ、酒代三合程
一名古屋出、役継一件
外ニ惣兵衛成■■（此方用）ニ付、是泊り一ツ昼壱ツ
名古屋出ニ付銭屋ニ■■（而銭かう）
○一札三匁　銭か卜（う）
六月九日鵜多須へ回り夕方行、十日夕方出かけ帰り
一名古屋山口屋泊　泊二ツ、夕飯弐人、昼二ツか三ツ

か

供惣兵衛

一長生糖百ツヽ弐挺

通ニ付無之候

正金弐分

御礼回り

頭取

小池清右衛門様　弐百疋
（傍線部分消去）

さらし

御吟味役

○一瀬東一郎様　百疋
壱分

熊沢又八郎様　拾匁

○山田音九郎様　弐百疋
壱分弐朱

鮎川様

○平井勘九郎様　弐百疋
壱分弐朱配符

○福田林左衛門様　八匁拾分

拾匁
まわた

〆壱両三分「弐（追筆）」拾匁

鮎川様三百疋

○千賀　拾匁折

御船奉行衆三軒　拾匁ノ折〆□（虫損）拾匁

○行方　拾匁折

○武藤節平様　弐百疋と弐朱配符

○伊藤壮八様　壱分と
壱両弐百疋

壱両

○伊沢吉六様　拾匁と弐百疋
弐分拾匁
正金弐分

○斉藤佐次右衛門　壱分

○小川慶助様　拾匁

○佐藤留兵衛様　拾匁

○吉田与一右衛門様　拾匁

川村為八様初四人○壱朱ツヽ〆壱分

外ニ川村計三匁

「○中村庄次郎様　五匁
（欄外追筆）

○中村又市　三匁

○大口十蔵　三匁

○川村為八　五匁

外ニ三匁」

○伊藤要右衛門様　~~弐朱~~五匁
○間瀬栄治様　五匁
○中村小兵衛様　三匁
行方内太蔵殿　壱匁五分
伊奈伴蔵様　弐朱
大船頭衆取扱　弐朱
御船頭取扱　五匁
○御仲間衆　五匁
~~〆四両壱分~~四両四十一匁五分
~~〆六両廿匁~~
五両
南波拾匁
~~伊奈伴蔵様~~弐朱
廿五匁□（虫損）
合十三匁（両カ）五匁
三両三分弐朱拾壱匁
四両九匁
内弐分弐
廿匁引

（欄外追筆）「鳥居兵作様
水谷源八様
鈴木太兵衛様
右三匁ツヽ
久米丹七様
佐藤又三郎様
相川長三郎様
伊藤要右衛門様
小川与次郎様
中村万蔵様
右十弐匁
豊田藤八様
高山信吉様
中村万蔵様
早川柳右衛門様
吉田惣左衛門様
〆七匁五分
合廿八匁五分」

正弐朱出　貞二（治）行、更ニ小使

正五両出
札五両四十匁入　替ル
正壱両弐朱出　伊藤
札弐匁出　せきだ
正弐両出　伊藤
　つり十六匁と四文入
十六匁出　宿へかし

六月十五日朝早ク参、十六日昼過出け(か脱)帰り、宿知田屋
一「入」(朱筆)　□□□ニ而名古屋出　惣兵衛
　泊り一ツ、昼二ツか一ツか不知候
六月十五日の夕方出かけ、十六日昼後ゟ帰り、知田屋泊
りなし、昼一ツ、朝飯如何哉
一「入」(朱筆)　役継一件ニ而参り上候貞二(治)供也　下人　弥助
六月十五日夕方出かけ、廿日昼後ゟ帰り、知田屋泊四ツ、
大又ニ酒代福田様へ出「此大又郎七月廿日払」(朱筆)
一「入」(朱筆)　同　貞治
六月十八日朝参り、十九日昼後帰り、泊り一ツ、昼一ツ、
酒弐合程宿ニ而取　知田屋
一「入」(朱筆)　伊兵衛
　安兵衛金子之儀ニ付久四郎方へ用向有之参り、
　便ニ船庄屋差添之儀承申候

三、書状（六月七日船手役所筆役間瀬栄治より林貞治）

(包紙一)
「　此状御次而稲葉萩原ゟ可相届候者也
「六月七日」(朱筆)　御勘定所㊞
御船手
　中嶋郡
　起宿船庄屋
　林浅右衛門江」

(包紙二)
「御船手
　中嶋郡
　起宿船庄屋
　林浅右衛門江」

（包紙三）

「

林浅右衛門様

御船手筆役□□

間瀬栄治」

（上書）

「林貞治様

間瀬栄治」

以手紙致啓達候、益御清安被成御座奉賀候、御親父様御病気之義如何ニ御座候哉、御保養専一ニ奉存候、然ハ昨朝ハ御出被下、其節之一々御申置之趣承知いたし候、則願書ハ過比御親類之方ゟ御差出有之候付、早速当番伊沢氏江通辞候処、先々預り置候様ニと被申聞候、右ハ明日ニも御奉行衆江御覧ニ入可申候、付而ハ御病死達差出し方并忌御免等之御達差出し方等々具合昨日色々御心配之趣ニ承及候、然処伊沢氏被申候ニハ、たとひ御死去有之候而も「病気之躰ニ」隠し置、御役義入替被仰付候上ニ而御死去之御披露有之候而可然、右進退之義ハ万事御陣屋重キ之取扱ニ候、其筋江第一ニ御達可有之「是迄伊沢氏被申候」、外ニ問屋職望之有之候ハヽ、可申進旨御申置候得共、病死達無之内ハ余人望之義難相成哉ニ候、天保三辰年小熊村大橋七左衛門殿之節、悴十三才に付跡役悴并西川と両人江被仰付候事も有之候得共、貴方公中々抜群仕事に而西小熊之通ニ而ハ決して無之、御願有之候得ハ直様貴方公江代り目被仰付可有之候と存候、仍之少しも御案事被成候儀ニハ無之候間、左様御心得可被申候、夫ニ付少しも御世話ニハ無之候、夫故今日兼而御達し書御出候も無之、締次江も御世話仕候義も無之候、付而ハ昨日御贈り被下候品之義請込置候而ハ不可然候付、先々返進いたし候間、御仕舞置可被下候、仍浅井締次郎江ハ先々御贈進之品御さし出候之披露不仕候、心之外候も御内分ニ御含置可被下候、右申上置、早々取急乱筆御察閲可被下候、已上

六月七日

尚々昨日御申口之趣可承知いたし候付、少しも御案事ハ無之様存候、御達書面之義も随分宜拝見、伊沢氏も土貢之沙汰も無之、仍申添候、已上

四、書状（六月一一日船手役所筆役間瀬栄治より林貞治）

（包紙）
「起宿船庄屋
林浅右衛門殿悴
林貞治様　　　御船手役所
間瀬栄治」

此壱封急成御用之儀申遣候間、無遅滞御届可有之候

六月十一日　　　御船手
（朱筆）「午上刻」　　間瀬栄治㊞

名古屋
清須
稲葉
萩原
右宿々
問屋中

（上書）
「林貞治様　　　間瀬栄治
内事」

其后者益御平穏被成御入候哉、日々御淋敷候哉と奉存候、昨夕も御来臨有之候由、其節不居合残意之至候、然ハ荒尾殿御添翰手紙伊沢氏ゟ受取、昨日鮎川殿江御覧ニ入申候、扨昨日ハ船庄屋之義不残年月等吟味申談有之、終日世話しく有之候付如何相成候哉と存居、しかし望之者等ハ無之、決して指障ハ有之間敷と存居候処、七ツ半過頃武藤殿御役所江御出候而別紙之通清書いたし、御代官より之添翰共相添御勘定奉行衆江今朝之中遣し候様御申聞候付、直様清書いたし候処、幸ひ上ミ行き之序テも有之候付、暮六時比御勘定所江差遣し申候、右ハ武藤殿ニ而も行方殿江御出御相談之上にて之事歟と存候、行方殿者御家内ニ少々御病人有之、昨日御役所江御出無之候、いづれ御手紙之趣に而ハ御案事なく、必定近日仰付可有之相見申候、右御勘定奉行衆御返事ハ先々否得是可申進と
丹羽十郎左衛門殿より申参候
右ハ追而存寄無之旨御返事参り次第、二三日之内遅く共四五日之内ニハ御跡式相渡り可申と推察仕候、仍之右御手紙写一通進之候、右申上置候、早々如此候、以上

六月十一日

うつし

起川船庄屋林浅右衛門儀去比ゟ大病相煩候付、悴貞治江船庄屋引替相成候様仕度旨別紙之通相願候由ニ而、支配御代官より添翰を以差越之候付、及吟味候処、右貞次(治)儀文政九戌年船庄屋見習申付、当酉年迄十二ケ年之間無懈怠相勤、船庄屋勤向之儀万端心得罷在模通宜敷者ニ相見候間、浅右衛門願之通貞治江船庄屋申付父子引替候様いたし度、依之御代官添翰共弐通相添及御懸合候、否早速御申越候様致度候、以上

六月十日　　鮎川孫次郎

御勘定奉行衆様

五、書状（六月一二日勘定所吟味役頭取小池清右衛門より熊沢五三）

(上書)
「五三様　　小池清右衛門
　　御側江御受」

尊書奉拝見候、日々ニ暑気相増申候処、御揃被遊益々御機嫌能被遊御座恐悦之至奉存上候、誠ニ申上訳も無御座御「　」(虫損)而已申上「　」(虫損)、先達而ハ出勤祝ひ被成下置御「　」(虫損)拝領被仰付、且那様ニも遠路御来輿をも被下置、段々御叮嚀成儀実ニ一々御礼も不可申上候、失敬「　」(虫損)之多罪何分奉恐入候、疾ニも貴門御厚礼も申上度奉存候得共、とかく焔焼(炎暑カ)薄らき不申候、只今ニ「　」(虫損)ニ而罷出、役所迄を漸々相勤而已ニ而実以不任心「　」(虫損)、思召之「　」(虫損)亡(忘)却之仕合深く奉詫申上候、将亦別紙願書之趣鵜多須表へ出願仕候由、段々御内命被仰付候趣何分奉畏相含罷在候様可仕も、表向両三日已前「　」(虫損)之□(虫損)も出、扨々気之毒千万まだ夫程之年とも不被存、全く流行病に被取付候由残念仕候、「　」(虫損)被遊候之通幸ひと□(虫損)之邪魔申サネハ宜クと、はやこなたに「　」(虫損)噂仕候様儀ニ存候、猶御助情(成)被成遣不申候、只今「　」(虫損)候、先々取込御「　」(虫損)乱書御免被遊申上候、以上

六月十二日

尚々段々尊命之上結構成御茶壱折拝受被仰付、毎度ニて「　」(虫損)之段恐入難有仕合奉存候、御蔭ヲ以まだ初而「　」(虫損)取寄頂戴仕候、「　」(虫損)深く御礼奉申上候、乍恐旦那様御初殿方様江も宜被仰上被下置候様仕度奉願上候、

以上

六、書状（六月一三日、勘定所支配勘定衆平井甚九郎より起宿林浅右衛門）

(包紙上)
「起宿
林浅右衛門様　　御勘定所　平井甚九郎
此書付清須稲葉萩原ゟ御届可仕候」

(上書)
「貞治様　　甚九郎
申事」

御懇書昨日相達拝見仕候、益御安静奉拝覧候、御病人様御様子如何被為在候哉、御安し申上候、随分御介抱専一ニ奉存候、扨一件ニ付被仰付候趣委曲奉承知候、右ハ御船手ゟ引合来候間、今日鵜多須江談ニ相成申候、右様御承知可被成候、比日も申上候通御跡目之儀ニ付尤故障ハ無之事ニ奉存候間、早行達出候様鵜多須江御工合之方可成儀と奉存候、右□□早々申上候、以上

六月十三日

七、書状（六月一三日船奉行鮎川孫次郎より熊沢五三）

(上書)
「五三様　　孫次郎
拝答」

尊書拝見仕候、如命三四日已来ハ別而暑気甚御座候得者、被為揃益御機嫌能被為入目出度御儀奉恐悦候、先以御礼奉申上候、御到来被遊候由に而、御重之内見事之御菓子品々御取揃過分ニ被下置、誠以難有仕合奉存上候、併御配慮被成下拝領物仕候段甚奉痛入候、繰々も御懇情之段海岳之難有奉存上候、娘持病之儀御懇ニ御尋問被成下難有仕合奉存上候、御蔭ニ而此程ハ大分快相成相悦ひ申候、乍憚尊意易被思召被下置候様奉願候、家族共江も御懇命之趣申聞候処、毎度御丁寧之御儀難有□申候、御礼之儀厚立奉申上度旨申聞候、乍末殿方様江も何分宜奉□願候、何も近日参拝万々御礼可申上候、先以御礼御請まて草々奉申上候、謹言

六月十三日

猶々くれ〳〵も被為思召寄御懇ニ御尋問被成下、殊更見事之御菓子過分ニ拝領仕難有仕合奉存上候、暑さ御

折角御手当御機嫌よく被為入候様奉存上候、以上

（上書）
「御内事　御請」

別啓此間ハ大次郎様御来駕被成下難有奉存候、其節御伝文奉蒙御懇命難有仕合奉存上候、其節御内々被仰下候浅右衛門願意之儀、当人ハ死失之うへ此節母も大病之趣気之毒成事ニ御座候、右願意一件邪魔をいたし候者も御座候由也、取込之中彼是心痛いたし罷在候様子、御気之毒ニ思召候間、宜内考可仕旨猶また御内命之趣委細奉領候、以上

六月十二日

八、書状（六月一四日熊沢五三より林貞治）

（上包紙）
「起宿
林浅右衛門□
熊沢又八郎内
松山万右衛門」

（包紙）
「林貞次（治）様
熊沢五三
内事
」

（上書）
「貞次（治）様
五三
内事
」

御障も無御座候哉、御病人御様子いかゝ無御心元御心配察申候、然ハ御引合之通両家へハ早速取計申候、相考候ニはや先方も廻り候哉とも被存、油断も不相成哉、御親類御出府も御座候ハヽ、御出可被下候、両家之手紙も御めニかけ御相談も可申候、何分かへき無之中むつかしき事ニ御さ候、以上

六月十四日

九、書状（六月一五日船手与力伊沢吉六より貞治）

（包紙）
「御船手
中嶋郡起宿本陣
加藤右衛門七」

此壱封無遅滞可相届者也
六月十五日　御船手 ㊞
名古屋

清須
稲葉
萩原
　右問屋中

別紙壱封林浅右衛門悴貞次(治)へ可相届候
六月十五日　御船手
　加藤右衛門七へ

(包紙)
「御船手
　貞次(治)へ」
(上書)
「貞次殿　伊沢吉六」
御□中無御障候哉承度候、然者寝具一件既ニ夫々行渡り
相成候、直様早行方之儀平井甚九郎へ申遣候処、是又承
知いたし居候、先々御安堵可有之候、然(ハ脱)いさゐハ御面談
可申候、仍申入候
六月十五日

一〇、達書（起宿貞治）

起宿
貞治

私儀昨十五日亡父跡相続方并親代之通脇本陣庄屋役被仰
付、千万難有仕合奉存候、右之御礼ニ罷出申候、此上船
庄屋等之儀も宜敷奉願上候、以上
酉六月十六日

一一、脇本陣等仰付書本紙（六通一括）

(包紙一)
「
天保八年　家相続向
　　　　　脇本陣　仰付　一通
浅右衛門死
貞治へ代替　庄屋仰付
御書付五通)　苗字帯刀済口
同　九年　川庄屋仰付　一通
　　　　　良三郎見習仰付一通」

(包紙二)
「被仰付候御書付本紙四(五)通

是ハ天保八酉年代替ニ付」

（包紙紙背）
「荒　喜蔵　　　起宿庄屋

六月十三日

起宿
貞治

差添
村役人

申渡義有之候間、明後十五日五半時印判持可罷出候、
其節此状可返候
六月十三日」

①船庄屋仰付書付本紙

起宿
船庄屋見習
貞　治

船庄屋申付候
六月

②庄屋仰付書付本紙

庄屋役申付候、同役申相諸事締能可相勤候

起村
貞　治

六月

③脇本陣仰付書付本紙

起宿
貞　治

右者亡父林浅右衛門跡相続之儀承届、同人代之通脇本陣申付候
六月

④苗字帯刀済口本紙

中嶋郡起宿庄屋
脇本陣
船庄屋兼
貞　治

役儀相勤候内苗字帯刀差免候旨
右之通可申渡旨御勘定奉行衆被申聞候
十月

⑤良三郎見習仰付書付本紙

（上書）「天保九戊二月良三郎見習済本書」

林浅右衛門

其方悴良三郎儀船庄屋役為見習申度旨願之趣承届候

二月

⑥川庄屋仰付書付本紙

起村
林浅右衛門

右者川庄屋役申付候、村内締能立入幷材木流木有之
節ハ出情可相勤候

四月

【解説】

藤井 智鶴

林英夫先生は濃尾平野の中ほど木曽川沿岸の町、愛知県中島郡起町（現、一宮市起）の出身である。生家は美濃路起宿脇本陣で、現在一宮市尾西歴史民俗資料館別館として保存・利用されている。林家の先祖は織田家家臣林佐渡守通勝弟新九郎が開いた上小田井（かみおたい）村（現、名古屋市西区）心養坊（のち長善寺と改号）の別家で、慶長一〇年（一六〇五）起村に移住したとされる。起村は中山道廻り美濃路七か宿（「垂井」・大垣・墨俣・起・萩原・稲葉・清須・名古屋・「宮」）の一宿で、本陣・脇本陣各一軒のほか、木曽川渡船場（起の渡し）を控え、渡船場を管掌する船庄屋役一ないし二名が置かれていた。林家は享保五年（一七二〇）以降脇本陣・船庄屋を兼帯し、さらに文政一〇年（一八二七）ごろからは村庄屋をも兼帯するようになった。そのため林家文書は、脇本陣文書・船庄屋文書・村庄屋文書のほか私文書の四つの系列の文書に大別される*1。

今回、林家文書から「天保八年酉六月　浅右衛門より悴貞治へ役継留　はやし」と記された紙に包まれた竪帳一冊・一紙文書八通・綴一からなる一括文書と「被仰付本紙」六通（後述「証文箱」に保存）を翻刻したのは以下のような理

由からである。

林浅右衛門家は享保五年に前任者治右衛門の借財を引き継ぎ返済することにより脇本陣・船年寄（後、船庄屋とよぶ）の跡職をうけた*2。四世浅右衛門定通のときである。そのさいの条件は「拝借返上引受候者へ治右衛門跡脇本陣家屋敷船庄屋とも永代相渡可申」ということであった。脇本陣の経営だけでは成り立たなかったため、脇本陣は船庄屋を兼ね、「川端馬船の徳分」「他所船徳用」を得ることが認められていた*3。元文四年（一七三九）本陣加藤右衛門七はこの「川端馬船の徳分」の半分を要求し尾張藩に訴え、認められることとなった。これを機に四世浅右衛門は船庄屋退役を命じられ、替わりに留左衛門が船庄屋になった。これに対し定通悴只助（五世浅右衛門某）は享保五年脇本陣船庄屋引受の由緒を訴え、留左衛門とともに二人で船庄屋を勤めることを得た*4。以降寛政一二年から文化一三年（一八〇〇〜一六）までの一六年間を除き、文政一二年（一八二九）まで表のように留左衛門・七郎左衛門・庄七・七左衛門らと共に二人で船庄屋を勤めた。

文政一二年に起村で後世「お鍬祭り一件」とよばれた村方騒動が起きた*5。村内を二分して争われたもので、結果として船庄屋・村庄屋を浅右衛門（六世重政）とともに勤めていた七左衛門は罷免された。元文四年以来の二人役は解消され、浅右衛門一人で船庄屋を勤めることになったのである。

天保七年（一八三六）に七左衛門は船庄屋復職を代官に出願したが、「此段御勘定所にも此方より手ヲ入有之候ゆへ哉」或いは「御代官御手代衆共此方より頼ミ有之候付」とある浅右衛門からの勘定所・陣屋への働きかけにより頓挫ともいうべき状況に陥っていた*6。このようなときに浅右衛門が急死したのであった。

文政一二年以前船庄屋を浅右衛門と七左衛門の二人役で勤めていたように、当時船庄屋見習であったそれぞれの息子—貞治（七世浅右衛門通贇〔みちひろ〕）と仙治に船庄屋を勤めさせる沙汰が下される可能性もあった。この点について貞治は「林浅右衛門ゟ貞治へ役継一巻」（以下、「役継一巻」と略記）に次のように述べている。

船庄屋変遷表

年次		船庄屋		船庄屋見習	
慶長13～	(1608～)	右衛門七			
寛永18～	(1641～)	佐太郎・佐左衛門親子二代			
正徳4・5	(1714・5)	彦兵衛			
正徳5～享保5	(1715～1720)	治右衛門			
享保5～元文4	(1720～1739)	浅右衛門			
元文4～宝暦5	(1739～1755)	浅右衛門悴只助	留左衛門		
宝暦5・6	(1755・6)	↓	留左衛門養子七郎右衛門		
宝暦6～寛政5	(1756～1793)	↓	七郎右衛門欠落、留左衛門跡として庄七		
明和7	(1770)	只助 、浅右衛門に改名	庄七、七左衛門に改名		
寛政5～12	(1793～1800)	↓	七左衛門悴左蔵		
寛政6	(1794)	↓	左蔵、七左衛門に改名		
寛政10	(1798)	↓	↓	浅右衛門悴民治	
寛政12	(1800)	↓	七左衛門死去、跡役不出来	↓	
文化13～	(1816～)	↓	七左衛門	↓	
文政8～	(1825～)	民治	↓		
文政9	(1826)	民治、浅右衛門に改名	↓	浅右衛門悴貞治	七左衛門悴仙治
文政10～同12	(1827～1829)	↓	↓	↓	↓
文政13～天保8	(1830～1837)	↓		↓	仙治再勤
天保8～	(1837～)	貞治相続、浅右衛門に改名			↓
天保9～弘化2	(1838～1845)	↓		貞治実弟養子良三郎	↓
弘化2～安政6	(1845～1859)	↓		↓	
安政6～	(1859～)	↓		浅右衛門悴英太郎	

(注)「壱番記録」(『尾西市史』資料編三)所収「脇本陣・庄屋・船庄屋往古勤順」より作成。
＊表中の↓は当該役職在任を意味する。
＊起宿開発当初は、本陣加藤右衛門七家が本陣・問屋・船年寄を兼帯していた。
＊脇本陣は寛永18年に佐太郎によって開かれた。以来、船庄屋を兼務した。

附、此節七左衛門方悴計見習、貞治も見習ニ候付、若跡役弐人へ被仰付候様相成候而も如何と心配仕候処、
（追筆）「七左衛門病気ニ而」先方格別骨折不申候哉、何分ニも此方ニ而ハ夫而已心配仕候

この文言からは貞治の緊迫感が読み取れる。このような事態―貞治と共に七左衛門悴仙治も船庄屋に命じられる―を回避すべく貞治は、浅右衛門が危篤に陥るとすぐに行動を起こした。「役継一巻」にはその行動の詳細が日を追って記され、合せてその時々に提出ないし受け取った文書も書写されている。また一つ一つ無事に相続が完了するたびに船手役所・鵜多須陣屋・勘定所の関係者へ贈った金品が「頼込ニ付諸向へ差上遣候覚」「御礼廻り覚」という形で綿密に記録されている*7。

「役継一巻」と一括されていた書状は、天保八年六月七日から一五日の間に貞治が受け取ったものである。この期間は父浅右衛門死亡の翌日から貞治が脇本陣・庄屋を命じられた当日である。六月七日付船手役所筆役間瀬栄治より林貞治宛の「三書状」には「然ハ昨朝は御出被下其節之一々之御申置之趣承知いたし候、則願書ハ巳比御親類之方ゟ御差出有之候付」とあるが、この文言は「役継一巻」の「四（六）月六日八ツ時頃惣兵衛ヲ親類といたし中玄関御筆役様へ願書出候処」と符合する。

また「四書状」（六月一一日船手役所筆役間瀬栄治より林貞治）は「役継一巻」に「一六月十一日暮六ツ時頃御勘定所へ御打合之手紙出候旨筆役間瀬栄治様ゟ内々申条、右御打合之御手紙写別ニ束有之候」と記されている「手紙」である。「四書状」は船手役所で貞治船庄屋仰付に向けてどのような動きがあったか、筆役間瀬栄治が貞治に詳しく報告したものであった。「役継一巻」と個々の書状を併せ読むことで、家および役職を相続するための手続き、藩役人の貞治への配慮―金品の授受との関連も含めて、具体的に明らかにできると考える*8。ここでは経緯のなかで特筆すべき点を挙げるに留めておく。それは父浅右衛門存命中に「末期願」あるいは「末期達」を船手役所と鵜多須代官所へ提出しようとした点である。このことから船庄屋・脇本陣といった役職の相続は生前、即ち存命中の交代が原則だっ

たことが推察される。「二書状」の「たとひ御死去有之候而も病気之躰ニ隠し置御役儀入替被仰付候上ニ而死去之御披露有之候而可然」という文言が裏付けとなろう。

なお「二（御頼込御礼留綴）」は主に船手役所を始めとする関係者への金品をメモ書きしたものである。金品の内容は「役継一巻」と一致する。「役継一巻」を書くさい典拠としたものと推察され、これをも保存した貞治の姿勢には今の史料保存に通じるものがある。

父浅右衛門の急死という事態を懸命に乗り切り、貞治は家相続および脇本陣、庄屋、船庄屋、苗字帯刀、浅右衛門改名、川庄屋という順に恙なく相続した。さらに自身に男子がいないことを危惧し、弟良三郎養子願および船庄屋見習出願をし、林家への役継を盤石なものにした。「役継一巻」は貞治自身がその経緯をまとめ、さらに書状等の関係文書を整理し一括して保存したのである。

さらに注目すべきは、この「役継一巻」が単に経緯を記録するに止まらず、子孫への教訓・指示が次のように記述されている点である。

> 右ハ今度都合よろしく、且又仙次郎（ママ）見習等いたし候付、若両人ニも可相成哉と夫等之儀心配、礼別段に多ク遣シ申候、已来ハ此例ニいたし申間敷、余程減方取計可申事、且頼込ニ付遣シ候分も右同断減方可申事

緊急事態に遭遇した自身の苦労・知り得た情報を子孫に伝える意味合いもあったものと推察される。貞治が晩年自家文書を整理しながら慶長五年（一六〇〇）から明治二二年までの村内の出来事を紀年体にまとめた「壱番記録」＊9の天保八年の項には次のように記されている。

天保脇本陣留　船御用留　村願達留
一　八　林浅右衛門病死六月六日
同断　同断　同断
一　八　同人悴貞治儀同月
亡父跡相続方
脇本陣
庄屋　　　被仰付　本紙証文箱ニ有
船庄屋
一件留袋ニ有之

この文中にある「一件留袋」にあたるものが、今回翻刻した史料である。肩書に「天保脇本陣留　船御用留　村願達留」あるのは、天保八年脇本陣御用留・船方御用留・村方願達留を指し、一つ一つ典拠を示している。また「証文箱」については、林先生はふたに証文箱と記した朱塗りの木箱に保存してある証文類を指すと解説されている*10。この「証文箱」が現存しないのが残念である。

林家文書は林先生が予科二年（昭和一六年）のとき家捜しをして発見し、学生時代に整理された*11。「天保八年脇本陣・庄屋・船庄屋被仰付本紙」は通賛の孫、林先生の手により証文箱から取り出され、「役継一巻」ほかの古文書とともに、立教大学文学部史学科研究室を経て、今は先生の生家に隣接して建てられた一宮市尾西歴史民俗資料館に保存されている。通賛のことを先生は「世の激変のなかで、こうした村の記録を後世に伝える使命のようなものを感じていたにちがいない」と評されている。通賛の使命感は先生にも脈々と受け継がれていたのである。

元文五年以来の宿願を果たした通賛の思い、その思いを理解し、さらに後世に伝えることに努められた先生の追悼論集に翻刻する資料として「天保八年酉六月　浅右衛門より悴貞治へ役継留　はやし」は相応しい。

註

＊1　林家文書は一九四〇年起町史編纂を機に発見され、当時起町史編纂委員であった所三男氏（当時徳川林政史研究所主任研究員）の指導のもと立教予科二年の林英夫先生が整理、A私文書、B村庄屋文書、C脇本陣・船庄屋文書に分類された。現在、愛知県一宮市尾西歴史民俗資料館に所蔵され、林先生が学生時代作成された目録を基礎として整理・確認作業が行われ、目録作成を目指している。確認されている文書はA私文書三〇五六点、B村庄屋文書三〇三二点、C脇本陣・船庄屋文書一四七九点である。今回翻刻した史料はA私文書に分類されている。特筆すべき文書はB村庄屋文書では「村方願達留」四七冊、「村方御用留」三五冊、「宗門御改帳」三五冊、「宗門送り状」五三二通、C脇本陣・船庄屋文書では「脇本陣御用留」三冊、「御休泊帳」「御泊休覚」一二冊、「船方御用留」一二冊、「万覚帳」一三冊、「川端拝領留」四三冊である。林家文書の一部は『尾西市史』資料起宿交通編（一九七五年、尾西市文化財審議会）、『尾西市史』資料編三（一九八八年・愛知県尾西市〈現、一宮市〉、以下『資料編』と略記）・同四（一九八九年）で翻刻され、また『尾西市史』通史編上巻の多くの論考には林家文書が用いられている。

林家文書を用いて書かれた先生の著述は次のとおりである（『林英夫先生を偲んで』〈林英夫先生お別れの会事務局編、二〇〇七年〉掲載の著述目録による）。

一九四五年「美濃路と象の通行」（『歴史日本』二―一一）
一九四六年「尾張藩の寄船制度」（『郷土文化』一―二）
一九四七年「木曽街道の宿場町」（『郷土文化』二―二）
　　　　　「近世美濃路の成立」（『郷土文化』二―四）
一九四八年「宿役人に関する資料」（『郷土文化』三―一）
　　　　　「美濃路の船橋架設について」（『交通文化』三〇）
一九五四年「洪水時の連合渡船」（『岐阜史学』九）
一九五五年「近世末期における村落人口の変質過程―尾張国中島郡起村における―」（『史苑』一六―一）
一九五七年「近世末期における尾西綿織物の展開過程―経営形態を中心として―」（『社会経済史学』二二―五・六）
一九五八年「濃尾綿織物地帯における商品流通の展開」（『歴史学研究』二一九）
一九五九年「尾西綿織物業における労働力の存在形態」（『社会経済史学』二五―一）
一九六〇年『近世農村工業史の基礎過程』（青木書店）
一九六二年「諸事祝儀覚帳の一分析」（『国学院雑誌』六三―一〇・一一）

一九七三年「A家における誕生と葬礼にみる消費生活—近世尾張農民生活史資料論—」(『徳川林政史研究所研究紀要』昭和四十七年度)

林家文書を用いた論文・著述は次の通りである。

一九八一年「寄船制度について—交通賦役の一形態—」(『交通史研究』六)

塩沢君夫・川浦康次『寄生地主制論』(お茶の水書房、一九五七年)

杉本精宏「近世尾張の結城縞—中島郡起村を中心に—」(『尾張藩社会の総合研究』三、清文堂出版、二〇〇七年)

林順子「美濃路起渡船場」(『尾張藩水上交通史の研究』、清文堂出版、二〇〇〇年)

林順子「木曽川水運と起」(前掲同書)

藤井智鶴「村に生きた未婚の母—尾張国中島郡起村たつの場合」(『郷土文化』五五—三)

*2 「壱番記録」(『資料編』三 六三六頁)によると、治右衛門の借財は尾張藩拝借金一六〇両で「村中へ」返済が命じられたが、相談の結果「拝借返上引受候者へ治右衛門跡脇本陣家屋敷船庄屋とも永代相渡可申」となったものである。

*3 「川端馬船の徳分」は起渡船場にある一四艘の馬船(馬を乗せやすいように船首船尾を平らな形にした船で大量の荷物を運ぶのに適する)から得られる船賃等の収入を指す。尾張藩と関係の深い大名の渡船の場合、尾張藩は渡船の船を「御馳走」(客のために馳せたり走ったりしてサービスすること)と称して提供したが、そのさい起渡船場の船だけでは不足するため河川沿いの村村から船を安く雇い入れ、大名に提供した。そのさい生じる差益を「他所船徳用」といった(宝暦一二年「起川船庄屋只助口上書」(『資料編』四〈一九八九年・尾西市〉一一〇〜一二〇頁、同年「乍恐口上之覚」〈林家文書・一宮市尾西歴史民俗資料館所蔵〉)

*4 宝暦一二年「起川船庄屋只助口上書」(『資料編』四、一一〇〜一二〇頁)

*5 「お鍬祭り一件」に関しては、林家文書に「鍬祭文政一乱記」という記録が残されている。この記録については松田憲治氏が『愛知県史だより』第二〇号(愛知県総務部法務文書課県史編さん室、二〇〇八年)「史料紹介」で詳しく取り上げられている。

*6 「壱番記録」(前掲書六五六頁)

*7 鵜多須陣屋・船手役所・勘定所の関係者に対し贈答された金品についての検討は別稿を準備中である。

*8 浅右衛門から貞治への役継の経緯については関係者への金品の贈答とあわせて別稿で詳細に検討する。

*9 『資料編』三、六五六・七頁

*10 『資料編』三、資料解説七頁

*11 この間の事情は林英夫著『一歴史学者の回想』(一九七九年・柏書房)による。

〔付記〕

『愛知県史研究』第一〇号（愛知県総務部法務文書課県史編さん室、二〇〇六年）に掲載されたインタビュー記録「林英夫さんが歩んだ日本近世史研究の軌跡」で、林先生は「私は自分の家を客観的に見ることができないのです。私の家は起では『林様』(屋号のようなもの。幕末、村庄屋・船庄屋・脇本陣役をした浅右衛門通賛は明治二十三年一月二十五日死去、七十九歳一カ月）とよばれていたのです。私が町の中で悪いことをしても、おまえは林様の次男坊か、と許されるなど特別扱いされましたからね」と述べられている。この言葉に、先生が林家文書のうちA私文書ロ由緒に分類された「天保八年酉六月　浅右衛門より悴貞治へ役継留　はやし」を通して自家の歴史を紐解くことをされなかった理由が窺える。一括された書状は開封されていなかった。林家文書を活用することはもちろん起村における林家の位置づけ・役割を客観的に解明することを先生からの宿題と考え精進したい。

今回翻刻した「役継一巻」の一部を二〇〇八年度一宮市尾西歴史民俗資料館講座「やさしい古文書」の教材として用いた。この講座は一九九四年に館所蔵の古文書を教材にして、くずし字の読み方の習得とともに身近な歴史を学ぶ目的で開講された。先生の教え子ということで講師を依頼され、以来教材を選ぶために先生が作成された目録を頼りに収蔵庫を渉猟してきた。「天保八年林浅右衛門より貞治へ役継関係史料」に邂逅でき、その翻刻の過程で新たな指針を得ることができたのも「やさしい古文書」講座があればこそであった。講師の機会を与えてくださった伊藤和彦氏、古文書を探す手伝いをしてくださった岩井ひとみ氏、一宮市尾西歴史民俗資料館職員の方々に記してお礼を申し上げます。

出羽国能代と上方との交流
—冷泉家との関係を通じて—

村井　早苗

はじめに

出羽国能代は、奥羽山脈に発し日本海に注ぐ米代川の河口に位置し、近世には土崎湊とならんで秋田藩の重要な湊であった。米代川流域には広大な杉の美林があり、この秋田杉は藩にとって重要な商品であった。能代はこの米代川上流の木材を積み出し、また阿仁鉱山の銅などの集積港であり、そして松前と上方とを結ぶ北国海運の拠点でもあった＊1。

能代は戦国期には安東（秋田）氏の支配下にあったが、慶長七（一六〇二）年、秋田氏が常陸宍戸に転封され、代わって佐竹氏が常陸より入封した。居城は出羽国秋田郡久保田（秋田）に置かれ、以後、二〇万石の外様藩として廃置県に至った。能代は、米代川流域の沖積平野に広がる農村と米代川河口の湊で陸路の中心でもある能代町より成っていたが、農村は久保田城下に在住する郡奉行が支配し、能代町は能代奉行の支配下に置かれていた。

能代奉行所の職務内容は、能代湊出入りの旅人や船の監視、諸物出入りの監視、米代川流域一帯の材木山支配、能代居住の給人支配などであった。能代奉行は能代に常駐していたわけではなかったので、その留守を預かって実際の政務を担当したのは、下代（しただい）と呼ばれた下級武士であった＊2。

このように、能代は松前と上方とを結ぶ拠点として栄えたのだが、物資の流通はまた文化の交流にもつながった。

本稿では、能代町の豪商の一人であった村井家と京都の公家で和歌を家芸とした冷泉家との交流をめぐる問題を中心に、能代と上方との文化交流の一端について考えていきたい。

一、能代と越前屋久右衛門（村井）家

「村井系図（本家）」＊3には、初代「立徳」について「生国越前丸岡、野代へ下リ、国名ヲ以屋号トス、俗名久右衛門、承応元辰十月廿一日御往生、西光寺門徒」と記されている。つまり初代久右衛門（越前屋はその後本家の当主はほとんど代々久右衛門と称した）は、十七世紀前半に越前丸岡より野代に移住し、承応元（一六五二）年に野代で没したのである。野代はその後元禄七（一六九四）年と宝永元（一七〇四）年の二度の大地震により多大な被害を蒙り、「野に代わる」を忌んで「能代」と称するようになった。初代久右衛門の妻「妙立（みょうりゅう）」（法名）は男鹿出身で願勝寺門徒であり、延宝四（一六七六）年十月二十七日に没している。妙立は慶安元（一六四八）年に願勝寺に鐘を寄進した。この鐘は、その後破損などにより何度か再鋳造・改築されたが、能代の町の時鐘として親しまれた。昭和十七（一九四二）年一月、アジア・太平洋戦争の時に供出させられて現在は残っていない＊4。

越前屋は、その後廻船業により財を成し、延宝四年より御用銀を藩に用立てており、それ以後は度々、天保十（一八三九）年まで一六四年間にわたって藩からの御用銀調達に応じている＊5。また四代兵政（むねまさ）については、「村井系図（本家）」に「元禄七年地震ニテ潟屋ノ之田地開墾後御抱へ申上、水元普請開水改成就、久米岡村と村号被下、同十三年御竿相済、御判紙頂戴」とある。このように、元禄七年の大地震による地盤隆起で湿地化した八郎潟北岸を開墾して水田化したのである。この新田高は三一六石余りで、その中から「三ケ一辛労免」として一〇五石四斗五合を与えられた＊6。そして、この村名を久右衛門に因んで久米岡新田と命名している。廻船業者はどうしても投機的な要素が強いが、この久米岡新田からの収入によって、越前屋の収入は安定したのである。

日本海に面する台地の西部は、日本海から吹き込む風で飛砂の被害が大きかった。そのために、同じく廻船業を営んでいた越後屋太郎右衛門（渡辺家）は、正徳二（一七一二）年より砂留普請に着手した。この普請は寛政十二（一八〇〇）年まで八〇年余り、子孫三代にわたって続けられた。

越後屋太郎右衛門が砂留普請に着手した翌正徳三年、越前屋久右衛門がこの普請に協力するようになった。越前屋の普請箇所は、越後屋の普請箇所清助町後方面の東南に接続する後谷地で、普請は正徳三年より明和元（一七六四）年まで五二年に及んだ。四代兵政、五代政方、六代政朝、七代政峰にわたって行われたのである。越前屋久右衛門（七代政峰）はこの功績によって、天明元（一七八一）年十一月に「御蔵出米五拾石宛生涯被下置」、寛政二（一七九〇）年十一月には「永々名字御免」となり、「村井」を苗字とするようになった。さらに寛政五年十二月に「御紋付御裃拝領」、同六年に「永々独礼御目得」を許され、享和元（一八〇一）年六月に「生涯帯刀御免」となっている。この蔵米下付、苗字帯刀御免などは、八代政孚以降も引き継がれた。

以上述べたような越後屋太郎右衛門家と越前屋久右衛門家とによる造林は、漸次成功し、南北五〇〇間、東西四五〇間の植林がなされた。この砂防林は、現在、「風の松原」と呼ばれて能代の観光名所となっており、植林が続けられている。

二、越前屋久右衛門家の文化活動

廻船業や久米岡新田からの収入で財をなした越前屋久右衛門家では、代々茶の湯や詩歌などを嗜み、上方との交流を持った。村井家と上方との関係は、すでに初代立徳の妻妙立の頃から始まっている。先述したように、妙立は慶安元（一六四八）年に願勝寺に寺鐘を寄進した。この鐘を鋳造したのは、近江の田中伊兵衛尉藤原家次で、鐘銘は大坂天満堀川の本泉寺摂受院能化宣慧による。鐘は延宝二（一六七四）年と元禄六（一六九三）年に鋳直されているが、海上を運んできたものという*7。

三代政勝は俳諧名を窓雪というが、その母は元禄十五（一七〇二）年に京都で没している。ここから、村井家は京都に屋敷があったことがわかるが、その後、一族の上方との縁組が多く見られ、また京都で没する者もいた*8。

四代兵政は、久米岡新田を開発したが、一方茶道は千家直門で、京都の公家とも親しんだ。五代政方については、「村井系図（本家）」に「歌読稲荷社務羽倉齊荷田東丸ヨリ古今伝授、素茶絵ハ探山門人、まり（蹴鞠）ハ難波家飛鳥井家門弟」とある。すなわち和歌を国学者で歌人の荷田春満に学んで古今伝授を受け、その肉筆の古今秘伝集三〇余冊を贈られ、また蹴鞠も嗜んだ。なおこの古今和歌集は、現在、宮内庁所蔵となっている。近代以降、村井家は没落の途を辿り、村井家出身の画家岡田琴湖が上京した折に宮内省に持参して買い上げてもらったためである*9。政方は、享保十七（一七三二）年に京都で没している。

六代政朝も「儒道詩歌茶道ニ熱心」であったが、政朝の弟政貞は冷泉家中興の祖といわれる冷泉為村に入門した。「村井系図（本家）」には、「詩歌連俳御執心、歌道ハ下冷泉中納言為村卿御門弟」とある。政貞の孫八代政孚が記した「冷泉家御哥会記」*10があるが、それによると政貞は冷泉家の歌会に連なっている。そして宝暦十（一七六〇）年、政貞が京都より能代に帰るに際して送別の和歌が贈られているが、「冷泉家御哥会記」には次のように記されている。

宝暦十とせてふとし政貞久かたのミやこよりあまさかるひなの故郷にかえる折から馬のはなむけに卿より給ひける御歌に

露しものふるさと遠きかえるさはさそな夜寒の袖の浦風

為村

この冷泉為村の時代に、冷泉家への和歌の入門者が飛躍的に増大して全国的な広がりをみせたといわれる。その階層も公家、武家、神官、学者、豪商、画家などに及んだとされる*11。当時、難波に仮住居していた政貞は冷泉家雑掌中川喜内と懇意になり、その縁で為村に入門したらしい。村井家と冷泉家との交流はこの時期より始まった。

三、村井順蔵の冷泉家入門

文化十三（一八一六）年、八代政孚の嫡男順（潤）蔵*12は歌道を志し、冷泉家に入門した。順蔵は「村井系図（本家）」には「政紀、俗□蔵、文政元寅三月十七日死去、齢廿五才、法名立寶」とあるので、寛政六（一七九四）年生まれで、当時、二十三歳であった。この村井順蔵の冷泉家入門についての一連の史料が残されているので*13、以下、これらの史料を検討して能代と上方との文化交流の一側面をみていこう。

文化十三年閏八月十日付で、冷泉家家臣（雑掌）中川右内・近藤織部より村井順蔵に宛て書簡が出された。

（包紙）

「羽州能代　冷泉殿家
　中川右内
村井潤蔵様　近藤織部」

（本文）

六月廿日附之芳翰今後八月八日相達拝見仕候、先以御命未得向顔候得共時分柄涼気相催候得共弥御清福被成御入珍重奉存候、然者当春清水九兵衛殿御上京之刻御一同和歌御入門被成御済幾久目出度奉存候、其節御祝之熨斗被伝贈御詠草初而被致加墨家之書法等被相伝候ニ付御細書之趣被入御念候御儀ニ被存候、且又先年勧進御座候御短冊御清書被成御詠進別段被相手向勧進之短尺一同被取重候、将又此度御詠草被成御差出則添削相済致返進候、被成御落手候上猶又追々御詠出次第被成御差出候様奉存候、委曲期後便不具候、且今便返進方大坂薩摩屋忠左衛門方江向可差出旨被仰聞則同人方江差出候、此段御承知可被下候、猶時候御保愛専一之御事ニ奉存候、恐々謹言

後
八月十日

近藤織部
政　花押
中川右内
清　花押

村井潤蔵様

この書簡は「後八月十日」付になっており、八月が閏月である文化十三年のものである。この年の春、清水九兵衛が上京した際に一同で冷泉家に「和歌入門」している。この時に入門したのは、翌文化十四年十二月付で冷泉家より出された書簡の宛先が「相澤金十郎・村井潤蔵・清水九兵衛」であるので、以上の三名だと考えられる。相澤金十郎は当時能代町の庄屋であり、清水九兵衛は安東氏の家臣を祖とする豪商であった＊14。このように個別に冷泉家との関係を持ったのではなく、能代町の有力者が揃って冷泉家に入門したのである。

順蔵は六月二十日付で冷泉家に詠草を提出し、あわせて書簡を呈したが、これは八月八日に冷泉家に達し、翌々十日付で返書が出されたことになる。冷泉家に入門すると、門人は折紙（紙を横長に二つ折りにしたもの）に前もって冷泉家当主より出された歌の題と自分の名前、歌題にもとづいて詠んだ歌を原則として二首記して、その草稿（詠草）を冷泉家の役所（執事の詰所）に送る。詠草は役所でまとめられ、当主の手元に届けられ、添削を加えられ返されることになる＊15。そして、この添削された詠草は、順蔵の希望により大坂の薩摩屋忠左衛門を通じて返されている。

文化十三年八月朔日、村井順蔵は詠草を提出してあわせて八朔の祝儀を冷泉家に贈り、冷泉家家臣（雑掌）近藤織部・中川右内にも贈り物をしている。この書簡は非常に遅れて翌十四年二月十二日に冷泉家に着き、翌十三日付で返書が認められた。この返書の中では、先ず八朔の祝儀への礼が述べられ、その上で「猶又追々御詠出奉待候、其後清水九兵衛殿御便遠ニ奉存候、無御障被成御入候哉、猶御詠出之御便待入存候条乍慮外宜御伝声奉頼候」と、順蔵にさらなる詠草の提出を求め、あわせて清水九兵衛が「御便遠」になっていることに懸念を示し、詠草を送るように伝えて欲しいと依頼している。

文化十四年十二月、冷泉家より相澤金十郎・村井潤蔵・清水九兵衛に宛て、「極来四月故入道殿就三回忌手向之和歌被致勧進候、仍之出題短冊等別封被相贈之御出詠被申請度被存候」と伝えられた。前年の文化十三年に冷泉為泰が没しているので、この三回忌に手向けの和歌を詠出するように求められたのであろう。

順蔵より冷泉家には度々、詠草ならびに祝儀や贈り物が送られた。しかし、この往復には何度か手違いがあった。文化十五年二月二十一日付および二月二十三日付の冷泉家よりの書簡は、このような事情を物語っている。

I

（端裏）
寅二月廿一日付
同三月廿九日着

（本文）
御別紙致拝見候、然者年始為御祝儀拙者共江も御樽代南鐐*16壱片被贈下不相替御深念之御儀幾久致拝受深忝奉存候、御礼奉謝候、猶又去年十月十二日出御状以幸便御差登之由相調候処今以右御便不致到着候、其外去年中度々御登之御状并ニ御詠草共一円返書不相達候段致承知候、当方へ去年中御便左之通ニ御座候而返書も左之通差立申候事ニ御座候、左様御承知可被下候、且此度御詠草御差登則添削被相済当便致返進候、右之段可得御意御報旁如是御座候、猶書外期重便之時候、以上

二月廿一日　　近藤織部

村井順蔵様　　　　　　　　　　　　　　　中川右内

覚

子八朔出御状

一　丑二月十二日着

子十二月十五日出御状

一　丑二月十四日着

右二便之返書御詠草共去丑二月十五日京地御便所いせ屋平兵衛方へ差出

丑

一　五月七日出

六月廿九日着

丑

一　八月十七日出

十月六日着

右二便之返書十月十二日大坂表薩摩屋へ向差立

右四便之外去年中御便リ相見へ不申候、右之通返書差立候儀ニ御座候、以上

Ⅱ

（包紙）

「村井順蔵様　　　　中川右内
　　　　　　　　　　近藤織部」

（端裏）
とら二月廿三日付
同三月廿五日着

（本文）
別紙返書相認候処去年十月十六日附之御状昨廿二日相達致拝見候、然者去ル二月中旬相沢金十郎殿御手前様御両名金子入御状御詠草共御差登之由、且三月廿六日付御状御詠草御差登之由、且五月七日附八月中御差登之両便者別紙得御意候通リ相達申候得とも、右二月中旬三月廿六日附両度之御状者相達不申候間左様御承知可被下候、遠境之儀不被任御心底御儀扨々気之毒御事奉存候、二月三月両度之御便途中如何相滞候事哉、猶又御調可被下候、別紙ニ得御意候、当方ゟ差出候両度之返書若不相届候ハヽ、可被仰越吟味可申付候、右等之段可得御意如此御座候、尤別紙委曲得御意事ニ付早々致文略候、以上

二月廿三日　　　　近藤織部
　　　　　　　　　中川右内

村井順蔵様

このように、能代と京都は「遠境」のために、順蔵から送った詠草、書状、金品が冷泉家に到達しない場合もあり、また冷泉家より順蔵に送られた書状等も村井家に到着しないことがあった（表参照）。この件について、冷泉家では詳細に調査をして誠実に対応している。

つまり残されている史料によれば、順蔵は二年間足らずで少なくとも九通冷泉家に書状を送っていることになる。送られた九通の内で冷泉家に到達したのは六通で、冷泉家ではこの六通に対してほとんど一、二日の内に返書を出している。そして冷泉家よりの六通の返書は、三通村井家に到達し、あと三通は未着だったのである。

四、順蔵の死と冷泉家

以上のように、冷泉家より文化十五年二月二十一日付と二月二十三日付で相次いで出された二通の書状は、翌月の三月二十五日、二十九日と相前後して能代に届いた。しかし順蔵は、すでにこの直前の三月十七日に死去していた。「村井系図（本家）」には、「政紀、俗□蔵、文政元寅三月十七日死去、齢廿五才、法名立寶、母ハ久保田能登屋喜右衛門妹おつま、前年より歌道執心、冷泉為泰卿御門弟成ル、死去後御歌拝領被仰付候」とある。文化十五年は四月二十二日に改元して文政元年となった。そのために、系図には文政元年死去と記されている。順蔵の妻は久保田（秋田）の石田文五郎の娘「おミな」であり、二人の間に娘「おいほ」がいた。順蔵の死後、「おミな」は親元へ戻り、「おいほ」は後に分家越前屋重左衛門家の養女となり、婿養子を取った＊17。

順蔵死去の報は、冷泉家にも伝えられた。文政五（一八二二）年五月二十九日付で、冷泉家雑掌中川右内・近藤織部より清水九兵衛に宛て、次のような書状が送られた。この書状では、同年一月二日の相澤金十郎の死去が子息善助から知らされたことが記されているが＊18、あわせて順蔵についても言及している。

（前略）故村井順蔵殿御曽祖父政貞主門人ニ而歌道御執心ニ而、御帰国之刻餞別之詠歌被相贈于今御秘蔵御座候ニ付、故順蔵殿御死去之砌御親父久太郎殿江詠歌被仰請度段被仰越候得共其後何等之沙汰無御座候ニ付、尚又御自分様并金十郎殿も御願被仰入候義之由（後略）

とある。順蔵の曽祖父政貞は、先述したように冷泉為村に入門し、京都より能代に帰る際に餞別の詠歌を贈られていた。そのために当時、久太郎と称していた順蔵の父八代政孚は、嫡男順蔵の死去に際して、冷泉家に対して手向けの詠歌を望んだらしいが、この件は立ち消えになっていた。今回の相澤金十郎死去の報を機に、冷泉家では村井順蔵・相澤金十郎に手向けの詠歌を贈ることとした。この書状では、「今便村井久太郎殿相澤善助殿へ詠歌被相贈之候、尤手向与申候而者事立候儀故、御存生中格別之御執心之御事故被相贈候義ニ御座候」と述べられており、冷泉家の門人の死去に対する心遣いを見ることができる。また「此度金十郎殿御息善助殿強而御願御座候儀ニも無之候得共御親父御遺志為被継候、且又金十郎殿御取立之衆拾四、五人も有之、右等之人々御心情追々御入門之一助ニも罷成可申哉ニ付」ともあり、冷泉家が能代に門人を拡大していこうという姿勢も窺える。

順蔵に冷泉家から手向けの詠歌を贈られた父政孚は、謝礼の品々を贈った。これに対して、次の書状が送られた。

華翰致拝見候、向暑之砌弥御安静可被成御入珍重之御事ニ奉存候、然者去年五月故順蔵殿御霊前江詠歌被遊手向候処当三月十四日無恙到着御落手御座候由、且又清水九兵衛殿迄申入候儀等被成御承知候段、仍之為御謝儀埋木様短冊箱一、文箱一、外ニ近浜之産ひほく*19海苔一包被成御贈進則遂披露候処何茂御入念之至不浅怡慶被存候、此段宜申謝旨被申付如斯御座候、恐々謹言

近藤織部
六月七日　政　花押
中川右内
清　花押

村井久右衛門様

政孚は文政三（一八二〇）年に久右衛門と称するようになっていた。この書状は文政六年と考えられ*20、そして順

蔵の死後は、冷泉家と村井家との間を、和歌入門および能代の豪商仲間である清水九兵衛が仲介している*21。

五、順蔵死後の村井家

順蔵の没後、養子庄蔵が政孚の嫡子となった。庄蔵は、「村井系図（本家）」によると寛政十一（一七九九）年生まれで、後に九代政直となっている。そして庄蔵も順蔵の没後、冷泉家に入門したらしい。年代は不詳だが、冷泉家から村井久右衛門（政孚）に宛て、次のような書状が送られている。

御別紙致拝見候、何様其以後者打絶御遠々敷罷過候得共愈御安福被成御入珍重奉存候、然者右御菓子料南鐐壱片預御恵投、遠路被懸御厚意候御儀忝仕合奉存候、右御礼奉謝度如斯御座候

一去春中者御令息庄蔵殿御上京、其節者当館へも御出被入思召候御儀不浅怡慶被存候、其節少将殿御面会被申、且麁末之扇子被相贈之候ニ付御紙上之趣被入御念候御儀ニ奉存候、所々御参詣之御心掛ニ而被成御登候得共一円御相談茂無御座、何様御若年之思召立嘸々御案御座候半与奉察候、併長途無御滞去年三月中御帰着ニ而被成御安心候段御尤之御儀目出度奉存候、扨又庄蔵殿御儀御亡兄順蔵殿被継御遺志歌道被成御執行度御内存も御座候事故幸之御上京故当家江も御出御座候段、御家業躰無御寸隙被成御入候故急ニ御出情可被成兼候得共追々御入門之思召茂御座候条、何様故順蔵殿ニ者格別御執心之道ニも御座候事故被継御遺志候御儀御尤之御儀ニ奉存候、被立思召候ハヽ御取持可仕候間何時成共被仰聞候様御左右奉待候

一去年五月中相登候品当年三月十四日相達候儀如何之間違ニ而及延着候哉、於大坂舟便相待後候哉与思召候段、仍之本書御謝詞被及御延引候趣段々御叮寧之御儀ニ奉存候、何様如御察舟便相待相後候義ニ可有御座奉存候、扨御地者如何御座候哉、当所者春来雨少ク別而初夏之頃ゟ一向降雨無御座、仍之近国近在田所植附等出来兼、

随而暑気甚烈敷、五月下旬ゟ例土用中之如暑気淩兼候儀ニ御座候、折角暑中御自愛専一之御儀奉存候、右御報如斯御座候、已上

六月七日　　近藤織部

中川右内

村井久右衛門様

この政直も後に和歌の名手となり、また国学も嗜んだ。平田篤胤の高弟鈴木重胤が天保十四（一八四三）年と翌弘化元年に能代を訪れているが、この時には村井政直家に逗留して、能代の人々に国学と和歌について指導している*22。これらのことが、幕末期に能代が、秋田藩の勤皇思想の一大拠点となったことに繋がったと言われる。

おわりに

以上、村井順蔵の冷泉家和歌入門を中心に能代と上方の文化交流の一端についてみてきた。順蔵が冷泉家に入門したのは、曽祖父政貞が冷泉為村に入門した縁によっており、冷泉家側でもその縁を大切にしていた。一方、順蔵は同じく能代町の有力者である相澤金十郎、清水九兵衛とともに入門している。すなわち個別にではなく集団で入門し、冷泉家の和歌を受容しているといえよう。

また冷泉家でも、順蔵を核として能代に門人を積極的に拡大しようとしていた。たとえば先述した文化十四年二月十三日付の順蔵に宛てた冷泉家の返書では、順蔵にさらなる詠草の提出を促し、また和歌入門の仲間である清水九兵衛が「便遠」であるので詠草を出すように伝えて欲しいとしている。そして順蔵や相澤金十郎の死去に際しては、清

水九兵衛を介して手向の和歌を贈っている。金十郎については「取立之衆」が十四、五人もおり、金十郎に手向の和歌を贈ることによって「取立之衆」の冷泉家入門に繋がるのではないかと期待している。

このように、能代町では十九世紀前半に村井順蔵を核として、有力者の間に冷泉家の和歌を受容していこうとする動向があった。これに対して冷泉家では、たとえば順蔵からの詠草、書状、金品が届くと直ちに添削を行い、返書を認めた。金品が贈られると、実に懇切な謝礼を述べている。順蔵の死後も、清水九兵衛を介して順蔵に手向の和歌を贈るなど村井家との関係の保持に努め、順蔵に代わって村井家八代政孚の嫡子となった庄蔵についても、冷泉家雑掌が「被立思召候ハヽ御取持可仕候間何時成共被仰聞候様御左右奉待候」と、冷泉家和歌入門を促しているのである。すなわち、冷泉家の和歌をめぐって能代と上方で双方が積極的に文化交流を図ったといえるであろう。

註

＊1『能代市史稿　第二輯　近世―上』、『能代市史稿　第三輯　近世―中』（能代市史編纂委員会、一九五七・一九五八年）。加藤貞仁文・鐙啓記写真『北前船　寄港地と交易の物語』（無明社出版、二〇〇二年）一八五～一八九頁。加藤貞仁『北前船と秋田』（無明舎出版、二〇〇五年）五六～六六頁。

＊2 前掲『能代市史稿　第二輯　近世―上』、『能代市史稿　第三輯　近世―中』、越後昌二『のしろ町名覚』（能代市、一九九二年）三～四頁。

＊3 村井家の系図は何種類かあるが、本稿では前掲『能代市史稿　第三輯　近世―中』所収のものを使用した。

＊4 北羽新報社『能代港物語』（一九七四年）二五頁。越後昌二『能代の歴史ばなし』（能代市、一九九〇年）四九～五〇頁。

＊5 前掲『能代市史稿　第三輯　近世―中』二三六～二四二頁。

＊6「村井友之助系譜之写し（明治三十一年）」（『能代市史資料』15、一九八五年）には、「但右発高当高ニ而三百拾六石余開発致御称言被仰渡、右起高之内、三ケ一辛労免として当高百五石四斗五合拝領被仰付候」とある。

＊7 前掲『能代港物語』二五頁。前掲『能代の歴史ばなし』四九～五〇頁。

＊8「村井系図（本家）」、「一家系譜（越前屋）」（村井家文書）に数多く事例が見られる。

＊9 北羽新報社『能代のあゆみ—ふるさとの近代—』(一九七〇年)一一六頁。
＊10 村井家文書。越前屋重左衛門家に伝えられた。拙稿「『冷泉家御哥会記』に見る出羽国能代と上方との交流」(『日本女子大学大学院文学研究科紀要』一八、二〇一二年)参照。
＊11 冷泉為人「冷泉家とは」(冷泉為人編『京都冷泉家の八百年』、日本放送出版会、二〇〇五年)二三頁。
＊12 「一家系譜(越前屋重左衛門)」には、「八代目政孚公嫡男順蔵政紀」と記されている。
＊13 村井順蔵の冷泉家入門については、一連の史料が分家越前屋重左衛門家に伝えられている。
＊14 前掲『能代市史稿　第三輯　近世—中』二二二頁。前掲『のしろ町名覚』三頁。
＊15 小倉嘉夫「冷泉家の歴史—江戸から明治へ」(前掲『冷泉家の八百年』)一五三頁。
＊16 南鐐二朱銀のこと。安永二朱銀は安永元(一七七二)年から文政七(一八二四)年まで通用した。品位は銀九七・八一パーセントで、八枚で金一両に替えることを明示した。
＊17 村井家文書(「一家系譜(越前屋重左衛門)」による。
＊18 越後昌二「村井家系図の裏付け」(『北羽新報』一九八〇年六月二十八日記事)
＊19 ひぼのりのことかと思われる。経紐(きょうのひも)の異名で、紅藻類ムカデノリ科の海藻で北海道、本州、九州沿岸の潮間帯の波の静かな岩上に生え、食用とする(小学館『日本国語大辞典』による)。
＊20 「村井系図(本家)」。
＊21 清水九兵衛の妻は村井家出身であった(「村井系図(本家)」による)。
＊22 前掲『能代のあゆみ—ふるさとの近代—』一一四頁。

村井順蔵より冷泉家に出した書状一覧

年代	差出	宛先
①文化13年6月20日 文化13年閏8月8日冷泉家着 返書　文化13年閏8月10日付	村井潤蔵	近藤織部・中川右内
②文化13年8月1日 文化14年2月12日冷泉家着 返書　文化14年2月13日付　2月15日出	村井潤蔵	近藤織部・中川右内
③文化13年12月15日 文化14年2月14日冷泉家着 返書　文化14年2月15日出 村井家に未着	村井順蔵	近藤織部・中川右内
④文化14年2月中旬 冷泉家に未着	村井順蔵	近藤織部・中川右内
⑤文化14年3月26日 冷泉家に未着	村井順蔵	近藤織部・中川右内
⑥文化14年5月7日 文化14年6月29日冷泉家着 返書　文化14年10月12日出 村井家に未着	村井順蔵	近藤織部・中川右内
⑦文化14年8月17日 文化14年10月6日冷泉家着 返書　文化14年10月12日出 村井家に未着	村井順蔵	近藤織部・中川右内
⑧文化14年10月12日 冷泉家に未着	村井順蔵	近藤織部・中川右内
⑨文化14年10月16日 文化15年2月22日冷泉家着 返書　文化15年2月23日付 文化15年3月25日村井家着	村井順蔵	近藤織部・中川右内

宗門改貞享期論
―宗門改帳の成立過程と性格規定―

阿部　知博

はじめに―研究課題―

以前拙稿（「近世都市「宿」支配と公権力」『論集きんせい22』二〇〇〇年）で、寛文期に幕府は「宿」を単位とした人別支配をおこなったとした。寛文期は個別民衆支配の宗門改においても重要な時期である。また「諸宗寺院法度」や「諸社禰宜神主法度」を発布するなど移動する宗教者の統制にも意義のある時期である。宗門改は宗教支配の観点からばかり見るべきではない。宗門改帳自体、江戸初期において残存は稀であり、寛文期に通年の残存も少ない。寺請状も貞享期や元禄期にまとまり出す、という。（1）支配の方法論としての宗門改、（2）民衆の信仰生活の実態、（3）宗教者統制の三つの側面にとって、寛文期から貞享期までの持つ意義は深いと思われる。

宗門改の研究史として、竹田聴州氏は元禄期に「家」と「檀家」が成立していると考える。「今日都鄙一般寺院の墓地にある檀家の墓碑・位牌堂や檀家の仏壇にある位牌・過去帳・回向帳の法名記載は殆どすべて徳川時代、それも初期のものは少なく、元禄頃以後のが圧倒的に多い。之は古い遺物資料の湮滅という事情の外に、あたかもこの時期が幕藩体制と壇家制、従ってまた農庶の「家」の確立期であったことをその面から暗示しているのであるらしい」（竹田聴州『祖先崇拝』一九六頁、平楽寺書店、一九五七年）と述べる。なぜこの時期に、幕藩体制と檀家制と「家」の三者が同時に確立するといえるのか、という疑問がのこる。また氏は後年の論著において、「庶民檀家制は庶民の

「家」の広般な形成という社会動向を踏まえて初めて成立しえたし、また逆に、社会の隅々にまでこうした寺壇関係を拡充固定した寺請制は、累代の檀家として庶民の「家」の設定を広般に促進・馴致する結果をもたらした」（竹田聴州「近世社会と仏教」二七六頁『岩波講座日本歴史9近世1』一九七五年）とする。氏は「家」の形成が檀家制を成立させたとするが、元禄期に「家」が成立していたという前提を具体的に実証されていない。また以前の論考とのあいだで、寺檀と「家」の成立が前後している。むしろ幕府が家の設定をすすめたとみるべきであろう。そしてその延長線上に壇家制の設定があったのではないかと考える。

一方、圭室文雄氏は、寺壇制度は基本的に寛文期の成立と考えている。まず寛文延宝期の宗門改帳の変化から、「この場合家族の者が別宗派に属しているのはこの一例にすぎず、寛文の七例に比して激減している。すなわち寛文から延宝の時期に家族個々人の信仰から、戸主の宗派に統一されていく過程を明確に示すものとして、注目すべきであると思う。裏をかえせば、領主が個人単位の宗教から家族単位のそれへの移行を強制しているさまを示すものである」（圭室文雄『江戸幕府の宗教統制』二二一頁、評論社、一九八〇年）といい、領主側から延宝期に宗派について、家族単位の「編成」への強制があったとする。が例証がない。つづいて、「寺請制度をテコに檀家をその経営の基盤としてとりこみ、そしてさらなる発展をとげてきた寺院に対して、その正面に立ちはだかったのは、これまで寺院を保護育成してきた幕藩領主であったのである。…しからばいかなる方法でこの危機を切りひらくか、それは、一見幕府法令と民衆に思い込ませるような法令をつくり、その条文の中に檀家制度を維持して行くための好都合な規定を入れていくことであった。…さてその二つの「法令」とは、貞享四年（一六九一）「諸寺院条目」、慶長十八年（一六一三）「宗門檀那請合之掟」である」という。（注）（「宗門檀那請合之掟」は偽作であり、一六九一年から一七〇〇年くらいのころの作成とする。（圭室文雄『日本仏教史近世』一七九頁、吉川弘文館、一九八七年）ともに貞享四年を画期としている。）寺院側は幕府法令を援用し、寺院主導で民衆支配を行ったということになるが、幕府がこれらのような「法令」を見過すとは考えられないのである。このように、個人の論著の中でも、「領主が……家族単位の（宗教）への移行を強制し、」という一方で、「檀家制度をテコに檀家を……とりこみ」といい、領主主導の「家」制度が先行するのか、寺壇制度が先行していたのか、論理上の齟齬をきたしている。貞享四年の変化として取り上げなければならないものは、切支丹類族の書き上げである。この切支丹類族帳の時期から「葬式寺の権限はいちだんと強化され」たという（圭室文雄『葬式と檀家』一七六頁、吉川弘文館、一九九九年）。ただ、このような評価は寺院側に立った評価であり、民衆側からの視角が明確でない。勿論この貞享四年は、生類憐みの令初発の年である。生類令と並行して展開された諸政策の意図を読み取ることによって、生類令の総体として見てゆくべきであろう。

以上のように、今までの研究史では、経営体としての「家」概念や、「寺壇制度」を前提とした「檀家」概念など、既成概念を前提とした論理展開で理解されようとしているが、「宗門改」とは、（1）支配装置の原理として、（2）家概念の設定の強制時期として、（3）寺壇概念の創出期として、三つの観点から、寛文〜元禄期を検証しなければならない。

本稿の課題としては、寛文から貞享・元禄の各時期において「宗門改」を幕府の支配装置と考え、宗教的な意義を捨象し、幕府は民衆に何を求めたのか、また宗門帳記載の意図とは何だったのかを、各地域に残る宗門改帳の記載形態の分析から逆照射することによって、幕府の純粋な民衆支配の方法論としての意図を考えていきたい。仮定としては、幕府主導の下に、家を中心とした支配装置を設定し、宗門改めの宗教制度からの保証体系を援用し、村請などの行政的保証体系単位から、個人掌握への支配体系へと整備を進めるのが、貞享期と考える。それはまた生類令の全人的治安維持政策のシステムの根幹であるという見通しを持つ。

史料としては、幕府の町触の法令集と、江戸の「高野家文書」、和泉大鳥郡豊田村の「小谷家文書」、遠州知多郡小鈴谷村の「盛田家文書」である。都市部の基本法令を基点とし、地方農村部への普遍化の過程を検証してゆきたい。

一、支配の受容としての「宗旨請状」の作成

まずこの章では、宗門改における画期について、寛文以後貞享までの時期の法令の状況を整理しておきたい。

(一) 寛文十一年「三ケ条法度の遵守」―不審者の排除という基本政策

東京都公文書館に所蔵されている『高野新右衛門家文書』のなかに、「連判帳入目録」と「諸事証文目録帳」(以下「連判帳」と「証文帳」)がある。南伝馬町、赤坂町、松川町、南鞘町、手前店などの各町への触にたいする「町中連判」の控えの目録である。町触の内容も詳しく写されており、町触の集成とみてもよい。『正宝事録』との異同があり、各町々に別個の町触が触れられたと考えられる。しかも触内容の末尾に「町中連判帳」「店衆連判手形帳」と記され、その町触に対し誓約した請書が存在したことを示している。初期法令に対する請書が残るということは、当時の人々がそれぞれの法令に対し支配をうけいれた・遵守するということの証明である。この「連判帳」は明暦四(一六五八)年正月十七日の「大火事」についての町触に始まり、元禄七(一六九五)年まで記載が続く。

宗門改についての記述を探すと、寛文三(一六六三)年の八月二四日の「一、吉利支丹宗門博奕諸勝負遊女三ケ條御法度之連判状」に始まり、「三ケ條御法度」の誓約の形式で寛文四年(二回)、十一年(二回)、十二年(一回)、十三年(三回)、延宝二年(二回)、三年(一回)、六年(一回)、七年(二回)、八年(一回)、九年(一回)、天和二年(一回)と続いている。各町も同様であり、元禄六年まで記入がある。この「連判状」で確認できることは、寛文十一(一六七二)年二月の町触以降から毎年の定例になっていることである。「手前店」分の別綴りでは寛文十一年三月七日付けで、「耶蘇宗門御改ニ付」て、「店衆連判帳」を取り置いたという。南伝馬町全体では町触の記録は三月七日であり、「町中連判」は三月十日であったという。自分の店は即日対応し、三日後に町全体の届けを奉行所に報告できたという流れである。

法則性①　町触――請書「町中連判帳」――家持・店借「証文帳」

宗門改がはじまった寛文三年の翌寛文四年十月には全国令で「向後は百姓一軒ヅツ人別帳江記之」（『徳川禁令考』一六一四）と「宿」単位の書き上げを命じ、「宿」単位の統制の全国的な画期に対応している。

(二) 延宝期の変化―十五才から〇才に―僧侶も掌握

小田原藩領内での「宗門改帳」の変化によれば、二つの点が注目される。(1)対象年令の変化と、(2)僧侶も掌握されている点である。

(1)「壱歳子」まで全人的治安維持がされている。

「足柄上郡千津嶋村宗門改帳」によれば、

史料１（寛文五年）「重而宗旨替申候者、寺手形取直シ其節指上可申候、付り召仕之者、男女拾五歳以上之者、宗旨穿鑿仕候処ニ、吉利支丹宗門之者無御座候、即其者共之名・年・国所迄も書付致別帳ニ勿論寺手形をも為致相添指上ケ申候事」（『神奈川県史　近世一　小田原藩』七九七頁）

史料２（延宝八年）「重而宗旨替申候ハハ寺手形取直シ其節指上ケ可申候、附召仕之者、男女壱歳子迄不残宗旨穿鑿仕候処ニ、吉利支丹宗門之者無御座候、即其者共之名・年・国所迄も書付致別帳ニ勿論寺手形をも為致相添指上ケ申候事」（『神奈川県史　近世一　小田原藩』八三三頁）

ほぼ同じ内容の文言であるが、ただひとつ、対象年齢が「拾五歳」から「壱歳子」に下げられているという事実である。賦役負担対象という考え方から全人的掌握へと対象設定が変わっていることに注目したい。

(2)次に寺院も宗門改帳に登録されている点である。

同じ「宗門改帳」のなかに、僧侶の記載もある。他の人々と同じように併記されている。

史料3（寛文五年）

「一、真言宗　本国相州　年六十五
　生国相州西郡金子村　宝性院　理賢
拙僧義未ノ年より当年迄三十五年当寺ニ住寺仕り罷在候、

一、真言宗　本国相州　年十七
　生国相州西郡千津嶋村　弟子　賢良
此者義亥ノ年より当年迄七年拙僧弟子ニ仕り抱置申候、
　〆出家弐人」

一、禅宗　本国相州　年四十二
　生国相州西郡皆瀬川村　天福寺　閑鉄㊞
拙僧義辰ノ年より当年迄十四年当寺ニ住寺仕り罷在候、

一、真言宗　本国相州　年十五
　生国相州西郡皆瀬川村　弟子　長雲㊞
此者義子ノ年より当年迄六年拙僧弟子ニ仕り抱置申候
　〆出家弐人」（『神奈川県史　近世一　小田原藩』七九七頁）

史料4（延宝八年）

「一、真言宗　本国駿州　年
　生国駿州駿東郡柳沢村　宝性院尊竜

〆出家壱人
一、禅宗　本国相州　年四十二
　　　　　生国相州中筋曽比村　天福寺法憶
一、真言宗　本国相州　年十五
　　　　　生国相州中郡妻田村　弟子　法悦
　　此者当申ノ年四月より拙僧弟子ニ抱置申候
一、禅宗　本国相州　年六十六
　　　　　生国相州中筋曽比村　天福寺　母
〆三人内　女壱人　出家弐人」(『神奈川県史　近世一　小田原藩』八三三頁)

寛文五年のものは「当年迄三十五年」と過去にさかのぼって表現している。三十五年来の保証を担保している。延宝のものでは、何年以前という状況記載はない。僧侶はかなり移動しており、「母」をも伴なって住持しているという。弟子も流動的である。史料3・4ともに「拙僧は」とあって自己申告である。第三者が証明しているわけではない。僧侶の言葉をそのまま書くことで、村が証明しているわけでもない。そして同等に村人自身も第三者から証明されているわけではないという事実がある。

これは村のなかで、僧侶が「宗門改」に際して村人より優位に立っているのではなく、支配に対して同等の立場にあることを証明している。寛文から延宝期にかけて、全人にたいする支配の概念が敷衍していったと考えられる。

法則性②　0歳以上の全人的治安維持
法則性③　宗教者に優位性はない。

(三) 天和三年の画期　「宗門改」から「徒者改」へ

つぎに江戸で変化があらわれるのは天和三年(一六八三)年の「徒者改」である。前述の「連判帳」の十二月に「一、徒者不見届者之儀町内吟味仕候處無之旨町中連判帳」という記載が現れる。宗門改についての年二回の連判とならんで、「徒者」の改めを年に四回提出したという記載が元禄六(一六九四)年まで続く。南鞘町分では編入後の元禄三(一六九一)年からの記載であるが、毎月の記載となり、四年間続いている。

この「徒者改」は天和三年九月二七日の触、「町中ニ而店借シ候者、弥店請人念を入取置可申候、慥ニ無之者ニ店借申間敷候、徒者差置候ハヽ、……右之通相触候上ニ而、壱丁切ニ人別帳を以互ニ相改、毎月町年寄方江相届可申候」(「連判帳」、「正宝」六七三に同じ)にはじまる。これを南伝馬町、赤坂町では年四回ずつ提出している。ところが年四回の「徒者改」があるべき九月、十二月、三月、六月のところに、「一、毎月之人別改連判帳」(「連判帳」)という表現がある。これは同じものであり、「徒者改」の別名であったことがわかる。「徒者改」は「人別改」であった。「徒者改」と「人別改」と「宗門改」の三者は、時に言い替えが可能であった。当時の人々にとっては、概念としては差異がなかった。この三者は、民衆にとって見れば、支配の方法論として一つのものであったといえよう。つまり「徒者改」の町中連判とは「宿」単位の法令違乱者の排除であり、全員が法令を遵守するという請書の集積が「人別帳」であったということになる。

各地域によって発達段階が違うが、総じて「支配の受容」と「保証体系の確認」を基本としたものとして解釈できる。「宗門改」という名目が肥大化しているが、本来は法令の受容と定義できる。ここでまとめて、「宗門改帳」は、「宿」を単位とした「改」の請書の集合体、と定義しておきたい。

法則性④　徒者改＝人別改＝宗門改は同一のもの
　　　　　「宗門」は後発のもの

（四）個人別の掌握方法について—保証体系としての女下請状の変化

ここまでの支配の方法論は、江戸の「連判帳」の中の「女下請状」でも確認することができる。「連判帳」には「女下請状」が数点記載されている。

史料5「万治三年子九月　一、壱丁目長兵衛店作右衛門女房伊勢国津迄罷越候ニ付、①請人北八丁目堀三丁目①林八右衛門店川井仁兵衛并②人主津国屋作右衛門加判手形」

史料6「寛文七年三月十六日　一、赤坂表三丁目七太夫店庄兵衛女房同娘甲州道中遠光寺迄罷越候、②人主庄兵衛③家主④五人組加判手形」

史料7「天和三年亥十月二十三日　一、弐丁目谷左衛門店車屋十兵衛女房下野国佐野植野村迄罷越候、②人主十兵衛③家主谷左衛門⑤親類御組之内三田忠右衛門殿①請人きぢ町家持喜左衛門加判之手形」

史料5、6、7の時期に記載内容が変化する。万治期では①請人、②人主の個人的保証であったものが、寛文五年の「宗門改」後には③家主、④五人組も加判することとなり、居住地の関係での保証も加わった。天和期には④五人組の替わりに⑤親類が担保保証として加判に加わっている。「宿」の枠から外れた個人の保証は①請人、②人主といった個人から、③家主、④五人組、⑤親類という地域集団へ構造化されていったといえよう。このような「下請状」においても、寛文の「宗門改」期と、天和の「徒者改」期の保証体系の変化を反映しているのである。一六六〇年代から一六七〇年代へと江戸の町が成長し、その中で生きる人々の人的ネットワークも成長していることがわかる。

法則性⑤　　請人—人主—家主—五人組—親類へと保証体系を構造化する。

二、貞享期論—貞享四年の寺請状—

（一）信州の事例

信州善光寺領での事例（小林計一郎「善光寺領の宗門帳」）（注）（『信濃九—五』一九五七年）の紹介として、貞享四年の一一〇三点もの大量の寺請状の存在が指摘されている。これは史料全体からいえば、「元禄十二年代官引継文書」という史料のまとまりの中で、寛文十一年（一六六一年）から公的な文書が保存され、天和三年（一六七三年）から宗門改

第1表　元禄12年代官引継文書（信濃善光寺町）

年号	証文	寺判大帳	五人組帳	一本手形
寛文11	1			
延宝 5	1			
同　8	53			
天和 1	93			
同　2	8			
同　3	29	14	16	20
貞享 1	72	15	11	13
2	177	16	11	24
3	217	17	11	24
4	1103☆	15	12	19
		☆例示された6例全て7月		
元禄 2	230	15	11	10
				「全部成年男女」
3	150	16	10	6
				「寺領外出生」
4	35	17	12	6
5	90	14	11	9
6	40	15	12	8
7	11	15	10	3
8	140	16	12	1
9	74	15	12	0
10	115	14	12	11
11	48	14	11	7
12	41			
計	2965	242	186	194

小林計一郎「善光寺領の宗門帳」『信濃』9-5(1957) より

帳など四種の書式が揃い、定式化されている。そのなかで特異な数である（第1表参照）。善光寺領という特殊な領域ではあるものの、「代官引継文書」として一一〇三通の寺請状を残さなければならなかった貞享四年という時期の意味に注目したい。

史料8　「一札之事

一、今度切支丹宗門御改ニ付、最前手形差出候通、拙僧俗縁忌懸候親類縁者之内、切支丹ころび候、曽無御座候、則親類縁者方より先祖切支丹ころび候筋ニテ無御座候段、証文拙僧手前江取置申候、尤召使之者迄類族遂吟味、右之通証文取置候ニ付、何時成共御穿鑿ノ節ハ、証文持参仕、申分可仕候、（中略）為後日手形依而如件、

貞享四丁卯七月廿七日　　長昌院　㊞

山崎藤兵衛殿」

史料9　「一札之事

一、東町惣兵衛卜申者、出生ハ加賀国野尻村之者ニ而御座候、親ハ惣三郎卜申候、（中略）

貞享四卯元七月廿九日

五人組三五郎（無印）助左衛門㊞・左兵衛㊞・権四郎」

史料10　「一札之事

一、横町忠右衛門棚おたんと申女、出生ハ須坂領大や村九兵左衛と申者之娘ニ而御座候、只今ハ相はて申候ニ付而、大屋五人組御請に罷立、置申候所実正ニ御座候、（中略）

貞享四年七月　日

大屋忠右衛門㊞

五人組庄兵衛㊞

（三名略）

庄や　岩石町　安左衛門殿　」

貞享四年には個人を証明する証文が千百三通残され、ほぼ個人すべてにわたる確認であった。基本的に、法令の遵守と、保証体系の確認がなされた。論文のなかで例示された六例全ては七月の日付で、その他全ての寺請状が「全部成年男女」で「寺領外の出生者」であるという。

史料8は善光寺の塔頭が役所に出したもので、自分および類縁は切支丹ではないと申告する。史料9と10は、「出生ハ何処何処」とあって、移動してきた者の証明である。史料10の横町の忠右衛門は、店借人のおたんが「大や村」出身であることを保証し、おたんの父の九兵衛が亡くなっているので、大屋自身が申請の主体となる。小林氏は、寺領内出生の者の「宗門改一札」の提出はなかったであろうと推測するが、貞享期は移動者の確認がポイントである。すべての移動者の保証体系を何らかの論理に結び付けようとしている。男性であれば「五人組」が連帯となり、女性であれば店の「大屋」が連帯した。「大屋」にはそうすることを厭う気配はない。「個人」や「宿」といった単独の申告主体では、存在の認められない時期が差し迫っていたのである。貞享四年、連帯保証の体系が必要とされたのである。

法則性⑥　貞享四年の個人移動者の掌握と保証体系の整備

(二) 江戸での寺請状の作成・提出

以上のような状況のもとに、つぎに江戸の南伝馬町の事例を検討したい。

南伝馬町の高野家には正保年間からの町触の集成である「撰要永久録」や、町触にたいする請書(町中連判帳)の存在を示す「連判帳之入目録」や「諸事証文目録帳」などがある。「撰要永久録」は「公的」な意味として残すべき江戸初期の町触を集成している。「撰要永久録」に対応する「連判帳之入目録」は町触にたいする請書（以下『連判帳』）の写しであり、「諸事証文目録帳」は当該町での具体的な請書や証文（以下『証文帳』）の目録である。町触部分については、ほぼ全文が記載されている。残さなければならなかった『証文帳』のなかから、宗門改の法令に対応した証文を取り出してみる（第2表参照）。

第2表　南伝馬町高野家「諸事証文目録帳」宗旨請状

年	月日	数	町名
寛文1年	8月4日		赤坂田町裏1丁目3丁目家持宗旨手形帳
寛文5年	1月21日	15通	宗門改ニ付五人組手形）
貞享4年	11月29日	4通	家持
貞享4年	12月8日	2通	南伝馬町2丁目3丁目　A B
	9日	1通	南伝馬町2丁目3丁目　C
	12日	5通	南伝馬町2丁目3丁目　D E F G H
	14日	2通	南伝馬町2丁目3丁目　I J
	20日	2通	南伝馬町2丁目3丁目　K L
元禄1年	11月19日	1通	下名主田中十郎右衛門
元禄2年	4月	1通	下名主田中十郎右衛門
元禄3年	2月29日	1通	南伝馬町2丁目3丁目
	3月		寺請状下書（南鞘町・南塗師町）
	3月5日	9通	南鞘町・南塗師町
	6日	11通	南鞘町・南塗師町
	7日	8通	南鞘町・南塗師町
	8日	3通	南鞘町・南塗師町

年	月日	通数	町	
	10日	1通	南伝馬町2丁目3丁目	B
	10日	5通	南鞘町・南塗師町	
	11日	3通	南伝馬町2丁目3丁目	I J K
	11日	1通	南鞘町・南塗師町	
	13日	6通	南伝馬町2丁目3丁目	A D E F G H
	17日	1通	南伝馬町2丁目3丁目	L
	24日	2通	南伝馬町2丁目3丁目	
	25日	1通	南伝馬町2丁目3丁目	
元禄4年	11月29日	3通	寺請覚書（南鞘町・南塗師町）	
元禄5年	4月5日	2通	南鞘町・南塗師町	
	5日	3通	通3丁目	
	5日	6通	松川町	
	6日	1通	南伝馬町2丁目3丁目	
	6日	1通	通3丁目	
	6日	4通	松川町	
	10日	2通	通3丁目	
	10日	4通	松川町	
	6月8日	1通	南伝馬町2丁目3丁目	
	6月8日	2通	松川町	

ABCDEFGHIJKLは同一人物で、対応していることを示す。
「諸事証文目録帳」『南伝馬町高野家文書』都公文書館蔵より作成。

寛文元（一六六一）年の七月四日付けの町触（『正宝事録』二九三）にたいし、八月四日付けで「宗旨手形帳」がまとめられ、寛文五（一六六五）年の一月十五日付けの町触（『正宝事録』三六六）に対応して、六日後の一月二十一日付けで「五人組之手形」十五通が提出された。寛文期は一部の家持や、五人組単位での請状の提出である。

つぎに寺請証文がまとめられているのは貞享四年である。

貞享四（一六八七）年十一月二十七日付けの「類族改」の町触（「連判帳之入目録」『高野家文書』、同『正宝事録』七二八）が触れられると、二日後の十一月二十九日には「奈良屋ニ而町々名主江被申渡」された（「連判帳之入目録」『高野家文書』、同『正宝事録』七二九）といい、家持四名より寺請証文が提出されている。

史料11「　奈良屋ニ而町々名主江被申渡

一、町々宗旨手形、只今迄ハ寺一判ニ而取置申候由、自今以後ハ寺之判形並本人之判形をも取、家持並屋守之寺手形ハ名主方江取置き、地かり店かり之寺手形ハ、家持屋守方江入念取置可申旨被申渡候

貞享四年卯十一月廿九日」（『正宝』七二九）

家持の「寺手形」は名主方へ、店借の「寺手形」は家持方へ、「取置」くように命じる。第2表のように、高野家には家持たちの「寺手形」が取置かれている。その他店借の「寺手形」は各家持が保管していたと思われる。また町側の記録としての『連判帳』では、翌日の貞享四年十一月晦日には「一、徒者不見届者之儀町内吟味仕候処無之旨町中連判帳」（「連判帳之入目録」『高野家文書』）とあるように、この定例の「徒者改」の町触に対応した家持自身の請書が残され、また各家持も十二月八日から七日ほどのうちに、ほとんどの家持（十二名、他は二名）が史料12のような「宗旨請状」（寺証文）を提出するという対応があった。

史料12　「貞享四卯十二月八日　豊田吉左衛門浄土真宗浅草東門跡寺内願竜寺了栄律師証文」（「諸事証文目録帳」『高野家文書』）

寺請証文の控えは家持当人の名と、宗旨を保証する寺院僧侶の名が記載されているだけである。これは控えの目録であるので、実際に寺院が署名・捺印しているかどうかの確認はできない。また右の史料のように、寺院発行の寺請証文は、「家持」を代表としているのであって、各個別の人々の寺請証文ではない。

この貞享四（一六八七）年十一月二十七日付けの類族改の町触（『正宝事録』七二八）は、全国令であり、同年六月の再令である。幕府側の触の集成である「大成令」（『徳川禁令考』前集第三、一六〇六頁、創文社、一九五九年）では六月付けであり、江戸の町触（『正宝事録』七二八）には途中に六月日の日付がある。京都の町触（『京都町触集成』別巻二、六三七、岩波書店、一九八九年）でも六月の日付があり、『御触書寛保集成』（宗旨之部一二三九、岩波書店、一九三四年）では七月付けである。つまり幕府は江戸・京都には六月に触れられ、翌七月に全国に触れられたのである。「類族改」という名目のもとに、全国で「宿」（家持）を代表とした「寺請状」、または個人の移動者の証明書の提出がなされた。これもまた、法令の遵守と、保証体系の確認と定義することができる。

法則性⑦　個人移動―類族―「宗門」という名の援用。

町触に対する寺請証文の提出という反応は、元禄三年に再び行われている。第2表の貞享四（一六八七）年の南伝馬町二丁目三丁目分AからLまでの十二名の家持のうち、C（移転か）以外は元禄三年に再提出している。同じ宗旨、寺院である。寺院も多くは江戸市中のものである。このような「証文」の残り方から考えると、必要な一部を保存した結果であると思われる。第2表の寺請証文提出に対応すべき、元禄三（一六九〇）年の宗門改の町触は見出だし得なかったが、元禄三（一六九〇）年の「寺請状」は定例の三月、八月の宗門改に対する対応と思われる。この貞享四年と元禄三年の二つの年期に特殊な意義があることを指摘しておきたい。

（三）角筈の事例

角筈村の場合は翌年の元禄四（一六九一）年に同様の対応があった。

第3表　宗旨手形之事

年	月日	数	宛て名
元禄4年	5月8日	1通	（各寺院より角筈村名主伊左衛門あて）
	10日	8通	
	13日	4通	寺名
	14日	7通	
	15日	5通	
	16日	5通	
	5月	1通	
	6月5日	1通	

『武蔵国豊島郡角筈村名主渡辺家文書』新宿区教育委員会より作製。

史料13「宗旨手形之事」

一、此六左衛門と申仁妻子共代々日蓮宗ニ而拙寺檀那ニ紛無御座候。若脇より御法度之切死丹耶蘇宗門並悲典不受不施宗門ト申者御座候者拙寺何方迄茂罷出急度申分ケ仕少茂其方江御苦労ニ掛申間敷候　為後日寺請状依如件

元禄四辛未五月八日

房州長狭郡小湊村誕生寺末寺牛込村感通寺　印

角筈村名主伊左衛門殿

年寄中

（『武蔵国豊島郡角筈村名主渡辺家文書』）

第3表のように元禄四年の五月の短い期間のなかで、寺請状の提出が行われていた。史料12に示すように「妻子共」と家単位にまとめており、家持単位の寺請状である。悲田院不受不施派対応の文言があり、内容は定式化している。類族改めよりは悲田宗への対応が中心である。

ただ面白いのは、発行の寺院に末寺が多いことである。発行した寺院の肩書きは、小湊村誕生寺の末寺が四寺ある。寂光寺から二通、立法寺から二通、感通寺から一通、正善寺から一通が出されている。身延山久遠寺の末寺で、四ツ谷南寺町妙行寺中にあるという本乗坊と浄立坊がいる。平賀本土寺の末寺の常国寺の寺中であるという成子宿の常泉院が一六通発行している。また越後蒲原郡本成寺末寺で市谷本村にある法光寺、会津妙法寺末寺で浅草寺町の常林寺や、池上本門寺末寺で芝二本榎承教寺の地中であるという妙福寺など、その寺院の偏在や当時のあり方が面白い。末寺はおろか、院や、坊までが寺請証文を発行している。

小湊村誕生寺については、元禄四年の四月晦日付けの町触（『正宝七八〇』）で「小湊誕生寺、碑文谷法花寺、谷中感応寺、悲田宗と号」しているると触れられているのにも関わらず、翌月家持たちは触れを知らずに証文を提出している。しかも証文の収集にあわただしさが見える。ここでも同様に短期間での証文の提出が、求められていたようである。

（四）京都の事例

京都では貞享四年の類族改令の冒頭に、「寛文二寅四月従公儀被仰出候切支丹、……」とあり、前回の切支丹改めは寛文二年であったことが意識され、その後の大きな変革の画期としての認識が認められる。

元禄二（一六八九）年の京都の町触（『京都町触集成』別巻二、六六一、岩波書店、一九八九年）では、「例年之通宗旨改有之間、一家之人数男女并下人迄何宗旨幾人と申事被書付、今日中ニ年預へ可被指越候、借屋有之衆ハ借屋ノ人数委書付可被出候、以上。八月十五日年預」と八月の定例としての実施が確認される。

元禄三（一六九〇）年には「宗門改手形之覚」として、書式が示された。「人別ニ只今迄手形取置可被申候へ共、当年より毎年右之御案文通宗旨手形庄屋年寄方へ取置、御公儀へハ只今迄之通手形帳面可被指上旨被仰出候間、」と「宗旨手形」の取置きが義務付けられている（『京都町触集成』別巻二、六六一、岩波書店、一九八九年）。

三、「寺替証文」から「親類書」へ―移動証明から個人証明という概念へ―

（一）貞享四年の個別掌握　―和泉国大鳥郡豊田村の事例

貞享・元禄期に寺請証文の発行が集中するというのは、全国的に確認されるのであろうか。和泉国大鳥郡豊田村小谷家の事例である。

第4表　和泉国大鳥郡豊田村小谷家文書「宗旨請状」

年	月日	数	内容
延宝3年	4月3日	1通	3年―62年以前縁付き
貞享4年	8月8日	33通	4年―25年以前縁付き
	9月9日	3通	16年以前縁付き
	10日	1通	

5年	3月	1通	寺院の弟子
	4月18日	1通	2年以前縁付き
元禄3年		1通	
	3月26日	1通	1年以前縁付き
	3月	1通	
5年	2月29日	1通	
	3月11日	1通	去年縁付き
	3月21日	1通	
6年	6月16日	1通	
7年	4月12日	1通	
11年	9月10日	1通	
15年	3月5日	1通	
16年	8月21日	1通	
17年	3月13日	1通	

（和泉国大鳥郡豊田村『小谷家文書』国立史料館）

延宝三年からの「宗旨請合一札」という一紙文書の綴りがある。残存する最初の年号のものから確認しておきたい。

史料14「　一札之事　（延宝三年）

一、私母おや本豊田村次郎兵衛妹ニて御座候、堺山之上久右衛門処へ縁ニ付申候処、久右衛門相果申候より、豊田村へ参住いたし居申候、私父おや堺之生ニて御座候故、親より代々法花宗旨ニて御座候処ニ、只今者当村ニ住いたし居申ニ付母おや共宗旨真言宗旨ニ替申候、則次郎兵衛組下ニ頼申候、向後真言宗旨相守可申候、為後日如件。
延宝三年卯四月三日
豊田村 市郎兵衛
同村証人 次郎兵衛
庄屋年寄中参
」

基本的にこれは、「女房の移動証明」である。保証しているのは個人であり、村役人宛てである。何年以前の縁付きかわからない。その母の子、市郎兵衛自身が宗旨の変更を自己申告している。変更の理由は「当村ニ住いたし居申ニ付」ということで、住所が変わったということだけである。寺院は関与していない。具体的な寺名もない。証明も保証もされているわけではない。

市郎兵衛自身が「次郎兵衛組下」に入ることによって、村の中で「同村証人次郎兵衛」という保証体系に組み入れられ、市郎兵衛本人を「宿」として、「母おや」という個人が保証されたと理解できよう。宗旨への担保文言を記載しているが、人的保証体系で保証することを表現している。

つぎに、貞享四年にはこの「宗旨請状」が三十七通と集中している（第4表参照）。

史料15「 一札之事
一、河州丹南郡半田村徳兵衛と申者之おかで六拾弐年以前ニ貴村藤兵衛方江縁付仕罷在候。宗旨大念仏宗ニて御座候。此者并親兄弟諸親類忌掛り候程之者 御公儀様御法度之切死丹宗門之義ハ不及申ころひ候類族ニ而も無御座候。若左様之者と申もの御座候ハヽ、拙者共何方迄も罷出急度申分可仕候。為後日仍而如件
貞享四年卯八月八日
河州丹南郡半田村
清兵衛
同村五人組
庄左衛門

同村庄や　吉兵衛

泉州上神谷豊田村庄屋年寄中」

これは、母の宗旨を半田村の清兵衛が保証している。宗旨の移動ではなく、「縁付」後の宗旨の確認のようである。宗旨しか記録していない。個別の寺院名はない。寺自身は関与していない。寺院側からの保証ではない。これは個人と五人組、村役人の保証である。「庄屋年寄中」とあるように村役人宛の証明である。豊田村籐兵衛に縁付いた「おか」に対し、出身村の半田村から、移動したことの行政的連絡である。「御公儀様御法度」のものでは「無御座候」と法令の遵守を約する。

徳兵衛の母が縁付いてきたのが貞享四（一六八七）年から六十二年前であるとすれば、一六一五年である。大坂夏の陣から六十二年間、この女房には、宗旨についての改がなく、申告もなかったということである。この貞享四年に村の女房たちの三十七人が宗旨の申告を出している。そののちは毎年各一通程度であり、それはその年の「縁付」による移動であることがわかるので、つまりこの貞享四年から女房たち個人の宗旨の申告が、村内部の保証体系の中ではじまったことが明らかである。保証体系の基点は、「宿」単位の申請であり、それから一歩進んだ、個人としての移動者の保証体系の管理がはじまったのである。

法則性⑧　個人の証明を、貞享期から昔にさかのぼって自己申告している。

㈡　貞享四年の個別掌握─尾張知多半島の事例

知多半島の小鈴谷村の事例を検討してみよう。この村の事例から「宗門改帳」は、A、法令遵守の誓約、B、担保保証、C、宗旨保証、の三つの要素が統合された、複合的な文書であることが明らかになる。

①尾張藩小鈴谷村に残存する支配に関する資料群（愛知県知多郡小鈴谷村『盛田家文書』鈴渓資料館）を、年代順に見てゆくと、まず正保と天和期から「家並帳」が存在する。家の大きさと、人数の記載がある。五人組（名前）の書上げ（B—1）と誓約文言（A—1）が続く。

②次に延宝五（一六七七）年から「宗門改帳」と「宗門改別帳」が整ってくる。「宗門改帳」は、「改」に対する誓約文言（A—2）と、五人組全員の書上げ（B—2）、寺からの誓約文言（C—2）である。「宗門改別帳」は、宗門帳の周辺事情の記録であり、女房親類書（A、B、C）と、その他出生・病死の書上げである。

③延宝六年（一六七八）の「宗門改帳」では、この二つの内容が統合されたかのように、「宗門改」の法令が掲げられ、家々の全員の書上げ（B—3）に、また五人組全員の書上げ（B—3）があり、「改」に対する誓約文言（A—3）が庄屋・組頭連名のものと、寺からの宗旨保証（C—3）文言とつづく。このように諸要素が統合され、「宗門改帳」として成立したものだといえよう。

④そののち定例以外の部分が独自に発展し、貞享三年には「新規女房別帳」として「女房親類書」を綴っている。同年「女房呼縁付遣シ並出生覚」と移動した者だけの別綴りをまとめ、やがて「宗門増減別帳」が中心になる。

前節で扱った個別移動証明であった史料14の「女房の移動証明」は、この「女房親類書」に似ている。

史料16「延宝五年巳ノ十月十八日宗門別帳控

久左衛門女房親類書之事

一、女房歳拾九在所知多郡長尾村孫兵衛娘、当巳ノ八月久左衛門所へ参候。宗旨代々浄土宗、旦那寺右同村蓮花院ニて御座候。

一、女房父、孫兵衛歳五拾弐ニ罷成候。宗旨寺右同断。右同村ニ居申候。

一、女房母、歳四拾弐罷成候。宗旨禅宗旦那寺右同断上野村大泉寺ニて御座候。右孫兵衛一家ニ罷有候。

一、女房之伯父四人内
次郎左衛門、七郎左衛門、与兵衛、源左衛門
右何連も同郡長尾村ニ居申候。
一、女房之伯母拾壱人　内
太兵衛　同郡上野間村ニ居申候。

とら　同郡岩崎村与次兵衛所ニ縁付居申候。

（以下十人略）

右之外諸親類無御座候。

女房宗旨代々浄土宗旦那寺ハ
知多郡長尾村浄土宗薬蔵院　判」

（「延宝五年巳ノ十月十八日宗門別帳控」『盛田家文書』愛知県知多郡小鈴谷村・鈴渓資料館）


この史料は「宗門別帳控」という表題がついている。表紙をめくるとこの「女房親類書」のまとまりと、以下出生の子供の書き上げと、法度請合いの文言の集積がある。「女房親類書」部分は、①宗旨証明部分（C）と、②親類書部分（B）と、③法度請書部分（A）がある。延宝五年以後、ほぼ毎年「宗門改帳」が作成されているが、内容のほとんどは、「女房親類書」と、「出生書上」、そして末尾には「法度の請書」である。家族名を列挙したまとまりはない。

つまり個人部分の宗旨の移動証明である。定例の法令や請書の以外の部分を、「別帳」ということで書き残したものと考えられる。史料にそくしていえば、長尾村の浄土宗の薬蔵院が、「久左衛門女房」こと「孫兵衛娘」の浄土宗蓮華院の檀家であったことを証明し、父の宗旨寺も同段と証明し、母の宗旨寺は別宗派の「禅宗上野村大泉寺」であることを証明している。宗旨を超え、村々の行政の枠を超えて、一寺院がすべてを証明している。そしてこれは宗教的な担当者（C）が「親類書」という書式によって（A）と（B）の保証もしているということである。史料14と史料16は良く似ており、内容も証明するものも同じである。違いは発行主体が一個人であるか、寺院であったかである。

その違いはあっても文書の存在意義自体に違いはない。

法則性⑨　証明の主体は誰でも良かった。

〈※補注　京都の事例では、(慶安二年)の町触れの「町請寺請状取様之事」(「元禄四年以前」『京都町触集成』別巻二、三七八)のなかで「在所親宗旨をも不存ものを町請にも寺請にも立候義ハ曲事ニ候」とあって、「周防」守より「下京町代」に宛てられている。出身地、親、宗旨を聞き知っていれば、町人自身が「寺請」に立っても良いとされた。〉

延宝五(一六七七)年の宗門改帳ののち、以下のような一紙物の送り状が残される。

史料17　「指出申一札之事

一、知多郡小鈴ケ谷村六左衛門女房ハ同郡長尾村孫兵衛娘、宗旨代々浄土宗只今迄ハ、拙僧旦那ニテ御座候得共、夫と「一宗一寺」ニ禅宗ニ罷成申度由、拙僧ニ断申ニ付、自今以後ハ其方旦那ニ罷成候。六左衛門女房宗旨難敷儀毛頭無御座候。其方旦那ニ宗旨替申候。自今以後寺替へ法儀会釈等ニ付不審成義も御座候ハヽ、若ハ吉利支丹宗門之由後々ニ訴人御座候者、拙僧ニ相懸り可被成候。其時於公儀急度申分ケ仕毛頭各々御苦労ニかけ申間敷候。為後日依而如件。

同郡長尾村浄土宗蓮華院　印

延宝六年午ノ二月一一日

知多郡小鈴ヶ谷村禅宗宝珠庵　」　『盛田家文書』

第5表　『盛田家文書』「女房寺替につき一札」綴り

年	月日	数	宛名	内容
延宝6年	2月11日	1通	寺—寺	女房寺替
延宝6年	2月23日	3通	寺—寺—村—村	女房寺替
延宝6年	2月	1通	寺—村	女房寺替
天和3年		1通	寺—寺	僧侶宗門改
天和4年	1月20日	1通	寺—寺	女房寺替
天和4年	2月20日	3通	寺—寺—村—村	女房寺替（庄九郎）
天和4年	2月22日	1通	寺—寺	女房寺替
天和4年	2月	1通	寺—村	宗門請合
天和4年	3月	1通	村—村	女房寺替
貞享2年	2月3日	1通	村—村	女房寺替
貞享2年	2月9日	1通	寺—寺	女房寺替
貞享2年	2月	1通	寺—村	養子寺替
貞享2年	2月	1通	寺—寺	弟　寺替
貞享4年	2月	1通	寺—村	宗門送り
貞享4年	2月	2通	寺—村	女房寺替（別寺）
元禄6年	12月	1通	寺—村	宗門送り
元禄7年	3月	1通	寺—村	宗門送り
享保17年	2月	1通	村—村	女房清帳除

（愛知県知多郡小鈴谷村『盛田家文書』鈴渓資料館）

これは、女房の「寺替」の証明である。結果論からすれば、「移動した者の宗旨や寺院が変更された記録」であるといえる。

ところが、この記録の存在意義として、そもそも移動者にとっての報告すべき変化とは何かということになる。個人の移動証明を記録として残さなければならないときに、それはどのような変化であるかというと、「夫と一宗一寺」になるという新しい方法論であって、以前の宗旨や寺院ではないという部分である。史料14や15では以前の宗旨や寺院をそのまま書き、本人や夫、五人組が自己申告していたものを、史料17では「夫と一宗一寺」になるということで、寺院や僧侶を発給主体としてまきこんでいる。そして忘れてはならないことは「宿」単位の法度に対する誓約（A）（B）と、「宿」単位の「一宗一寺」のまとまり（C）が重なり合い、一つのもののように見えてしまったということである。つまり、「宿」単位の支配の構造（A）（B）は、「宗門」という概念（C）と重なってゆくこととなった。

女房の「寺替」では、はじめ寺から寺へ宛てられ、のち寺が村へ宛て、前の村からも村へ発給したものが、やがて寺―村へと統一されてゆく。寺相互間や、村相互間の証明方法の試行錯誤があったようであるが、貞享年間に入り、「寺―村」（出身の寺―当該の村）へという行政領域へまとめられていった（第5表参照）。証明をする主体が寺院であることによって、それ（宗門改）は宗教主体の行政事務のように思い込まれた。

法則性⑩

　移動者の宗旨を「夫と一宗一寺」でまとめる、という発想。

　移動者の証明を寺院が起案する。

（三）法令における「親類書」の系譜―保証体系の構造化

史料16の「女房親類書」には父、母、以外に「親類」の記載があった。親類書の書式は法令のなかでは万治二（一六五九）年に遡ると考える。これははじめ浪人改の書式であった。流動する個人掌握の方法論である。この親類書の方向への発展はあったのであろうか。

史料18「　　覚
知行何百石
一名苗字誰　　宿　誰印
生国何方、先主誰親類誰之所ニ而名名字誰、何年以前之浪人年何十歳
扶持方切米取
一名苗字誰　　宿　誰印
右同断但一季居之歩行之者ニ而ハ無之候」（『正宝』二四三）

ここでは宿、生国、先主、親類などが確認されようとしている。ただそれ以上に保証体系としての展開が望めない。延宝九（一六八一）年には次のような書式に変化する。江戸の町に出された町触である。

史料19「　親類書　　　　中小姓より上之奉公人
一父　何之誰殿内ニ知行何百石取罷在候　名苗字
一伯父　何之誰殿内ニ無足ニ而罷在候　名苗字
一伯母　何之誰殿内ニ知行何百石取罷在候　何之誰妻
一兄　何之誰殿内ニ切米何程取罷在候　名苗字

一姉　手前ニ差置候歟、又ハ何之誰殿内ニ奉公仕候歟、品を書くへし
一弟　何之誰殿内ニ知行何百石取罷在候　名苗字
　何年以前ニ浪人仕候　名苗字
一舅　何之誰殿内ニ知行何百石取罷在候　名苗字
一小舅　名苗字
　此外忌掛候親類之分書可申候、但父ハ果候而も可書出之候、
一御旗本衆は遠親類ニ而も可書之候、御役目之品可書之、
一古主何之誰方ニ而知行何百石取罷在、何年以前ニ浪人仕候、
右之通少も紛無御座候、以上、
　本国何国　浪人　名苗字
　生国何国　年何十歳
　　前方之名何之誰と申候、」（『正宝』六二二）

ここでは「生国、本国、父、伯父、伯母、兄、姉、弟、舅、小舅、古主」と項目が増えている。先の史料16「女房親類書」はこの書式に似ている。本人と、父と、母の所だけに「宗旨」の異同の記載がついている。これが画期的な転換である。宗門改めとは、この「親類書」の書式の方向性のなかから、「移動者の変化の差異」が拡大発展してゆき、重層的に構造化された制度であると考える。

まとめ

以上本論をまとめ「宗門改」の性格を規定すれば、①法令に対する本人の「誓約」部分（A）と、②支配関係を保証する体系の「請」（B）の部分に分解・抽出することができる。

「改」（A）とは支配の受容と支配体系の集合であったといえよう。そのために「宿」単位に誓約したのであって、おのずと「宿」・「家」・「一軒」の単位の認定にあたっては、町・村側からの恣意的な枠組みが表現されたし、また社会通念の自発的な「宿」のまとまりが表出された。それは経営体としての一つのまとまりを表すものではない。「改」とは「家の設定」の強制の表出であった。

また「請」（B）という保証体系は、支配の体制づくりとして、「五人組」、「宿請」、「親類書」、「類族書上」として相互互換的保証体制がつくられていったのである。「宿」や「人」が単体として支配に服従するのではなく、全人的な連合体として、網の目のように編み上げられていったのである。

「宿」（A）の主体と、「請」としての「五人組」（B）が既成のものとして存在し、それは公的に認知されているという認識がある以上、その後の「個人の移動の掌握」の作業としては、女房の移動と子の出生をどのように組み入れるかが主たる作業となっていくであろう。その作業をとりまとめたものが「女房寺替証文」や「女房親類書」であり、それぞれの一紙証文を綴ったところに「宗門改帳」を冠した。このことは法令の遵守という一義的な部分（A）は、すでに終了したとみなし、二義的な周辺作業（B）を済ませばよい、という認識と思われる。名古屋藩領小鈴谷村で実施された「女房親類書」のような「個別」の保証体系の方法論（B）が、やがて幕府の全国支配の方法論として使われていったと考えられるのである。類族改という名目を利用した「寺替」という方法論は、「宗門改」という宗教行政ではなく、根幹としては支配の行政（A）であったということである。そして宗教的部分からの支配の援用として、「宗門」や「寺請」のことばに紛らわされ、寺院からの保証・担保文言（B）によって、「改」の主体が見えにくくくなってしまったのである。

貞享五年四月に、小鈴谷村の村役人が提出させられた「一札」によれば、「一、宗旨寺替仕候ハハ願書指出シ其後寺手形取直シ可申候」（『盛田家文書』I―一三八）と、宗旨の変更については、人々は寺院になんの会釈も要らなかったことが明瞭であった。

法則性① 町触――請書「町中連判帳」――家持・店借「証文帳」

法則性② 0歳以上の全人的治安維持

法則性③ 宗教者に優位性はない。

法則性④ 徒者改＝人別改＝宗門改は同一のもの。

「宗門」は後発のもの。

法則性⑤ 請人―人主―家主―五人組―親類と保証体系を構造化する。

法則性⑥ 貞享四年の個人移動者の掌握と保証体系の整備

法則性⑦ 個人移動―類族―「宗門」という名の援用。

法則性⑧ 個人の証明を、貞享期から昔にさかのぼって自己申告している。

法則性⑨ 証明の主体は誰でも良かった。

法則性⑩ 移動者の宗旨を「夫と一宗一寺」でまとめる、という発想。

移動者の証明を寺院が起案する。

延宝三（一六七五）年の江戸の町触では、移動する個人としての「出家　山伏　行人　道心者　願人」に対して「右之者共ニ店借候ハハ、寺請状此案紙之通、家主方江取置可申候事」

と、寺請状をとるようにといい、
「右は御当地ニ本寺在之寺より取候証文、（中略）
「右は御当地ニ本寺無之寺より取候証文、（中略）
「右は在家之僧より取候証文、……」『正宝五三五』
と書式が示された。

この保証体系の方法論は、まさに宗教者自身につきつけられた「寺請状」であり、「末寺」などの流浪する民衆を掌握する仕組みの原型であったといえる。これは家持単位の「寺請状」「寺請証文」が、家族と下人全てをふくんで寺院から「宗旨」の保証をするという枠組みから、単に個人へと仕組みが縮小化されてあてはめられたと見るのではなく、「縁付女房」や「当歳」出生児などの、「個人の移動」自体を掌握する方法論となった。

貞享四年の正月に「生類憐み令」の初令が出ている状況をふまえれば、全人的治安維持の保証体系へとつきすすむ、「近代」へのシステムの核であるといえる。このようにして僧侶、女房、出生児の、個別の人々の「公」的な記録が残され、「公」的な制度の中に個人の生死と移動全てが取置かれる時代が始まったのである。

村方に来た大名屋敷の馬

村井　文彦

はじめに

かつて武蔵国荏原郡角筈村・今日の東京都新宿区西新宿を通る甲州街道と青梅街道を一日におよそ四千頭の馬が通り過ぎて行ったという。その四千頭のほとんどは江戸近郊農村の「軽百姓」たちが牽く馬であった。そして、この「軽百姓」たちは「押而馬を追、江戸稼仕」人々であったともいう。即ち、彼らは、馬を連れて江戸に出ることによって生計を維持していたのである*1。

一九五〇年代に至っても、馬は農耕や運搬に大きな地位を占めていた。そうであるならば、前近代において馬の占めていた地位は更に大きかった。これを、私たちは江戸近郊農村の様々な地方文書からうかがい知ることが出来る*2。ここでは、彦根城主井伊家の領地であった現在の東京都世田谷区・狛江市域の村方から、近世における人馬のかかわりの一端を考えてみたい。

井伊家は、荏原郡に世田ヶ谷村、新町村、弦巻村、用賀村、野良田村、小山村、上野毛村、瀬田村、馬引沢村、太子堂村、下野毛村の十一ヶ村の、同多摩郡に和泉村、猪ノ方村、岩戸村、宇奈根村、大蔵村、横根村、鎌田村、岡本村、八幡山村の九ヶ村の所領を持っていた*3。

馬引沢村や和泉村等のように相給の村もあるが、これらの村方は、江戸市中の藩邸に程近いこともあり、同家が近江国や下野国に有する領地よりも、より密接なかかわりがあったことと思われる。なお、彦根藩では、この江戸近郊の所領「彦根藩世田谷領」を荒居家・大場家等「世田谷代官」に預けていた。

本稿作製にあたっては、東京都世田谷区ならびに狛江市に於いて翻刻・刊行された史料集を利用した。各史料集の引用にあたって、異体字等一部書き改めた箇所がある。

一、彦根藩世田谷領の村々の人馬の動員

村方で飼われている馬は、言うまでもなく、耕作や運搬に使役されていた。加えて、助郷の負担もある。宝暦三年（一七五三）四月には、甲州街道の下高井戸宿に、彦根藩世田谷領の用賀村から三頭、下野毛村から三頭、瀬田村から六頭、大蔵村から三頭、岡本村から二頭、鎌田村から五頭、上野毛村から一頭、と馬を供している【史料1】。その上、彦根藩世田谷領であれば、彦根藩江戸藩邸からの動員にも応えなければならない。即ち同藩江戸屋敷での用務が馬の背に、従って馬をあつかう村人に掛かってくるのである。

宝暦三年（一七五三）正月、上野毛村の馬四頭が、「薪付馬」として彦根藩の上屋敷や八丁堀屋敷で使役された【史料2】。

文政十二年（一八二九）には、「御成御用杉丸太」を「早朝八まん山村御林」から「桜田御作事方」と、彦根藩世田谷領の林から、桜田屋敷までの丸太の搬送を指示されている【史料3】。

また、彦根藩からの「穀物拝借」の際にも、馬の背が頼りとなる。武蔵国荏原郡上野毛村名主田中家文書「寛延三年　御用留帳」によれば、宝暦三年（一七五三）四月の「御拝借麦稗取」のおりには、馬三頭で「稗四表八斗弐升・麦壱表八升参候、他白麦四斗八升」を彦根藩邸から世田谷領へと運んだ【史料4】。

この他、彦根藩主井伊家所縁の豪徳寺の修復等にも「一日一疋ニ付二駄ツヽ」の参加を求められてもいる*4。そして、この後の近世末の内外の情勢は、さらに人馬ともに召集をかけ、緊張を強いて行くものであった。けれども、このように彦根藩邸のために、村方を離れて働く馬がいる一方で、彦根藩の屋敷の厩から村方へと送られる馬もいた。

二、彦根藩からの馬の下げ渡し

彦根藩江戸屋敷の厩から村方へと送られた馬について、文久元年（一八六一）、世田谷代官が馬の下げ渡しの先例を、下げ渡し先の村方に問い合わせて作成した文書が遺されている。『安永六酉年より　世田谷御領分御百姓へ御馬被下名前留帳』である*5。この史料は、彦根藩の求めに応じて、世田谷代官が作成した。

武蔵国荏原郡上野毛村田中家文書の「文化四年正月　御用日記帳」*6の卯十月二十九日の条に、「御領分中ニ弐拾年以来村々御百姓其外之もの江、御屋敷より御乗馬頂戴いたし候もの名前得と詮議致、来弐日迄大場弥十郎方へ可被申出候」とあって、このような旧在藩邸馬の所在調査が何度かあったことがうかがわれる。

ちなみに、世田谷代官の大場弥十郎景運が天保五年に著した『公私世田谷年代記』*7には、寛政七年（一七九五）に払い下げられ、先の『世田谷御領分御百姓へ御馬被下名前留帳』にも見える「雷霆栗毛」について「米二表、雷庭栗毛馬、御用ニ立不申候ニ付、世田谷上町次左衛門へ被下。三月、右米附被下」と記している。

その他、寛政元年（一七八九）の条には「小荷駄馬壱疋御払、入札ニ而新町村百姓源蔵落札ニ而引受ル」とある。ここに見える「入札」による馬の払い下げが、そうではない場合とどう違うのかは定かではない。そして、寛政九年（一七九七）の条には、「米壱表、御馬御用ニ立不申候ニ付添、世田谷村元宿年寄七郎兵衛被下」とあり、文化十二年（一八一五）の条にも、「米壱表・御馬壱疋被下附。弦巻村名主寧太郎頂戴候而、三月より文政九戌年頭、十三ヶ年十三表被下」とある。この三つの馬の払い下げについては、いずれも『世田谷御領分御百姓へ御馬被下名前留帳』に記されてはいない。

加えて、安政五年（一八五八）五月に鎌田村名主源右衛門が「花車黒麻毛」を「鼻皮曳鉄付」で下し置かれた例*8、および元治元年（一八六四）四月二十二日大蔵村名主安藤六右衛門の下へ「千里鹿毛」という馬が下し置かれた例も、『世田谷御領分御百姓へ御馬被下名前留帳』には見出せない*9。

以上の馬についてまとめたのが表1である。

1　馬の下げ渡しの経緯

それでは、馬の下げ渡しの実際について、いくつか見てみよう。

文化四年（一八〇七）十月、世田谷代官所は廻状を以て村方に病馬の引取り手を募っている【史料5】。彦根藩の江戸屋敷が、大場弥十郎と並んで世田谷代官を務めていた荒居一郎兵衛を介し、「御上屋敷御乗馬」の一頭が「眼病」のために使役に耐えなくなったので、「御領分中望之もの」に下げ渡す、と触れたのである。この募集に応えたのが瀬田村長十郎であった(表1参照)。

嘉永六年（一八五三）の馬三頭の下げ渡しについては、彦根藩世田谷領代官大場家文書の「嘉永四年～同六年　公儀御触書・御書・御差紙」【史料6】に、世田谷領瀬田村の長崎長十郎、同八幡山村の権蔵、横根村の長平の三人の「世田谷御領分慥成者」に「御馬」を下げ渡し、あわせて「壱俵ツヽ」を与えた、とある。

安政六年（一八五九）四月廿二日の大蔵村名主六右衛門、同八月廿三日の用賀村名主飯田麻次郎、および万延元年五月十一日の世田谷村名主松本宗八年の馬の下げ渡しについても同様の文書が、彦根藩世田谷領代官大場家文書の「安政四年～文久元年　御書・御触書・御差紙」中に見える*9。

彦根藩から馬を下げ渡すにあたっては、世田谷の自領内から希望者を募り、「確かな者」に、一定の飼糧を添えて下し置く。そう藩邸内で決定され、次に、この彦根藩邸の決定が、世田谷代官を経て、村方へ下されたのであった。

そのように彦根藩によって「慥成者」と認められ、馬を下げ渡されることとなった村方の者には、どのように馬があたえられたのであろうか。

文政八年（一八二五）六月十八日の上野毛村名主幾太郎に下し置かれた栃栗毛馬の例を見てみよう。同村の名主田中家の「諸事御用留記」中の記事【史料7】によると、「御馬一疋」の下げ渡しにあたって、世田谷代官所から当人である上野毛村名主あてに六月十七日に「差紙が届いている。内容は、明日の早朝に「馬引候もの」を召し連れて、彦根藩上屋敷へ「頂戴ニ可罷出」、そのおりには世田谷上町の世田谷代官所に立ち寄るように、というものであった。受け取る側からは、藩邸の「御厩御役人中」あてに、「一生飼殺ニ仕」「殞申候節御届可奉申上候」「若御領分中之ものへ相譲り候は是又御届可奉申上候」、「如何様之儀御座候共外々江は決而売り申間敷候」、「勿論乗鞍置乗申間敷候」と制約した「覚」を提出している。

代官所の通知の翌日、上野毛村名主幾太郎は、「馬引人足」一名と上屋敷へ赴き、右の覚を提出、馬を授与されて帰村した。その際、旧慣にならって「御厩又は御留所共両御役所」へ酒壱升の心付けを渡そうとしたところ、「其義におよひ申間敷」とのことだったので、お礼言上にとどめた（心付けとして用意した酒は、先例はないものの世田谷代官大場家に進呈された）。ちなみに、「世田谷御領分御百姓へ御馬被下名前留帳」ではただの「栃栗毛」だったが、ここでは、「望霓栃栗毛」と、単なる小荷駄馬ではなさそうな名乗になっている。

同じように、文政十二年（一八二九）三月二十六日に鎌田村名主源平の下に渡された「岩手青毛」につき、「御厩御役人中」あての誓約を記した「覚」が、鎌田村橋本家文書の『寛政元年九月諸事願書控』にある。ほぼ同文である【史料8】。

天保十二丑年に小山村名主源六に渡された馬「鷹羽玉青」についても、『世田谷御領分御百姓へ御馬被下名前留帳』に同様の文書の写が収められている【史料9】。

また、安政五年（一八五八）五月の「花車黒麻毛」をめぐる文書【史料10】にも、馬の下げ渡しの実例が示されている。なお、この「花車黒麻毛」は『世田谷御領分御百姓へ御馬被下名前留帳』に見えない。この例では、五月八日、彦根藩江戸屋敷の「御賄方」から世田谷代官所へ、「従日之越度」もないので、鎌田村の名主源右衛門に、馬を下げ渡す運びとなったので、馬を受け取るべく彦根藩上屋敷に参上するように書面で指示があった。これを受け、世田谷代官所は同夜、右書面に添書を付して鎌田村名主源右衛門に渡し、「明日九ツ半時迄ニ御上屋敷江御馬頂戴ニ可罷出可申」ことを伝え、源右衛門も先に見た例と同じような文言の一札を提出して馬を譲り受けた。

ところで、文政八年（一八二五）六月十八日の上野毛村名主幾太郎が馬を与えられたおりには心付け等は無用とのことであったが、ここでは、酒代として「御馬屋小頭」と「御馬口付」に金弐朱を進呈している。ただし、「此外決而遣者不入候」とのことであった。別に世田谷代官にも金弐朱が進呈されている。

以上見てきた例に依れば、彦根藩邸から彦根藩世田谷代官所に、そして、代官所から村方に馬の下げ渡しについて通知があり、これを受けて藩邸に赴き、厩から馬を譲り受けて帰る。譲り受けの条件は、①馬を下げ渡されたら一生飼養すること、②馬が死亡したら届け出ること、③彦根藩世田谷藩領内の者に譲る際にも届け出ること、④他領の者には売り渡さないこと、⑤乗馬鞍を用いないこと。である。小荷駄馬はともかく、乗馬であった馬であれば、鞍を置かないということは、乗馬としては使役しない、即ち、武家の馬とは異なったとり扱いを受けることになる、ということである。

2　下げ渡された馬をめぐって

さて、改めて、安永六年（一七七七）から元治元年（一八六四）にかけて、下げ渡された五十二頭の馬を見てみたい。先ず目に立つのは、「雷霆栗毛」「青陽青毛」「青陽栗毛」「千里鹿毛」等の、いかにも武家の乗料らしい呼称の馬である。「鷹羽玉青」のように「若殿様御馬也」と誇らしげに記されたものもある。「花筏月毛」「和歌浦月毛」「花車黒麻毛」と、先の二頭はともに天保、残る一頭は安政、三頭轡を並べれば、風雅を解する武士の趣があるがどうだろうか。

続いて、馬産地であろうか、「川口鹿毛」「岩波青毛」「玉造青毛」「菅の谷青毛」「岩手栃栗毛」「岩手青毛」「小美月毛」「望月鴾毛」「奥州黒毛」「大浪栗毛」「岩波青御馬」のように、それぞれに名を負ったものもある。中には「御拝領」の「高松栗毛」、「極上之御馬」の「さかみ河原毛」のように、並みの馬とは違うとみなしうる馬もあるが、「八ノ部月毛」のように乗馬ではなく小荷駄馬とされたものも混じる。

「尾花栗毛」「青毛」「栃栗毛」「月毛」「青毛」「鳶毛」等、ただ毛色のみを書かれたものも多いが、これらも呼び名であったかもしれない。特に記して「乗馬」とある「黒鹿毛」、「乗馬　極上」とある「月毛」、「御召馬　上々」の「栗毛」もいる。「御小荷駄」とある「河原毛」、「龍泉院様御葬式之節御伝馬」の青毛には、いささかのいわれもありそうである。

毛色すら記されないものもあるが、こちらにも「乗馬　極上」「乗馬　上々」と付記されたものもあり、老馬といえども「脇内記殿　拝領之御馬」や「若殿様御拝領」という侮れない馬がいる。中には、「鼻皮一間御添」とある「岩手青」や「鼻皮曳鉄付」とある「花車黒麻毛」馬もある。鼻皮（鼻革）は馬の顔面に装着する馬具の一つである。大きなものではないが、馬の真正面に位置する。馬具について記される例は他に無く、あるいは下げ渡しにあたり、添えることに何かの意味があったのかもしれない。

御馬・御小荷駄馬・御小荷駄とのみ在る馬も、特に時代が下ると多い。さらに、名前さえ欠く馬もあった。或いは単に各々の呼び名を略しただけかもしれない。

「御拝領」と記された馬は、将軍家から井伊家に下賜された馬であろうか。武蔵国荏原郡上野毛村田中家文書の「天保十一年正月御用状留記」には、世田谷領の領主である井伊家の当主が、江戸城に登城の節、特に将軍家から「御乗料之御鞍置馬」を拝領したことを告げ、これが相当の栄誉であること、領民一同にも喜ばしいことであることを、即日領内に彦根藩が、触れ報せた例があった【史料11】。このように、馬の拝領は、独り殿様に留まらず領地領民にも名誉であったことが強調されているのである。

それでは、どのような馬が彦根藩の江戸屋敷から、江戸近郊農村の世田谷領へ下げ渡されたのであろうか。こうした馬の下げ渡しについては、安永六年(一七七七)以前の例を(その有無を含めて)確かめることができず、その由来についても不明ではあるが、いささか考えてみたい。

初めに考えられるのは、藩邸での使役に耐えなくなった老馬と病馬である。「眼病」の馬や「御用ニ立不申候」と記された馬は、長年の忠勤を愛でて、村方で余生を過ごすべく遣わされたと想像される。「御米差添」というのも何らかの労いの意図を感じられる。ちなみに、村方に於いては、彦根藩世田谷領の近傍にある武蔵国荏原郡奥沢村で、十年余り働いた馬を手放す際に「馬宜理と心得」麦を添えたともある*11。とはいえ、老馬と言いながら馬齢は記していない。「世田谷御領分御百姓へ御馬被下名前留帳」の中には、安政から万延にかけて下げ渡された馬の六頭のその後を文久元年(一八六一)十一月に調べた結果から見ると、これらの馬の余生はいずれも余命は長くはなかったようである(表2参照)。

①安政五年(一八五八)七月、野良田村の名主糀谷与一右衛門に下げ渡された馬は、二ヶ月程後の同年九月中に死亡。

②安政五年(一八五八)四月、鎌田村の名主川辺源右衛門に下げ渡された馬は、二〇ヶ月程後の翌安政六年(一八五九)十二月中に死亡。

③安政六年(一八五九)八月、用賀村名主飯田麻次郎に下げ渡された馬は、時を経ずして同年八月中に死亡。

④万延元年(一八六〇)五月に猪方村名主小川善三郎に下げ渡された馬は、七ヶ月程後の同年十二月に死亡。

他の二頭は「未タ存命ニ罷在候」で、安政六年(一八五九)四月に大蔵村名主安藤六右衛門に下げ渡された馬と、万延元年(一八六〇)五月に世田谷村名主松本宗八に下げ渡された馬の二頭である。その大蔵村六右衛門方に下げ渡された馬も、旧大蔵村井山家文書「万延二年正月　諸願向之留」文久元年(一八六一)十一月七日の条には「三ケ年已前巳年四月中、御馬壱疋頂戴仕難有仕合奉存候、右御馬未無事ニ罷在候」とあるが、同年十二月二十四日の条には「大切に飼料手当等仕置候処、当十二月十九日病死仕候ニ付、依之此段以書付御訴奉申上候」とある。さらにそれを書き改め「病気に御座候処、同廿一日病死仕候」とし*12、同じく「文久二年正月　諸願向之留」の文久二年（一八六二）三月三日の条では、死亡日を文久二年二月二十七日としている*13。

一方で、世田谷代官大場弥十郎景運の『公私世田谷年代記』には、文化十二年（一八一五）に「米壱表・御馬壱疋被下附。弦巻村名主寧太郎頂戴候而、三月より文政九戌年頭、十三ヶ年十三表被下」と見える。文化十二年（一八一五）から文政九年（一八二六）まで十三年に渉って米が支給されていた、ということは、払い下げられた馬も村方で十三年の間生き永らえた、ということであろう。

加えて、病馬・老馬ではない、と記されたものもある。藩邸での使役に耐えない理由が、老齢やや病気でないとすると、例えば乗馬としての適性に欠く、といったようなことがあったものだろうか。それとも、負担の村方への転嫁であろうか。

ちなみに、村方の馬の年齢について、武蔵国荏原郡奥沢村の例を見ると、十歳の馬を他家に譲った例や、十年余り働いた馬を手放した例がある*14。

さて、武家屋敷で不要となった老齢の馬にはどのような用途があったのだろうか。農村の作業に使役されたのかもしれないが、彦根藩の御用の内には、丸太の付け出し等というものもあった。老馬には酷であろう。そうであっても、彼ら老馬には村方で重要な役割が有りえた。厩肥の制作である。元禄頃の『百姓伝記』を始め、厩からの肥料が田畑に有益であることは広く知られており、需要は高い。大名屋敷の厩にも厩掃除を行い、肥料として村方に運ぶ者が多かった。老齢で引退した馬が専ら厩肥のために飼養された例は近代にもある*15。

ところで、小荷駄馬はともかく、藩主や世継の乗馬と目されたような馬であれば、それ相応の出自と適性のある馬であり、武士の乗馬として、時に白刃や銃声に怯えないよう調教されており、背に乗せた人に操られる訓練を受けた馬である。にわかに農村での作業に適応し得たであろうか。もし、武家の馬の適性に欠けるとして藩邸から放された馬がいたとすれば、それは動きの鈍いものであったかもしれないが、御しがたい荒馬であったかもしれない。

そうはいっても、馬は家畜であって野獣ではない。人に馴らし、人に従うよう育成されている。人に口をとられ、引かれて歩くことには、武家にも農家にも変わりはあるまい。そうであったならば、武家の馬さえ、農家で良く御し得たからこそ、下げ渡しが可能となったのかもしれない。

おわりに

最後に、ここでは触れられなかったが、そもそも当時、武家屋敷内の厩で、何頭の馬が飼養されていたのであろうか。また、各々の村方には何頭の馬がいたのだろうか。たびたび触れた上野毛村では、文久四年(一八六四)に、家数二三軒・人数六二人・馬二匹とある＊16。上野毛村には、当時馬が一、二頭しかいない。とすると、村の中で、武家屋敷から来た馬が大きな非常を占めたことも考えられる。

また、馬の一生を考えるなら、老齢の馬の在り方を武家と村方を通じて考えなければなるまい。時おり村方や街道筋では「迷い馬」が見つかり、飼い主の探索がなされていた。これらのうち何頭かは、使用できなくなった馬を捨てたものであるおそれがある。

そうした個々の馬と村方と武家屋敷の動向を、近世末の、一方では産業交通の発展に伴う馬の使役の増加、他方では内外の不穏な動向により馬に課せられた動員とあわせて理解して行くことをこれから試みて行きたい。

註

＊1　武蔵国荏原郡角筈村名主渡辺家文書「乍恐以書付奉願上候」「覚」明和三年(一七六六)。拙稿「江戸近郊の馬と馬持と馬士」

(『馬の博物館研究紀要』第一一号、一九九八年)参照。
＊2 拙稿「村の馬持」(『馬の博物館研究紀要 』第一〇号、一九九七年)。近世における馬の使役・近世を通じたその変遷については、既に速水融氏や森嘉兵衛氏の業績があり、近世史上の馬を概観したものとしては林英夫編『馬の文化叢書 第四巻 馬と日本史三 近世』(一九九三年、馬事文化財団)がある。
＊3 上町・下町の名も見えるが、これは世田谷村の字である。
＊4 武蔵国荏原郡上野毛村田中家文書「弘化三年正月 御用状留記」『世田谷区史料叢書 第六巻』(世田谷区郷土資料館編、世田谷区教育委員会、一九九一年)所収。ちなみに、江戸近郊農村に所領のない大名は、同藩邸の「御用を勤める」「武家出入百姓」を通じて、馬や飼糧の確保を図っていた。尾張徳川家の「武家出入百姓」を務めた武蔵国豊島郡戸塚村(現・東京都新宿区高田馬場)の名主中村甚右衛門は、同藩邸の需要に応じ自分の馬を提供したのみならず、自ら馬を曳いて国許まで同道する等している。拙稿「尾張藩御用聞中村甚右衛門」(『史苑』第一三六号、第四六巻第一・二号、一九八七年)参照。
＊5 世田谷区郷土資料館所蔵『世田谷代官大場家文書』「安永六酉年より 世田谷御領分御百姓へ御馬被下名前留帳 御代官所」。この文書の内、岩戸村・猪方村・和泉村に所縁の部分は、既に『狛江市史料集 第十三』(東京都狛江市、一九七一年)に翻刻されている。
＊6『世田谷区史料叢書第二巻』(世田谷区郷土資料館編、世田谷区教育委員会、一九八七年)所収。
＊7『世田谷区史料第六集』(東京都世田谷区、一九七五年)所収。
＊8 旧鎌田村橋本家文書「安政二年二月諸事願書届ケ書控」(『旧彦根藩世田谷領願書留一、世田谷叢書第一集』(世田谷区郷土資料館編、世田谷区教育委員会、二〇〇七年)所収。
＊9 大蔵村井山家文書「旧彦根藩世田谷領願書留一、世田谷叢書第二集』世田谷区郷土資料館編、世田谷区教育委員会、二〇〇八年)所収。
＊10『旧彦根藩世田谷領願書留一、世田谷叢書第一集』(世田谷区郷土資料館編、世田谷区委員会、二〇〇七年)所収。
＊11 拙稿「村の馬持」(『馬の博物館研究紀要』第十号、一九九七年)参照。
＊12『旧彦根藩世田谷領願書留一、世田谷叢書第一集』(世田谷区郷土資料館編、世田谷区委員会、二〇〇七年)所収。
＊13『旧彦根藩世田谷領願書留二、世田谷叢書 第二集』(世田谷区郷土資料館編、世田谷区教育委員会、二〇〇八年)所収。
＊14 拙稿「村の馬持」(『馬の博物館研究紀要』第十号、一九九七年)参照。
＊15 拙稿「江戸近郊の馬と馬持と馬士」(『馬の博物館研究紀要』第一一号、一九九八年)。「江戸時代の馬と人をめぐる覚書三 馬と牛をめぐって(『馬の博物館研究紀要』第一八号、二〇〇五年)など参照。

＊16　武蔵国荏原郡上野毛村田中家文書「文久四年正月御用状留記」（上野毛村の村高家数人別取調帳の写、『世田谷区史料叢書第八巻』世田谷区郷土資料館編、世田谷区教育委員会、一九九三年）所収。

〈付記〉世田谷区郷土資料館の皆様には、『世田谷代官大場家文書』の『安永六酉年より　世田谷御領分御百姓へ御馬被下名前留帳　御代官所』の閲覧と複写を御許可いただきありがとうございました。

表1　彦根藩から彦根藩世田谷領の村々に下げ渡された馬

安永六年（一七七七）～元治元年（一八六四）

※『安永六酉年より　世田谷御領分御百姓へ御馬被下名前留帳』　文久元年（一八六一年）十一月、『公私世田谷年代記』、旧鎌田村橋本家文書『安政二年二月諸事願書届ケ書控』、旧大蔵村井山家文書『文久四年正月　諸願向之留』による。

年	月日	馬名等	頂戴人		備考
安永六（一七七七）		川口鹿毛	野良田村	六郎右衛門	
天明七（一七八七）	七月	青毛	下町	政右衛門	龍泉院様御葬式之節御伝馬ニ而被下
寛政元（一七八九）	十月	小荷駄馬壱疋	新町村	百姓源蔵	入札ニ而新町村百姓源蔵落札ニ而引受ル①
寛政七（一七九五）	三月二十一日	雷霆栗毛	世田谷村上町	御百姓次左衛門	米弐表添
寛政九（一七九七）		御馬	世田谷村元宿	年寄七郎兵衛	米弐表添
文化三（一八〇六）	正月十八日	青陽青毛	上町	覚之助	米壱表／御馬御用ニ立不申候ニ付添①
文化三（一八〇六）	十二月	青陽栗毛		荒居一郎平	
文化四（一八〇七）	十一月	尾花栗毛	瀬田村	長十郎	米弐表添
文化六（一八〇九）	二月十七日	岩波青毛	弦巻村	御百姓杢右衛門	

文化八（一八一一）	九月	玉造青毛	新町村	吉之丞	
文化九（一八一二）	四月	青毛	用賀村	御百姓善平	
文化十二（一八一五）	三月	高松栗毛	弦巻村	寧太郎	御拝領／御米一表ツヽ生涯之内添被下
文化十二（一八一五）	十二月	菅の谷青毛	用賀村	栄次郎	
文化十二（一八一五）		（記載なし）	弦巻村	名主寧太郎	米壱表・御馬壱疋被下附 十三ヶ年十三表被下①
文化十四（一八一七）	十一月	岩手栃栗毛	野良田村	与一右衛門	
文化十四（一八一七）	十一月	乗馬一匹	小山村	利右衛門	脇内記殿拝領／老馬ニ成候ニ付御領分名主へ
文政十二（一八二九）	三月十八日	八ノ部月毛	瀬田村	長崎長十郎	但し御小荷駄
文政十二（一八二九）	三月二十六日	岩手青毛	鎌田村	源平	
文政十二（一八二九）	十二月十日	小美月毛	大蔵村	市郎右衛門	
文政十三（一八三〇）	十月十八日	河原毛	岩戸村	甚蔵	御小荷駄
天保二（一八三一）	五月十六日	望月鴾毛	猪方村	小川善次郎	
天保二（一八三一）	十月二十三日	奥州黒毛	和泉村	伝左衛門	御小荷駄
天保五（一八三四）	三月	大浪栗毛	世田谷村	武川安次郎	
天保七（一八三六）	十二月十日	（記載なし）	弦巻村	寧太郎	

天保九（一八三八）	六月九日	（記載なし）	新町村	新右衛門	
天保十（一八三九）		（記載なし）	用賀村	安之丞	若殿様御拝領
天保十二（一八四一）	十一月十八日	鷹羽玉青	小山村	源五郎	若殿様御馬也
天保十四（一八四三）	閏九月二十三日	花筏月毛	上町	名主代 岩蔵	
天保十四（一八四三）	閏九月二十三日	月毛	岡本村	市郎右衛門	
天保十五（一八四四）	九月二十三日	和歌浦月毛	世田谷村	名主代 新右衛門	
嘉永三（一八五〇）	十二月	御馬一疋	岩戸村	名主源蔵	病馬ニ而も無之御用立之御馬　米壱表添
嘉永三（一八五〇）	十二月	御馬壱疋	大蔵村	名主 六郎右衛門	右同断
嘉永四（一八五一）	正月十九日	黒鹿毛　乗馬	用賀村	名主　麻次郎	米壱表添
嘉永四（一八五一）	三月十四日	御小荷駄馬 壱疋	野良田村	与一右衛門	
嘉永六（一八五三）	四月	青毛　御召馬 上々	八幡山村	権蔵	米壱表添
嘉永六（一八五三）	四月	鴾毛　御召馬 上々同	横根村	長平	米壱表添

嘉永七（一八五四）	十月三十日	御小荷駄 さかみ河原毛	岡本村	新六	極上之御馬ニ付急度大切ニかい置候様申渡候
安政三（一八五六）	四月	岩波青御馬	世田谷村	名主　宗八	右ハ格別之　思召を以御米壱表添被下置候
安政五（一八五八）	四月	御馬壱疋	鎌田村	源右衛門	米壱表添　後に現況調査あり
安政五（一八五八）	七月	御馬壱疋	野良田村	与一右衛門	米壱表添　後に現況調査あり
安政五（一八五八）		花車黒麻毛	鎌田村	名主源右衛門	鼻皮曳鉄付②
安政六（一八五九）	四月	御馬壱疋	大蔵村	六右衛門	米壱表添　後に現況調査あり
安政六（一八五九）	八月	御馬壱疋	用賀村	麻次郎	米壱表添　後に現況調査あり
万延元（一八六〇）	五月	御馬壱疋	世田谷村	宗八	米壱表添　後に現況調査あり
万延元（一八六〇）	五月	御馬壱疋	猪方村	善三郎	米壱表添　後に現況調査あり
文久元（一八六一）	十一月十日	御馬壱疋	弦巻村	名主 鈴木安太郎	
文久元（一八六一）	十一月十日	御馬壱疋	和泉村	名主 石居太三郎	
元治元（一八六四）	四月二十二日	千里鹿毛	大蔵村	名主 安藤六右衛門	③

特に明記のない例は『安永六酉年より　世田谷御領分御百姓へ御馬被下名前留帳』、その他の例は、①『公私世田谷年代記』、②旧鎌田村橋本家文書『安政二年二月諸事願書届ケ書控』、③旧大蔵村井山家文書『文久四年正月　諸願向之留』

表2　彦根藩から世田谷領に下げ渡された馬の余命

安政五年（一八五八）～年万延元年（一八六〇）

※世田谷区郷土資料館　所蔵『世田谷代官大場家文書』「安永六酉年より　世田谷御領分御百姓へ御馬被下名前留帳」文久元年（一八六一）より

年	月日	馬名等	頂戴人		備考
安政五（一八五八）	四月	御馬壱疋	鎌田村	名主　川辺源右衛門	安政六未年十二月中　殞申し候
安政五（一八五八）	七月	御馬壱疋	野良田村	名主　糀谷与一右衛門	同年九月中　殞申し候
安政六（一八五九）	四月	御馬壱疋	大蔵村	名主　安藤六右衛門	未タ存命ニ罷在候
安政六（一八五九）	八月	御馬壱疋	用賀村	名主　飯田麻次郎	同年八月中　殞申し候
万延元（一八六〇）	五月	御馬壱疋	世田谷村	名主　松本宗八	未タ存命ニ罷在候
万延元（一八六〇）	五月	御馬壱疋	猪方村	名主　小川善三郎	同年十二月　中殞申し候

※現状確認のおりの世田谷代官所の下問とその回答については、大蔵村の名主安藤右衛門の世田谷代官宛の文書がある。旧大蔵村井山家文書「万延二年正月　諸願向之留」の文久元年十一月七日の条に「三ケ年已前巳年四月中、御馬壱疋頂戴仕難

有仕合奉存候、右御馬末無事ニ罷在候」とあるが、同年十二月二十四日の条には「大切に飼料手当等仕置候処、当十二月十九日病死仕候ニ付、依之此段以書付御訴奉申上候」とあり、さらにそれを書き改め「病気に御座候処、同廿一日病死仕候」としている。（『旧彦根藩世田谷領願書留一、世田谷叢書　第一集』世田谷区郷土資料館編、世田谷区教育委員会、二〇〇七年所収）。ただし、同じく「文久二年正月　諸願向之留」の文久二年三月三日の条には、死亡日を文久二年二月二十七日としている（『旧彦根藩世田谷領願書留二、世田谷叢書　第二集』世田谷区郷土資料館編、世田谷区教育委員会、二〇〇八年）。

【史料1】

覚

三疋用か　三疋下野毛
六疋せた　三疋岡本
二疋かまた　五疋大蔵

一　馬壱疋　上野毛村　下野毛より請取瀬田へ遣、
才料下野毛より出す

右は明三日八王寺御組中江戸表へ御出府被成候間、書面之馬明ヶ六ツ時迄ニ下高井土宿問屋場迄参着候様に可被差越候、尤御名主代壱人宛印形御持参　可被成候、此廻状村下ニ印形被成順能御廻し、留り村より御返し可被成候、以上

下高井土宿

早々御順達留り村より御返し可被成候、以上

池沢村
弥惣兵衛印

四月十日

下野毛　等々力　のら田
上野毛　深沢　　右村々御名主中
右五ヶ村深沢へ寄合申候、

※武蔵国荏原郡上野毛村名主田中家文書「宝暦二年万日記」宝暦三年四月（『世田谷区史料叢書第一巻』世田谷区郷土資料館編、世田谷区教育委員会、一九八五年）。

【史料2】

一　四疋　　上野毛村

右は薪付馬ニ御上屋敷有之候、明廿三日八丁堀御屋敷へ直ニ参候様ニ可被申付候、間違有之間敷候、以上、

申正月　　大場六兵衛
　　　　　飯田平兵衛

※同前「宝暦二年万日記」。

【史料3】

覚

一　弐疋　　八日出

右ハ今度御成御用杉丸太附馬ニ有之間、村々日割之通り早朝八まん山村御林より桜田御作事方附込候様申付可出候、都而御林守名主又五郎差図を受、荷組等我侭無之様可申渡可出候、早々無滞相廻し留村より可返候　以上

丑六月五日

御代官所　印

※武蔵国荏原郡上野毛村田中家文書「文政十二年正月　御用状留記」（『世田谷区史料叢書第四巻』世田谷区郷土資料館編、世田谷区教育委員会、一九八九年）。

【史料4】

（前略）

一　馬壱疋　　上野毛村

右ハ下高井戸宿へ参候、才料も出、

四月六日

一　四俵二斗弐升ひへ　七斗壱升麦

一　四月七日御拝借麦稗取ニ喜右衛門遣、馬三疋ニ而附参候、稗四表八斗弐升・麦壱表八升参候、他白麦四斗八升かり申候、是ハ手前別ニ願借り申候、惣而領内へ白麦九表かり申候、四斗八升入也、人壱人ニ付麦・ひへ両方ニ而三升当テニかり申候、領内之人数六千六百三拾九□有也、

※武蔵国荏原郡上野毛村名主田中家文書「寛延三年御用留帳」『世田谷区史料叢書第一巻』（世田谷区郷土資料館編、世田谷区教育委員会、一九八五年）。

【史料5】

御上屋敷御乗馬一疋眼病ニて御用立不申ニ付、御領分中望之もの於有之ハ申出次第可被下置候、村々吟味いたし望之もの有之候ハヽ、来月二日迄之内可被申出候

此書付早々廻し留より荒居一郎兵衛方へ可被返候、以上

卯年十月廿九日

御代官所　印

右村々

名主中

※武蔵国荏原郡上野毛村田中家文書「文化四年正月　御用日記帳」（『世田谷区史料叢書第二巻』（世田谷区郷土資料館編、世田谷区教育委員会、一九八七年）。

【史料6】

御差紙写

一　壱俵ツヽ

世田谷領瀬田村

長崎長十郎

同　八幡山村

権　蔵

横根村

長　平

右御馬三疋世田谷御領分慥成者江遣候様被仰出候ニ付、右之者共頂戴仕候間相願候段、御賄衆被申聞候由、格別之

思召ヲ以、

件之通被下置候段御用人中被申聞候間、先例之通世田谷御年貢米ヲ以為相渡、御代官前御勘定相立致埒合候様可被申

渡候　已上

丑四月七日　　新野左馬助

御賄衆

御元方勘定奉行衆

佐野奉行衆

御厩頭取衆

右之通ニ有之間其御心得可然御取計可有之候　以上

四月七日

世田谷

御代官衆

※彦根藩世田谷領代官大場家文書「嘉永四年～同六年　公儀御触書・御書・御差紙」嘉永六年『世田谷区史料叢書第九巻』（世田谷区郷土資料館編、世田谷区教育委員会、一九九四年）。

【史料7】

以書付申達候、御馬一疋其方江被下置候間、明日早朝馬引候もの召連致用意頂戴ニ可罷出候、出かけ上町へ立寄候様可被致候、此段申達候、以上

六月十七日

御代官所　印

上野毛村

名主中

覚

一　望霓枋栗毛

右者御馬壱疋被下置難有頂戴仕候、然ル上ハ一生飼殺ニ仕殞申候節御届可奉申上候

若御領分中之ものへ相譲り候は是又御届可奉申上候、如何様之儀御座候共外々江は決而売り申間敷候、勿論乗鞍置乗申間敷候、為後日一札奉差上候、以上

上野毛村

名主

文政八年寅六月

幾太郎　印

御厩

御役人中

右ハ前書之通御代官所より差紙当来ニ付、早速翌十八日馬引人足として三五郎召連御上屋敷へ罷越、如此書付差上右之馬頂戴帰村いたし候、尤是迄御厩又は御留所共両御役所へ酒壱升ツヽ差出候事ニ有之由之処、下役衆中へ此段差図いたし呉候様相頼問合候処、其義におよひ申間敷と申之ニ付、任其意只御礼而已申候而罷帰申候、尤御代官上町大場様江は先例ニは 無之候へ共、右躰御屋敷両御役所へ差上不申代わり酒壱升差上候事

※武蔵国荏原郡上野毛村田中家文書「文化十四年～文政十三年 諸事御用留記」(『世田谷区史料叢書 第四巻』 世田谷区郷土資料館編、世田谷区教育委員会、一九八九年)。

【史料8】

覚

一 岩手青　但し鼻皮一間御添

右者御馬壱疋被 下置難有頂戴仕候、然ル上ハ一生飼殺ニ仕、殞申候節御届可奉申上候、若御領分中之者へ相譲候者是又御届ケ可奉申上候、如何様之儀御座候共外々江者決而売申間敷候、勿論乗鞍置乗申間敷候、為後日一札奉差上候、以上、

鎌田村
名主
源　平　印

文政十二丑年三月九二十六日

御厩

御役人中様

※武蔵国多摩郡鎌田村橋本家文書「寛政元年九月諸事願書控」『旧彦根藩世田谷領願書留一世田谷叢書第一集』（世田谷区郷土資料館編、世田谷区教育委員会、二〇〇七年）。

【史料9】

覚

一　鷹羽玉青

右ハ御馬壱疋被下置難有頂戴
仕候然ル上ハ　一生飼殺ニ仕殞申
候節ハ早速御届可奉申上候
若御領分中之者ニ譲り候ハバ
是又御届可奉申上候如何様
之儀御座候共外々へ決て
売申間敷候勿論乗鞍置
乗申間敷候為後證之一札
奉申上候以上

天保十二丑年十一月十八日

世田谷領
小山村名主
源　六　印

御厩

御役人中

※「安永六酉年より　世田谷御領分御百姓へ御馬被下名前留帳」（『世田谷区郷土資料館所蔵『世田谷代官大場家文書』）。

【史料10】

覚

鎌田村名主
源右衛門

以書付申奉（達）候、
右者此度御馬被下候ニ付、雇ロ名前右之者ニ有之、従日之越度も無之、右之者被下相成候間、其旨相心得明日九ツ半時迄ニ頂戴ニ罷出候様可有之候　已上

五月八日

御屋敷様より御代官所江之状

上包

世田谷

御代官所

御賄方

御代官所より添書文

別紙之通リ申越候間其旨相心得、明日九ツ半時迄ニ御上屋敷江御馬頂戴ニ可罷出可申候、右之段申奉（達）候

世田谷村

五月八日夜　　　上町

鎌田村

名主　源右衛門　殿

覚

一　花車黒麻毛　　　鼻皮曳鉄付

右者御馬壱疋被下置難有頂戴仕候、然ル上ハ　一生飼殺ニ仕殞申候節御届可奉申上候

若御領分中之ものへ相譲り候は是又御届可奉申上候、如何様之儀御座候共外々江は決而売申間敷候、勿論乗鞍置乗申

間敷候、為後日一札奉差上候、以上、

鎌田村

名主

源右衛門　印

安政五午年五月九日

御役人中様

此為礼

酒代として

御馬屋小頭江　金弐朱

御馬口付江　金弐朱　此外決而遣者不入候

代官様江　金弐朱

※武蔵国多摩郡鎌田村橋本家文書「安政二年二月諸事願書届ケ書控」安政五年五月（『旧彦根藩世田谷領願書留一、世田谷叢書第一集』（世田谷区郷土資料館編、世田谷区教育委員会 二〇〇七年）。

【史料11】

殿様今日御登城被遊候所 御召出之節別段被為召 以 上意 御乗料之御鞍置馬 御拝領被遊、御懇意之上意被為蒙不一ト通品柄ニ而別而御威光之御義恐悦至極之御事候、

十月十三日

右之通り御触相廻り候ニ付相達候、被得其意例之通り御取計可有之候、以上

十月十三日

世田谷

御代官衆

御賄方

※武蔵国荏原郡上野毛村田中家文書「天保十一年正月御用状留記」（『世田谷区史料叢書第五巻』 世田谷区郷土資料館編、世田谷区教育委員会、一九九〇年）。

弘前藩青森・外ヶ浜の天明の飢饉

——飢饉過程の全体把握——

菊池　勇夫

はじめに

　近世の飢饉のなかでも、天明三年（一七八三）から翌年にかけて東北（奥羽）地方の北部および太平洋側地域を襲った天明の飢饉は、民衆の飢えと苦しみの深さにおいて最も苛酷な飢饉体験となった。人々はこの世の地獄かと思うばかりの状況を強いられ、北奥の弘前藩や八戸藩などでは領民の三分の一、二分の一もの人々が餓死・疫死あるいは逃亡し、死に絶えた小集落も少なくなかった。

　ヤマセ（東風ないし北東風）による冷害型の大凶作が飢饉の起因ではあるが、それだけでおびただしい人々が死に追い込まれたわけではない。東北地方は列島経済の展開のなかで、生産した穀物（米・大豆など）を江戸・大坂、あるいは松前・蝦夷地方面に移出する食料基地としての役割を強めており、いわば中央と地方、都市と農村とを結ぶ中心・周縁的な経済構造を背景として、そこに政災的要素が加わり、大飢饉がつくりだされたとみるべきものである*1。

　飢饉現象の構造的な理解のためには、そういったマクロな視点が不可欠である。しかし、飢饉は個々の身の上に起き、地域社会の共同体験として存在した。マクロな視点が大状況であるとするなら、個人史・家族史の飢饉体験は小状況ということになるが、本稿では大状況と小状況とをつなぐ地域社会に関心を寄せ、飢饉下の一年を地域社会に即して復元してみたい。いわば中状況のケーススタディとでもいえるだろうか。

地域社会とはいっても、個々の家が属する村共同体であるよりは、もっと広域の一定のまとまりを持つ地域圏のようなものを念頭に置いている。ここでは、弘前藩（陸奥国津軽郡）の主要な港湾都市青森を中心とする陸奥湾に沿った東津軽郡の村々、すなわち外ヶ浜（外ノ浜）と呼ばれた地域が舞台となる。青森騒動という、これまでも着目されてきた都市住民の生活防衛の闘いが高揚した地域でありながら、弘前藩のなかでもとりわけ飢饉のダメージが大きかった所である。なぜそうなったのか、青森騒動を含め、地域が経験した天明の飢饉過程の全体を示してみたく思う。

一、飢饉の爪痕

天明の飢饉から約一年経った天明五年（一七八五）八月、菅江真澄は秋田から津軽に入った。そのときの日記『楚堵賀浜風』は飢饉の惨状を生々しく書きとめた記録としてよく知られている。青森の湊に入ると、安潟（安方）という町は皆焼けて、仮小屋ばかりが立ち並び、烏頭（善知鳥）の宮も同じ火で焼かれていた。青森から浅虫に向かう浜道では、鍋や釜などを背負い、幼い子供を抱える男女に出会った。飢え人になることを恐れて地逃げしたといい、過ぎし飢饉では松前に渡って助かったのだという＊2。天明五年という年も天候不順で、真澄も遭遇した八月六日の暴風雨が田畑に損害を与え、これに動揺して他散する者たちのいたことは他の史料からも確認される＊3。いち早く逃亡しなくては生存できないという天明三年の大凶作の極限体験からきた行動であった。幸い、この後は天候もよく作柄が持ち直し、ひどい状態には陥らなかった。真澄は天明八年にも松前へ渡るために再び青森を通り烏頭の社に寄ったが、飢饉のことは何も記していない。後年、真澄は津軽に滞在することになり、寛政八年（一七九六）四月、青森近くの三内村の千本桜と称する桜の名所を訪ねている。出土遺物にも関心を示すが、天明の飢饉のさい桜を伐って焚き木にしたため少なくなってしまったと、案内者から聞かされている（『栖家能山』）＊4。今日、三内丸山の縄文遺跡で知られる辺りである。

真澄以上に青森・外ヶ浜地域における天明の飢饉の爪痕を記していたのは、天明六年（一七八六）、津軽の地を訪れた京都の医師橘南谿である。「饑渇負（けかちまけ）」（『東遊記補遺』）と題しておよそ次のように書いている。外ヶ浜通りなどでは一軒も残らず死に絶えた宿・在所が多くて、たまたま一村に生き残る人があっても、細々と煙を立てる家が二、三軒、あるいは五、六軒くらいしかない。茅葺き屋根の家のなかを見れば、壁が崩れ障子が破れ、竈のあたりに夫婦あるいは親子とも思われる髑髏、骸骨がそのままころがっている。青森は津軽中第一の大湊で繁華の地、遊女町も盛んな地であったのに、すっかり荒れ果てている。善知鳥宮のあたりが最もひどくて宮も頽廃し、安方町八〇〇軒はわずか三七、八軒に減り、死に絶えた家は軒端が朽ち、壁が崩れ、町の面影が残るだけである、と*5。まさに廃墟同然の町と化していた。

寛政二年（一七九〇）にこの地を旅した高山彦九郎も、天明の飢饉の有様をよく見聞した一人である。安方町は飢饉前三〇〇軒余あったが、今は一〇〇軒もないようだ。善知鳥の宮は飢年の火災に遭い、仮の社があるばかりで、神主に由来を尋ねても縁起を焼失したといって、よくわからなかった。青森町は飢饉前家数四〇〇〇軒であったが、飢年に三度焼失し、餓死や疫病死あるいは他邦への離散によって一〇〇〇軒にも満たない状態となった。しかし数年来増えて二〇〇〇軒近くになった、と記している（『北行日記』）*6。彦九郎は外ヶ浜を青森から三厩に向かうが、大浜は飢饉前二〇〇軒だったのが今では一〇〇軒くらい、道すがら田沢村などの宅地跡が荒れ果てて見えたが、それは餓死の跡である、蟹田は飢饉前一四〇〜一五〇軒だったのが今では七〇軒くらいなどと、村・町の家数の減少を書きとめていた。

南谿と彦九郎の間には古川古松軒の旅がある。幕府巡見使に随行して、天明八年に外ヶ浜を往来した（『東遊雑記』）*7。巡見使は松前に赴く途中、弘前〜蟹田辺に広がる荒廃田畑について問いただしているが、古松軒は藩側の通り一遍の飢饉の説明を簡単に記しているにすぎない。外ヶ浜を北上中、巡見使が案内者に村名・浜名を聞いても、にこにこ笑っているばかりで、存ぜずの一点張りであった。不用意な答えはしてならないと堅く言い含められていたのであろう。飢饉の内情に立ち入らせまいとする藩の防御姿勢は堅かった。

ただし、帰路青森に止宿したさいには、「津軽第一の津湊」で、市中三〇〇〇軒、繁昌の地と聞いていたが、そのような所ではなく、一〇〇〇軒ばかりにすぎず、家居は見苦しく、見聞してきたばかりの松前、江差、箱館からみれば「勝劣の論なし」と断じている。海峡を挟んで隣接する松前と青森の落差ぶりは注目してよい。青森辺の荒廃は近年大地震によって民家が残らず潰れ、死亡の人限りなく、これに凶作が相次いで飢渇に及び数多の死者が出たためだと案内者が説明していた*8。いずれにしても、幕府役人と一緒の旅では、表向きの一般的な答弁しか聞けず、民間を歩いた南谿・彦九郎とは比べようもなかった。

飢饉から二年後の南谿の旅では、飢饉の惨状がいわば時間が停止したまま、そこにあった。それから四年後の彦九郎の旅となると、その間に青森の家数が増えるなど、復興しつつあることがわかるが、飢饉から六〜七年経っても、廃屋が放置されたままのところがあり、飢饉の記憶が土地の人々に鮮やかに残っていた。死線をくぐりぬけた安堵感が旅人に対して、人食い話など飢饉体験を饒舌にしていたようでもある。

これら旅人の記述によって青森・外ヶ浜地域の天明の飢饉はいかに非常な体験であったか容易に想像できる。弘前藩が把握した領内の飢渇死亡者は天明三年九月から同四年六月までの間に、八万一七〇二人（男四万六八八二人・女三万四八二〇人）を数えた（弘前市立図書館『弘前藩庁日記（国日記）』天明四年六月三十日条、以下『国日記』と略記）。内訳は弘前城下四四九六人、九浦四五〇三人、施行小屋三〇二六人、在々六万九六七七人であった。九浦は青森、鰺ヶ沢、深浦、十三、碇ヶ関、大間越、野内、今別、蟹田をさす。この数字には黒石領（黒石・平内、当時は交代寄合四〇〇〇石）が含まれていないと思われるが、明和元年（一七六四）「藩律」*9の人口数二二万二二八〇人余（黒石領除く）がほぼ維持されていたとして、三分一強の死者をわずか一年間で出していたことになる。

青森は右の内訳では九浦に含まれている。青森町だけでどれくらいの餓死者を出したのかわからないが、青森町の人口変遷をみておくと、享保十二年（一七二七）六三八一人、延享元年（一七四四）五九〇四人、寛延三年（一七五〇）

五一六三人、明和元年（一七六四）八九五〇人、安永八年（一七七九）九〇三九人、天明八年（一七八八）四六六八人、寛政十一年（一七九九）六一三七人、文化二年（一八〇五）六四九一人、天保十四年（一八四三）六〇三三人、嘉永五年（一八五二）七七七九人となっている*10。明和・安永頃に人口のピーク、都市の発展期を迎えたが天明の飢饉によってほぼ半減してしまい、飢饉後一〇年くらいの間に減少数の半分くらいは持ち直したものの、その後は横ばいで幕末期に向かった。

陸奥湾沿岸の外ヶ浜の場合はどうか。外ヶ浜地域の村々は横内組、浦町組、油川組、後潟組の四組にそれぞれ編成され、前二組は青森の浦町に後二組は油川に代官所が置かれていた。天明の飢饉になるべく近接した前後の時期の人口をあげてみると、明和元年（一七六四）では横内組七二七〇人余、浦町組五〇〇〇人余、油川組七一〇〇人余、後潟組九四〇〇人余（「藩律」）、寛政八年（一七九六）では横内組四四二八人（明和元年比六〇・九％）、浦町組三二二九人（六四・六％）、油川組四三六七人（六一・五％）、後潟組六一〇一人（六四・九％）となっている*11。三割五分から四割くらいの減少率であった。弘前藩の組全体（＝在々）では、明和元年一七万二七〇〇人余、寛政八年一二万二五人（六九・五％）であるから、外ヶ浜地域は落ち込みの度合いが全体の平均より大きく、領内のなかでもひどいほうであったことがわかる。

外ヶ浜は凶作の原因であるヤマセ（東北風）の影響を受けやすく、平年でも赤米や田稗を植える水田が少なくなかった*12。天明三年の凶作では浦町組・横内組は田が一〇分一作、畑が一〇分一作、油川組・後潟組は皆無作であった（『津軽歴代記類』）*13。別な記録にも、外ヶ浜四ヶ組はすべて「大切り之皆無」で、田畑ともに一向に食べ物がないとあり（『凶作の様子書』）*14、惨憺たる状況だった。前出の高山彦九郎によれば、寛政二年当時四軒の砂が森（後潟組）では、天明の飢饉で二軒が死に絶えてしまったが、それは「漁猟の道」（漁業）を知らなかったので餓死したのだと、土地の人は語っていた。飢饉の犠牲になったのは主として農民たちであったのだろう。

二、政災性に口をつぐむ—弘前藩の事情説明—

幕府巡見使を応接する青森町の御用懸がその尋問に答えられるように、天明八年（一七八八）六月、町奉行が示達した「御巡見之覚」が残されている（『御用留』）＊15。相手は古川古松軒が随行した藤沢要人・川口久助・三枝十兵衛の巡見使の一行である。そのなかに、「去ル卯年飢饉之儀」すなわち天明の飢饉について尋ねられたさいの説明の回答案がある。それは飢饉後数年経った時点での、なぜ飢饉となったのかの、弘前藩の事情説明の公式見解というべきものである。要点をまとめると、およそ次のような説明がなされていた。

①天明三年の春は殊の外寒く、苗の成長が悪く田植えが遅れた。夏中、北東の風が日々吹いて暑気がなく、田畑ともに一切実らなかった。昔より伝え聞かない凶年であった。

②前年（天明二年）も不作だったので、米穀が殊の外払底してしまった。

③そこで、藩では近国および上方における買米を命じた。町・在の者たちも助け合い、力の及ぶかぎり買米に取り組んだ。

④しかし、秋末から春二三月頃までは海上が荒れて船の往来がない。駄付で買ってこようとしても、雪国のため多くの俵数を運送することができず、上下共に至極難義した。

⑤凶作のため年貢の上納はなかったので、貯籾を摺り、御救にあてた。

⑥折悪しく時疫がはやった。食物も平年のようにはなく、ことに寒国なので病人も多くなり、死亡する者もあった。

⑦翌年（天明四年）の種籾がなかったので、他所より買ってきて渡した。しかし、蒔いても土地に合わず、その年も不作になり一統難義した。

また、「荒地」や「去作稔方」について質問されたときの答え方も示されている。総荒高については承知していないと答え、一村切りならばおよそのことを話してもよい。段々と荒地が開発されているものの、年貢が所によって当分の間用捨されているため、収納は過半不足している、そのように答えよというのであった。

ここに述べられていることは嘘ではない。天明三年はヤマセが吹き、稀にみる冷害型の凶作となった。このため収穫がほとんど期待できず、弘前藩は天明三年十月、幕府へ「古田・新田共ニ田畑収納皆無」(『御用格(寛政本)』)＊16と届け出たように、年貢徴収を諦め、農民の作り取りとする他なかった。前年の天明二年も全国的に不作で、弘前藩でも一二万一七八〇石の損毛届を出していた＊17。冬の期間、日本海や北日本を往来する廻船が荒海のため航海を避けるのも例年のことであり、弘前藩から廻船が北陸・上方方面に去った後に米・食料を緊急移入してくるのが困難であったのも、飢饉をひどくした要因のひとつにあげるのは不当ではない。積雪のなかを馬などで遠国から陸上輸送するのも困難なことであった。寒国で疫病がはやったのも事実である。飢えによる体力消耗に疫病が重なって大量死に至ったことは諸記録が伝える通りである。藩が他領から穀物を購入しようとしたり、種籾の供給に動いたりしていたのも確認できることである。

全体としては、凶作、海運事情、それに寒国・雪国といった土地柄のために、藩あるいは町・在の努力もむなしく、死者を出すような飢饉になってしまった。結果的にそうならざるをえなかった不可抗力の災害性が強調されているといってよい。しかし、こうした事情説明を額面通りに受け取っていいわけではない。相手が幕府巡見使であってみればなおさら責任を問われかねないような回答は避け、無難に乗り切ろうという魂胆が見え透いている。巡見使のほうも慣例化した型通りの受け答えで済ましてしまう。公式説明の裏にある隠された真実が明らかにされなくてはならないのである。

検証はそれほど難しいことではない。③⑤⑦は藩が救済のために尽力したかのような説明ぶりであるが、それが適切な時期に効果的になされたのかどうか、という観点からみれば、飢饉状態を回避するには認識が甘く、施策を実行しようにもすでに手遅れで、極めて不十分であったのは否定のしようがない。

そこで問題なのは、②の前年（天明二年）が不作だったので、米穀が払底してしまったという説明である。天明三年が皆無作だったとしても前年の米が藩内に残っていれば、ひどい飢饉にならなかったはずである。不作のために無くなってしまったというのは尤もらしく筋が通っている。だが、天候不順・凶作のリスクを考えることなく、天明二年の産米を藩の収納米のみならず、村々から残らず買い上げて移出し、「孕米」（地元滞留米）を極端に少なくさせてしまった弘前藩の政治責任、すなわち政災的要素のようなものにはまったく口をつぐんでいる。そこにこそ、弘前藩が天明の飢饉に陥ってしまった最大の原因があったという他ない。

　青森の住民たちは命をつなげるかの生活危機から、藩によって人為的・政策的に作り出された食料の欠乏に気づき、飢饉への奈落の道を防ぐための行動を起こしていた。「青森騒動」としてこれまでも知られてきた都市住民の闘いである。まずは、その闘いから飢饉へのプロセスをみていくことにしよう。

三、食料危機の打開―青森騒動―

天明三年七月二十日、青森騒動が発生した＊18。それに先だって、十九日夜、蓑笠を着た人物が町々を回り、翌朝亭主は杉畑・毘沙門境内に集会すべし、同心しないものは家を打ち潰すといって触れ歩いていた（『津軽編覧日記』、『新青』）。参加強制である。十九日夜、諏訪宮に一〇〇人、毘沙門に一〇〇人が集り、これが一緒になり明日の杉畑集会を呼びかけたともいう（『永録日記』、『編年』）。七月十一日の大火（正しくは十日夜、後述）より不安が高まり、町の住民が廻船差し留めの願書を町奉行や湊目付に出したものの取り次いでもらえず、そのため人気よしからず、と書いている記録もある（『多免志草』、『編年』『新青』）。

　騒動の直接のきっかけとなったのは、むろん米価の高騰であった。青森町奉行の申し出によれば、天明二年秋の不熟により所々米留となり飯料の買い下げができなくなった。そこで願い上げ、同年十二月中旬になり一ヵ月二〇〇俵ずつの買い下げが認められたが行き届きかね、さらに一〇〇〇俵増やし都合三〇〇〇俵の町飯米の買い下げとなった。翌三年五月半ばまではかなり行き届いていたが、六月になり在々の売米が払底し、たまたま売米を持ち合わせていても在方売米が厳しく差し留められ駄下げができなかった。このために米値段が引き上がり、端々の者が飯米を調えられなくなったのだという（『国日記』七月二十四日条、『新青』）。別の史料によれば、弘前藩は天明三年一月から月々二〇〇〇俵ずつを、通り切手を交付して青森町に付け下げ、米の売場を設けて一匁（銭一匁＝六〇文）につき一升四合の定値段で売らせた。しかし、七月までの一万四〇〇〇俵の米高の予定にもかかわらず、実際に売米になったのは四〇〇〇～五〇〇〇俵に過ぎず、定値段も七月十八日より一匁八合売りになり、売場から買受ける見世〳〵の小売米も不足した。こうして、住民の食料不安が一気に高まってしまった（『津軽編覧日記』、『新青』）。米値段は五月中旬より米一俵三〇匁、七月より三五匁になり、なかでも外ヶ浜は別して高値であった（『平山日記』、『新青』）。

在方の売米を青森町へ自由に付け下げて売ることが制限されたのは、むろん藩による買い上げ、廻米優先政策からきていたのはいうまでもない。天明二年という年は全国的に不作の年で米穀六分の作といわれた。このため大坂でも江戸でも米価が上昇傾向にあった。ちなみに大坂では、天明二年五月から十二月までの間に二、三割方米価が高くなり、年を越しても高値傾向に変わりなく、八月以降大凶作でさらに上がっていく*19。天明二年の諸国不作による米価上昇が弘前藩をはじめ東北各藩を浮き足だたせてしまった。長期の米価低迷で廻米の利益がなくなり、三都資本からの借財がかさんで藩財政の困窮に苦しんでいたから、好機到来とばかり、東北各藩は大坂・江戸への米売りに走ったのである。弘前藩の場合、天明二年は半作の凶作でありながら、検見引きをきびしくして六分の年貢収納を確保し、また家中への渡し米を買い上げ、さらには在々における下売米を認めず藩が買い上げることにし、大坂・江戸の両都に過分の廻米を実施していた。これに加えて、商人米も津々浦々から隠し津出しされていた（『藤田家家記』。『編年』）。藩の登せ米は、天明二年秋から翌年夏にかけて大坂へ二〇万俵余、江戸へ二〇万俵前後にも及んだという（『天明凶歳日記』、『新青』）。青森はおもに江戸向けの積み出し湊であった。弘前藩では在地に滞留されている米を「孕米」と表現しているが、この孕米の不足が米価高騰の根本の原因であり、七月中旬には生活維持の限界を感じ、直接行動に出るしかないと、青森町の住民たちは立ち上がったのである。

二十日に杉畑に集会し、打ちこわしに参加した人数は、三〇〇余人（『天明凶歳日記』）、一〇〇〇人余（『藤田家家記』）、三〇〇〇人（『工藤家記』）、四〇〇〇人（『天明日記』、以上『編年』）などとまちまちである。弘前から派遣された物頭・郡奉行らの鎮圧隊によって事後に捕まったのは、落合専左衛門以下四六人であった。「頭取・邪智」「奸謀」「狼藉」というのが捕縛の理由であったが、住民からいえば「小口利」「男達」と評される人たちであった（『平山日記』、『新青』）。彼らの名前・居住町は『国日記』七月二十八日条・八月三日条によってわかる。四六人の居住町は多い方から、寺町九人、安方町八人、大町七人、蜆貝町六人、米町四人、鍛冶町三人、浜町三人、博労町二人、大町横町二人、新町一人、大工町一人となっている。塩町・たばこ町・柳町・越前町・松森町の者はいないものの、三分二に相当する町から逮捕者を出していた。米町・大町・浜町が「富豪」、寺町・博労町・たばこ町・塩町が「貧街」、安方町が「漁師町」といわれているが（『青森市沿革史』）＊20、そうした町の地域性はあまり関係がなさそうである。また、苗字持ち、あるいは屋号付きの者が大町三人、米町三人、寺町一人、安方町四人、蜆貝町三人の計一四人含まれ、一軒前の町人層が騒動の中心にいたとみてよい。頭取の責任をかぶって牢死した落合は、元来町の有力者であり、当時は九三子の俳号をもつ文人、手習いの師匠として知られた人物で、願書を頼まれて書いたのだという（『平山日記』、『新青』）＊21。青森町中＝惣町の共同性を基盤にした闘争であったのは間違いなかった。

一方、打ちこわされた商家は、『天明凶荒録』（『編年』）によれば、寺町島屋長兵衛（米商仲間荒物店）、米町村林平次郎（青物売買仲間）、米町近江屋平左衛門（名主・酒屋仲間）、米町滝屋伝七（米売買仲間）、博労町奥野屋庄右衛門（袋物売買仲間）、博労町村田太郎兵衛（名主・酒屋）、横町辻見左衛門（貸屋仲間）、横町滝屋善五郎（酒屋問屋仲間）、安方町升屋忠兵衛（名主）の九軒である。『国日記』七月二十二日条にみえる打ちこわされた人名と比べると、横町の辻が大町辻岡左衛門、横町滝屋が浜町滝屋善右衛門と町名・名前が違っている。『津軽編覧日記』はある人が所持する

「潰家明細書」を写して、名前も少し違っているが、他に新町島屋長人（寺町島屋長兵衛のことか）、米町島屋・能登屋惣兵衛、木下伝右衛門の名前をあげ、村林・奥野屋・新町島屋は「近年（之）出来分限」、辻（甚左衛門とする）は「青森一番之分限」だと評されていた（『新青』）。米町吉田三郎次、鍛冶町海原宇右衛門（佐原屋）の名前をあげる史料もある（『永録日記』『藤田家家記』、『編年』）。これをみると、米屋だけでなく、住民の困苦をよそに、米穀をたくさん囲い置き、近年俄かに分限者となった者たちが、打ちこわしの制裁を受けたのであった。家潰しの者たちは仲間申し合い、家財・衣類を取り出しても、多少に限らず私欲がましくした者をば相互に「死命」に及ばせるとし、乱妨のさい何品でも持参していくものはいなかったという（『津軽編覧日記』、『新青』）。規律性が全体的に保たれていた。

二十日の杉畑集会は最初から富豪商人の打ちこわしを目的としていたわけではない。一匁一升四合の元通りの公定値段で小売米を売却するよう、青森町奉行へ取次ぎの名主たちを通して要求することが本筋だったようである。『津軽編覧日記』によると、集会した騒動勢は名主会所に押しかけ、町奉行が飯料を公定値段で売ってくれないなら、米持ちの族へ押し込む、さらには弘前城下に押しかけて藩役人と直接交渉すると圧力をかけ、願書を差し出した（『新青』）。『内山旧記』（『青森市沿革史』）も名主会所万屋武兵衛所へ七〇〇～八〇〇人押しかけ、米値段を春の値段と同じく一匁一升四合にするよう願い出、また、浜町の湊会所にも一〇〇〇人余が押しかけ、廻米の沖留を要求したとしている*22。この要求に対して、名主たちは町奉行への取次ぎを約束させられたものであろう。

ところが、この過程のなかで、前出の島屋長兵衛（ここでは新町とする）が囲い置く米一〇〇俵を近くの常光寺に運んで隠匿しようとしているのが見つかり（『永録日記』、『編年』）、騒動勢はこれに怒りが爆発し、二十日四時（午前一〇時頃）から島屋を手始めに次々と打ちこわしていくことになった。さらに、岩田浩太郎が着目した事実だが、打ちこわしが一先ず終わったところで、騒動勢は米改めを実施し、各家の蔵を開かせて米穀がどれくらいあるかを調べて歩いたというのである*23。『津軽編覧日記』によれば、米持ちが多少にかかわらず員数を書いた紙札・柾札を門に立てておき、蔵の戸前を自主的に明けておいた場合には騒動勢は押し込まなかったとある（『新青』）。そして、二十日の夜、町々では有米を小見世（庇が張り出した通路）に出し、提灯をつけて番をしたという。

翌二十一日、藩の組役人に端々の者が付き添って、前日大勢の者が蔵改めした各家の所有俵数を帳面に記させたところ、五二六九俵の有米であった（『国日記』八月二日条）。また、惣町で米五二七二俵二斗、大豆六〇八一俵二斗、雑穀一二七俵一斗とする史料もある（『村井旧記』『青森市沿革史』）＊24。『天明卯辰日記』によれば、表小見世の蔀に所有の俵高を張っておいた米持ちの者たちから「預り手形」を取って蔵に入れたとあるから＊25、この商人米が町住民の食料として公定価格で売られるべきものとの位置付けが与えられたことになろう。二十一日、有力町人一四人による銭四貫五〇目・米八〇俵・味噌三〇樽（二斗入）の飢渇者への「助力」が始まり、町奉行よりも四九〇俵が差し出され、家数一九六〇軒へ一軒につき一斗積りで扶持したという（『津軽編覧日記』、『新青』）。

青森町奉行は二十一日、願いの通り一升四合の公定小売値段とするとしたうえで、何なりと願い筋を申し出るよう触れた。惣町の騒動勢は杉畑に集会し、願書をまとめ、翌二二日に「惣町中」の名前で町奉行に提出した。その内容は、『内山旧記』（『青森市沿革史』）によると、①一匁一升四合売値段に感謝の意を述べながら、向こう一年分の町中飯料を貯えるようにし、また廻船積み入れの米品を引き揚げ、蔵米と合わせて貯えおき町中の御救いにあててほしい、②弘前・青森間の所々で米留がやられ、そのために青森に売り米が入ってこないので、米留の規制を撤廃してほしい、③青森湊からの隠し津出しは町中で申し合わせきびしく吟味して訴え出る、③四年以前の子年（安永九年）に御暇となった佐藤伝蔵を町年寄に復帰させ、町年寄を二名にしてほしい、④往来止宿の役人の賄い料を藩の方で負担してほしい、⑤名主会所を廃止して、以前のようにしてほしい、⑥家屋敷売買のさい先年のように売買金額の二〇分一の出銭に戻してほしい。⑦目明しを廃止してほしい、というものであった＊26。

『平山日記』（『編年』）で補足すると、③については、当時村井新助が町年寄であったが、一人では御用繁多で、願書を町奉行に取り次いでくれないという不満があった。⑤の先年の通りとは、独弁で町奉行所に詰めることをさしており、⑥は当時七分一の上納であった。④以下は住民の出費を減らしたいという要求である。①と②は青森町住民のあろう。

飯米を確保するための要求であるが、とくに重要なのは①の廻米中止とセットになった公定値段による米小売要求で

二十二日の願書に対する藩の回答はつれないものであった。藩の責任で一年分の飯料を貯えよというのは心得違いである。九浦があるのに、青森町だけ特例にすることはできないという論法であった。また、廻船積入れ米を御蔵に戻さなくても、他にやりようがあるのに、口出しするのは不埒だとして、その文言の削除を求められている。当時青森湊には、一艘が積み入れを終わり、順風次第出帆する予定であった。また津軽屋三右衛門船もまもなく着船することになっており、これには藩米一五七〇俵、御小納戸米七五〇俵、百沢寺の登せ米八三俵、計二四〇三俵と、津出米一三九八俵（商人・給人・御小納戸役人扱いの米）を積む予定であった（『国日記』七月二四日条）。騒動により出帆を一時見合わせたが、結局二船とも米を積んで青森港を出帆した。『内山旧記』（『青森市沿革史』）によると沖留めの廻船は八月五日に出帆した＊27。しかし、一艘は南部領で難船、津軽屋船は八戸まで航行したところを引き返させている（『天明卯辰日記』）＊28。

七月二十五日、名主一組ごとに一軒の売場（小売所）を設け、来年三月まで約束通りの一升四合の相場で、一人四合の割合で売ることになった（『内山旧記』『青森市沿革史』）＊29。そのため、藩はまず御小納戸米一〇〇〇俵の払米を決め、七月二九日までに五八〇俵売り、四、五日中には残米も売り切れる様子であった。津留にした大豆二八九六俵、印附米一三九八俵も地払い勝手としている。騒動勢による蔵改めの有米五二六九俵のうち、四五四俵は町々難儀の者へ補助、赤米五〇俵は夫喰米として渡し、三二六五俵は重立ちの飯料とした残りの一五〇〇俵が日々小売所で売られる予定であった（『国日記』八月二日条）。なお、八月四日の町奉行の口達では、一匁一升四合の小納戸米売却を一升二合にするとしている（『内山旧記』『青森市沿革史』）＊30。その後摘発された、甲屋六右衛門・滝屋善右衛門・中島与兵衛・竹野屋与次兵衛の押し隠しの孕米一九二〇俵も小売米となっている（『国日記』八月一八日条）。

七月二七日には町人は平常の営業に戻り、翌日、騒動の中心にいた人たちが逮捕され、騒動は結末を迎えた。この

青森騒動によって、米改めによる公定値段の維持など、青森の都市住民が勝ち取ったものは少なくなかったというべきであるが、しかし、飢饉はそれから一年間が地獄絵の惨状となっていくのである。その後いっそう米価が高騰し、飢えの深刻度が深まっていっても、ふたたび住民の闘いが起されることはなかった。

四、二度の大火と飢饉への暗転

青森町住民にとって不幸だったのは、二度の大火に襲われたことである。最初は七月十日の夜で、浜町権十郎より出火した（自火という）。大風のため大火となり、翌日の朝になり鎮火した（大火日を九日あるいは十一日とする記録もあるが正しくない）。焼失したのは町奉行所、同所の土蔵、善知鳥宮本社・玉垣共、大町制札場、家数二〇六軒、借屋六一軒、潰家一六軒（都合二八三軒）であった（『国日記』七月十一日条）。幕府への八月三日付届も同様の被害状況となっている（『国日記』八月二十九日条）。幸い人馬の死傷はなかった。火元の権十郎は正覚寺へ「寺落」し慎みとなった。ただ記録によっては、火元を浜町塩屋五右衛門（惣左衛門とも、『津軽編覧日記』十）＊31、浜町境屋五左衛門小屋（『永録日記』、『編年』）、浜町塩屋五左衛門と権十郎（『本藩明実録』）＊32、上浜町花水次郎兵衛（『天明凶荒録』、『編年』）、浜町次郎兵衛子供吉（『青森出火之図』）＊33とし、また焼失家数もまちまちに書きとめられている。

七月十日と次の十一月十二日の大火の範囲を地図に示して注記を加えた『青森出火之図』は、諸記録のなかでも正確なほうかと思われるが、それによれば、七月十日の焼失家数は浜町（本家二六軒・借屋六軒）、安方町（本家一四四軒〈内一二軒潰家〉・借屋二八軒）、大町（本家四六軒・借屋二五軒）、米町（本家六軒・借屋二軒）の二八三軒で、各町の被害状況がわかる。『国日記』と潰家の数が違っているものの合計は同じとなっている。被災した町奉行所は馬喰町海草屋宇右衛門の家で御用を扱ったが、このころすでに、米価の高騰によって乞食化する人たちが出始めていたという（『天明日記』、『編年』）。大火事のため盆踊りが中止され、米値段が青森一俵四〇目（匁）とあがり（『津軽編覧日記』

十)、七月二十日の青森騒動にエスカレートしていく要因の一つとなった。

二度目の青森大火は、十一月十二日夜、安方町の長次郎宅より出火し、翌朝鎮火した(十一日夜とする記録もあるが誤り)。火元の名前を小田桐長次郎(『天明凶荒録』)*34、小田桐長三郎(『津軽編覧日記』十)とする記録もあるが、長次郎は慣例にしたがい「寺落」し、正覚寺に入った。『国日記』があげる被害は、大工町(大町の間違いか、本家二一軒・借屋九七軒)、米町(本家一三九軒・借屋二軒)、寺町・鍛冶町(本家一五八軒・借屋九〇軒)、柳町(潰家一軒)、博労町・松森町(本家二一〇軒・借屋四四軒)、安方町(本家二五六軒・借屋四八軒)、蜆貝町(本家二一軒・借屋一軒)、大工町(本家六三軒・借屋一九軒・潰家一軒)、合計一四四六軒(本家一〇八三軒潰家共・借屋三六三軒、試算一三六一軒と合わず)を数え、その他、大工町制札場一ヶ所(他の箇所には大町制札場ともある)、焼失土蔵二一ヶ所、橋二ヶ所、願昌寺、蓮得寺、蓮心寺隠居庵・門、蓮花寺門・時所(時鐘所か)鐘楼を焼いた(十一月十八日条)。十八日の書き上げには入っていないが、役所では町奉行所、漁船勤番所が焼けていた(『国日記』十一月十四日条)。

いっぽう『青森出火之図』によると、安方町・越前町(本家二五六軒・借屋四八軒)、本町・横町・塩町・たばこ町(本家二一一軒・借屋九七軒・土蔵三ヶ所・橋一ヶ所)、米町(本家一三九軒・借屋六二軒・土蔵七ヶ所・橋一ヶ所)、浜町(本家二三軒・借屋二軒・土蔵三ヶ所)、博労町・松森町(本家二一一軒・借屋四四軒・土蔵七ヶ所)、寺町・鍛冶町(本家一五八軒・借屋九〇軒・土蔵一ヶ所・潰家一軒)、蜆貝町(本家二一軒、借屋一軒)、大工町(本家六三軒・借屋一九軒・潰家一軒)、合計本家一〇八二軒・借屋三六三軒・潰家二軒(以上一四四七軒)・橋二ヶ所・土蔵二一ヶ所となっている。『国日記』と比べ合計では本家が一軒違っているが、町ごとの内訳はこの図の方がずっと正確である。焼けた寺のなかに光暁庵がみえるが、これは蓮心寺隠居庵のことであろう。七月一〇日と合わせ二度焼けしたところには△印をつけて明示している。また飛び火で浦町四軒(御役所=代官所とも)・茶屋町三軒が焼失したと記す(『天明凶歳日記』にも代官御役所焼失とする)*35。

十二月十八日付の幕府届では、町家一四六九軒、土蔵二一ヶ所、寺四ヶ所、制札場一ヶ所が焼け、人馬に怪我なしと報告されている（『国日記』天明四年一月二十日条）。明和元年（一七六四）の「藩律」＊36によれば青森町の「家数」は一五〇〇軒余といわれる。この「家数」と焼失軒数を単純比較できないにしても、『平山日記』が記すように、七月の大火で家作中あるいは仮り住まいの者たちを「二度焼け」にし、青森町中を「広野」のごとく「残りずくなに焼失」させてしまったのは確かだろう＊37。米町・大町・浜町の「富豪」街が焼けてしまった衝撃も大きかったはずである。

被災者に対する藩の救済だが、青森町奉行は類焼者および極難者に、材木を払いその代銭を手当として名主吟味のうえ割り渡したいとの願いを出し、藩はこれを許可している（『国日記』十一月十八日条）。その具体化なのか不明だが、青森大火の御救として米二〇〇俵・大豆二〇〇俵・銭五〇〇目（一匁＝六〇文）、および戸門領山・奥内領山・新城領山を支給することを青森町奉行らに指示した（『国日記』十一月二十日条）。『青森沿革史』によると、戸川（戸門か）・奥内・新城各村の御山と、米一五〇俵・大豆一〇〇俵・銭三〇貫文が下され、本家に米三升、借屋に米一升五合ずつを支給するとしている（出典『内山旧記』か、十六日条）＊38。『国日記』に記す救済に当たるのだろう。また、本家に米一升五合・銭四分五厘・大豆三升、借屋に米一升・銭二分五厘・大豆二升ずつ支給、ともみえる（『内山旧記』二十一日条）＊39。実際の支給がどうであったのか詳らかではないが、一回切りあるいは二回であったとしても、焼け石に水程度の御救にすぎなかった。

一握りの「富豪」たちの場合にはすみやかな再建が可能だったかもしれないが、一般の家持層（「本家」）や借家住まいの者たちにとっては、住むところを失い、飢えと寒さの厳冬期を迎えねばならない、最悪の生活環境に追い込まれることとなった。旅人の記録に飢饉から数年経っても、なかなか家が再建されず、火災と飢饉の爪痕をそのままに残していたことが、それを如実に物語っている。

もちろん、十一月の大火以前から、青森町の飢饉状態化が始まっていたといってよい。九月には、青森・鰺ヶ沢の両湊の「遊女」が秋田辺に「売越」されていたといわれるし（『天明卯辰日記』）＊40、十月四日には青森町の蓮華寺裏の無縁塚に非人小屋が建てられた（『内山旧記』、『青森市沿革史』）＊41。この小屋の設置・運営主体についてはわからないが、『国日記』十月十三日条によれば、所々より入り込んだ袖乞の者が倒死したさい無縁塚に片付けるとしているので、青森町周辺の外ヶ浜地域から流入する飢人が多数存在していたことを示している。青森町における「飢死倒死」は九月二人、十月八八人、十一月六〇人であった（『天明卯辰日記』）＊42。むろん、町奉行の一応の対策はなかったわけではない。八月五日には、穀物・饂飩・素麺・干肴・酒醤油・飴など糧物になる食料品の入役（入港税）免除、および津出し禁止、八月二十日には濁酒商売厳禁、九月十四日には滝屋善五郎・能登屋惣兵衛に酒田行き穀物買い付けを命じていた（『内山旧記』、『青森市沿革史』）＊43。しかし、即効性は期待できなかった。

青森騒動後、青森町住民の食料調達を支えていたのは、騒動の成果である公設の「売場米」であった。前述のように、当初来年三月まで一人前四合ずつ、一匁一升四合の相場で売ることになっていた。『内山旧記』（『青森市沿革史』）によると、その売り米は町役の管理下におかれ、町役の役印がある手札がなければ買えないことになっていた。八月二十一日まで一人米三合・大豆一合の小売であったものが、翌日から米二合・大豆一合に減らされた。十月二十日には、大豆を五勺に減らし、米を一匁六合の値段に改めた。十二月六日より大豆は一日おきに売ることになり、十二月二十五日にはついに米・大豆とも売場が廃止となった。町々の米の「下売」（町役に管理されない売買）はあったようだが、翌年閏正月には一〜二日売られないことがあり、値段の引き上げがねらいならきびしく処罰するとしていた＊44。『国日記』天明四年四月二日条に、青森町人松屋吉右衛門が去秋より補助米を差し出し、当春には飯料のうちから売場米を出したとして表彰されているが、こうした奇特な人は稀だったに違いない。

公設売場米もなくなり、翌天明四年一月から閏一月にかけての厳冬期が、青森町の住民にとって地獄の日々となった。閏一月九日、塩引を積んだ松前船二艘が青森に入港してきたとき、餓民数百人が塩引・船中食物欲しさに乱妨したという（『天明卯辰日記』）＊45。もはやそこには青森騒動が持っていたようなモラルや規律性はない。それだけ飢えていたことになるが、飢えと寒さに加え時疫がはやり、この時期住民二〇〇〇人余が死亡したという（『村井旧記』、てはまることであったかと思われる。都市部において、これだけの死者を出したのは、十一月の大火が大きく影響していただろう。都市には、農村部から施しを求めて流入してくるが、焼け出されてしまった青森町には、それらの人々を受け入れる余裕はほとんどなく、都市内部からもおびただしい死者を出してしまったのである。

青森町周辺の外ヶ浜地域ではどのような様相だったのだろうか。『平山日記』によると、八月十八日より外ヶ浜や金木組・新田（岩木川下流地域）の者たちが秋田路に向かって「地逃げ」していった。なかには仙台藩には新田があってそこに行けばよいという噂があり、じっさい行ったらそこもひどい飢饉だった、ということもあったようだ。『国日記』九月八日条に、外ヶ浜辺では極窮により他領出の心掛けが強まっており、大勢になれば扱い方が難しくなるので、代官の方で差し止めるようにと藩から指示が出されているが、有効な手立てを打つことはできなかった。九月末には浦町組で倒死の者が二人おり、うち一人は犬に喰われていた（『国日記』九月二九日条）。十月初めころより各地で火災が発生し、十月二十日夜には油川で一〇〇軒ほどが焼けた。火付の者は一〇人のうち四～五人が女で、「大家」に出入りの小者や、親類の男女など関係者であることが多く、飢えへの手当て不足に対するうらみが原因であったとしている（『平山日記』）＊47。藩では施行小屋を後潟組・飯詰組へも取り建てるよう検討を三奉行に命じていたが（『国日記』十月四日条）、今暫く見合せとなっており、実際に設置されたものかは不明である。

外ヶ浜の「飢死倒死」は、十月中には野内町一人、蟹田町一人、今別町九人、浦町組五四人、横内組一三三人、十一月中には油川組一九五人、後潟組三百四〇人が死亡したという（『天明卯辰日記』）＊48。馬を食べ始めたのは十一月頃外ヶ浜辺からといわれ、津軽一帯にひろまり、馬盗みが横行した（『平山日記』）＊49。飢饉が熾烈を極めたのが、翌年になってからと思われるが、外ヶ浜でも小児を縊り殺し生肉を食べたなどという人肉食があれこれと噂されていた（『天明卯辰日記』）＊50。次のように記すものもある。後潟組郷沢村や目屋の沢（岩木山麓）、白沢村などでは一人の活命の者もなく死絶え、一人二人活命の村所は村の家を残らず焼き払い隣村へ引っ越し、三、四人活命の村所は一人住居で二、三軒建て置き村号を続けた。おおかたは女のほうが生き延び、牛馬鶏犬猫の類はいうに及ばず人も食べたが、人を食った者は村々で吟味しくびり殺した。正月、二月頃がとくに死亡し、代官以下の諸役人が遠在には行かず、「無制」のなか言語道断の「境界」であったという（『藤田権左衛門家記』）＊51。

五、回復過程と復興の道

飢饉状態からの回復は、湊にやってくる船を待たねばならなかった。青森湊に一番船が入ってきたのは天明四年二月二十七日のことであった。この年は一月が閏月なので、新暦では四月半ばにあたる。境屋政蔵船二艘で、肥前米六〇〇〇石を問屋藤林に積んできて、四斗入一俵七七～七八匁、小売米四合五勺（一匁）に売り出した。境屋は数年来青森と商売しており、その主人兵右衛門が津軽大凶作だと聞いたので何か手伝いになるかと米を積んできたものという（『天明卯辰日記』）＊52。ただし、『国日記』二月二十九日・三月十二日条によれば境屋利右衛門船で、船頭は利助、二十日に青森湊入津とあって人名など違っているが、主人利右衛門は大坂での米・大豆買入れ値段に運賃・諸口銭を加えた他には無利潤で売るように指示を与えていたというから、そうした慈善的な行為であったのは間違いない。そのような一番船の功から、境屋は翌年より三ヶ年諸役御免となっている。その後、三月十六日には加賀の木屋藤右衛門船二艘が米一五〇〇俵を積んで青森に入港した（『天明卯辰日記』）＊53。

藩による領外からの米買い付けも行なわれていた。『国日記』二月二十九日条によれば、天明三年秋に大坂へ派遣された黒石弥右衛門が蔵元四人に掛けあい、一万四〇〇〇石を確保し、そのうち一万二、三〇〇〇俵を早速積み下し、残りは四月下旬までに追々積み下すということであったが、大坂喜助船は八十八夜が済んでからの出帆とのことであった。これとは別に耕作夫喰用の差し急ぎの入米として、津軽屋三右衛門に越後新潟での買下し米六〇〇〇石を命じ、手代弥兵衛が十一月に新潟に行ったが、近国から買米人が入り込み三〇〇〇石余しか確保できなかった。しかも当初の米から雑穀入りになってしまった。幕府からの拝借金が購入資金に向けられたが、資金の工面や廻船の手配に時間がかかり、二月末になりようやく鰺ヶ沢へ輸送する段取りとなっていた（同日条）。いち早くこうした藩の買付米が入ってこなければならないのであるが、遅々として商人船に先を越されていたのが実情であった。

青森商人の買いつけた酒田米・庄内米も次第に入るようになり、三月末から四月に至り入港する船で青森港はにぎにぎしくなった（『村井旧記』、『青森市沿革史』）＊54。鰺ヶ沢湊へも三月中旬頃になって上方より米積船が入るようになった（『平山日記』）＊55。鰺ヶ沢・青森両湊を通じて津軽地方に米が少しずつ行き渡っていったのだろう。

こうして飢饉状態が緩和され解消していったとしても、耕作人口の減少と種籾の不足は天明四年の農業生産に大きな打撃を与えた。この年秋の田畑作付けの調べによると（『平山日記』）、郡内田方二万七七六五町余のうち、稲植え付け一万一八七三町余、稗植え付け二〇一九町余、豆植え付け六七町余で、一万三八〇五町余が荒地となった。水田面積の約半分が耕作放棄されたわけである。また、畑方一万二四〇〇町余のうち作付けされたのが、四七〇八町余にすぎず、水田より耕作放棄率が高かった。労働力が水田中心に投下されたということを示していようか。種籾は秋田から買いつけてきたが、絶対量が不足した。その分を補ったのが田稗ということになろう。『平山日記』は、田地へ稗を植えたところは上作で、天明四年の冬から翌五年の飯料になったと記している＊56。

天明四年には、飢饉からの脱却とともに藩政の刷新が行なわれた。藩主が死亡し、代替わりした。江戸廻米をめぐって批判の的となっていた家老森岡主膳以下の役人が罷免された。三〇〇石召上、蟄居の処分となった森岡に対して、天災とはいえ、必要な対策をとらず「人民疲れ数万の死亡ニ及」ばせたということが、はっきりと述べられていた（十月三日、『平山日記』）＊57。また、餓死者を供養するとして、藩主の名代を廻村させている。この藩政の一連の転換について述べる余裕はないが、いずれにせよ数万の餓死者を生み出した政治責任に決着をつけ、新たな藩政の到来をつよく印象づけないことには領民の信頼を回復できないという、切迫した政治事情を読み取ることができよう。

飢饉に加え大火に見まわれた青森町の復興はそう容易なことではなかった。天明四年十一月の町年寄佐藤伝蔵・村井新助による「港況振起の建白書」(『村井旧記』『青森市沿革史』)＊58は、青森港の出入役銭の三分一を天明五年より五年間にかぎり町方に助成してほしいという願いであるが、そこには一統困窮により、今もって家並みがいっさいなく、「退転」のすがたであると記されていた。「町並諸茂合」は本家・借家の家数に応じて出し合っていたが、家数がことごとく減少し、中家以下の極難により、家柄の者だけが負担している状態だというのである。この願いが認められたのか未確認であるが、藩による特別措置がなければなかなか復興できない青森町の状況であった。飢饉・大火の爪痕が数年もの間生々しく残っていたのは前述した通りである。

農村地帯では廃田の復興が藩政にとって再優先課題であったのはいうまでもない。天明四年十二月、家中に対して「在宅」(土着)による廃田の開発を申し出た者には認めるという方針を打ち出した＊59。藩士土着政策は弘前藩の寛政の改革で本格化していくものだが、ここでは立ち入らない。また、翌五年二月には、在方・市井より耕作仕込の世話方を任命し、御用懸家老津軽多膳らの主導のもとに廃田開墾が進められていく。天明七年十二月、外ヶ浜大庄屋鹿内瀬兵衛、青森町年寄村井新助の二人は、廃田復興に必要な夫喰を確保するため「重立」を説得して米三四〇〇俵、銭一九〇〇目余を集め、一〇ヵ年賦で貸し出したことで賞され、また金一〇〇両が銀主(出資者)たちに与えられた(『津軽興業誌』)＊60。外ヶ浜を含め、天明六～七年に荒田の開発が進み、翌八年弘前藩は総検地を実施した。

天明六年は関東地方などが凶作で、翌年五月には江戸で大規模な打ちこわしが発生した。そのさなかに田沼意次派に替わって松平定信派が幕閣を掌握する政変が起きたのは、よく知られている。天明の飢饉をこの天明七年まで引き伸ばして考える見方が一般的である。しかし、弘前藩にあっては、天明六年不作ではあったものの、復興の足がかりをつかんだ。天明三年の経験に懲りて「孕米」が確保されるようになっており、そのうえ高値で米が売却できたので好景気に沸いた。他領に地逃げしていた人々も戻ってきはじめた(『平山日記』)＊61。市場経済が地域間に明と暗を同時に作り出し、その社会変動におよぼす影響の大きさを考えないわけにはいかない。弘前藩の米づくりがこれで安泰となったわけではない。農業労働力が安い雇賃を嫌って、鯡漁など松前稼ぎに流出していったからである。

註

＊1　拙著『飢饉から読む近世社会』（校倉書房、二〇〇三年）所収の論考や『近世の飢饉』（吉川弘文館、一九九七年）などですでに論じた通りである。
＊2　『菅江真澄全集』第一巻（未来社、一九七一年）二八七～二八八頁。
＊3　たとえば、『平山日記』（みちのく双書二二、青森県文化財保護協会、一九六七年）によると、金木組や外ヶ浜沢目通りから他散の者が出たという（四三八頁）。
＊4　『菅江真澄全集』第三巻（一九七二年）九三頁。
＊5　『東西遊記』1（平凡社東洋文庫、一九七四年）二六一～二七〇頁。
＊6　『高山彦九郎全集』第三巻（西北出版、一九七八年）二三六～二三九頁。
＊7　『東遊雑記』（平凡社東洋文庫、一九六四年）一〇一～一〇三頁、一九二～一九三頁。
＊8　宇佐美龍夫『新編日本被害地震総覧』（東京大学出版会、一九九五年第五刷）によれば、天明期（一七八〇年代）に青森周辺で被害の出るような地震は確認されない。これより以前、明和三年（一七六六）津軽地方で家屋破損の大きな地震が発生し、青森でも潰れ一九九軒、半潰れ七〇軒、焼失一〇八軒、潰れ死一〇一人、焼死八六人を数えており（同書八七頁、出典は『要記秘鑑』）、二〇年後にも記憶される大地震であった。ただ、天明末年の荒廃に結びつけるのは無理がある。
＊9　前掲『平山日記』三三一～三三七頁。
＊10　『青森市史』第六巻三五～五二頁（青森市、一九六一年、その後国書刊行会より一九八二年覆刻）。ただし明和元年は「藩律」（『平山日記』三三四頁）、天明八年は伊東善五郎家文書『御用留』（『青森市史』第八巻五八頁、一九六八年、一九八二年覆刻）。
＊11　『青森県租税誌』前編（みちのく双書第十二集、青森県文化財保護協会、一九六二年）八五～八六頁。
＊12　拙稿「赤米と田稗—北奥羽の水田事情—」（宮城学院女子大学研究論文集第七七号、一九九三年）。拙著『東北から考える近世史—環境・災害・食料、そして東北史像』（清文堂出版、二〇一二年）に再録。
＊13　『津軽歴代記類』上（みちのく双書第七集、一九五九年）二三四頁。
＊14　『五所川原市史』史料編2上巻（五所川原市、一九九五年）九二四頁。
＊15　前掲『御用留』五八～六五頁。
＊16　『御用格（寛政本）』上巻（弘前市、一九九一年）六四～六五頁。『津軽歴代記類』によると、天明三年九月三〇日、在々の田畑収納の「皆捨」が命じられ、ただし平賀庄六ケ組だけは種籾になる分を上納させ、その代米を支給するとしていた（上二三六頁）。

＊17『津軽歴代記類』上二三〇頁。
＊18「青森騒動」関係の主な史料は『編年百姓一揆史料集成』第五巻四八八～四九八頁（三一書房、一九八〇年）、『新青森市史』資料編4近世(2)三四六～三九二頁（青森市、二〇〇四年）に収録されている。以下、『編年』もしくは『新青』と略記し、事実経過を述べるにあたって両書に収載される場合にはその旨をカッコ内に示し、いちいち注記はしないこととする。最新の研究としては、岩田浩太郎「都市騒擾と食糧確保—米改め・蔵改め—」（『民衆運動史』3、青木書店、二〇〇〇年、のち『近世都市騒擾の研究』吉川弘文館、二〇〇四年に所収）がある。
＊19『三貨図彙』、『日本凶荒史考』（有明書房、一九八三年復刻）所収、七四九～七五一頁。また、三井文庫編『近世後期における主要物価の動態（増補改訂）』（東京大学出版会、一九八九年）によると、大坂の肥後米の相場は、天明二年二月を基準にすると、同年九月一・二三倍、三年二月一・三八倍、同年九月一・五六倍、四年二月一・八五倍、同年九月一・三九倍となっている（九三頁）。
＊20『新編青森県叢書』八（歴史図書社、一九七三年）編者注、一三一頁。
＊21 専左衛門は千左衛門（当時七二歳）とも書かれ（『国日記』七月二十九日条）、以前伊勢屋市郎右衛門と称し、青森町の宿老であったようだ（『高岡霊験記』、『新青』）。千左衛門は十二月十一日晩に牢死した（『国日記』十二月十二日条）。
＊22 前掲『新編青森県叢書』八、一一二～一一六頁。
＊23 注18岩田論文。岩田は打ちこわしから米改めへという行動様式をいくつかの都市騒動から明らかにしている。
＊24 前掲『新編青森県叢書』八、一〇四～一一二頁。
＊25『津軽の飢饉史』（森田村古文書研究会、一九八〇年）一〇～一一頁。
＊26 前掲『新編青森県叢書』八、一一四～一一六頁。
＊27 同前一二一頁。
＊28 前掲『津軽の飢饉史』一七頁。
＊29 前掲『新編青森県叢書』八、一一九頁。
＊30 同前一二〇～一二一頁。
＊31 弘前市立図書館所蔵（八木橋文庫）。
＊32『本藩明実録・本藩事実集』中（みちのく双書46、青森県文化財保護協会、二〇〇三年）一四一頁。
＊33 拙稿「史料紹介・天明三年『大凶年店表日記写銘細書并青森出火之図』」（『青森県史研究』八、二〇〇三年）六七～八三頁。
＊34『新編青森県叢書』三（歴史図書社、一九七三年）三一六頁。

＊35 同前二九二頁。
＊36 前掲『平山日記』三三四頁。
＊37 同前四一七頁。
＊38 前掲『新編青森県叢書』八、一三一～一三二頁
＊39 同前一三二頁。
＊40 前掲『津軽の飢饉史』四五頁。
＊41 前掲『新編青森県叢書』八、一二七頁。
＊42 前掲『津軽の飢饉史』四八頁、六五頁、九三頁。
＊43 前掲『新編青森県叢書』八、一二一～一二四頁、一二七頁。
＊44 同前一二四頁、一二八頁、一三二～一三三頁、一三六頁。
＊45 前掲『津軽の飢饉史』一〇三頁。
＊46 前掲『新編青森県叢書』八、一三八頁。
＊47 前掲『平山日記』四一五～四一八頁。
＊48 前掲『津軽の飢饉史』六五～六六頁、九三頁。
＊49 前掲『平山日記』四二一～四四二頁。
＊50 前掲『津軽の飢饉史』一一二頁。
＊51 『新編弘前市史』資料編3・近世編2（弘前市、二〇〇〇年）二〇頁。
＊52 前掲『津軽の飢饉史』一一一頁。なお、『村井旧記』（『青森市沿革史』）によれば、大坂境屋利助船とあり、三月中旬、米一〇〇〇俵を積んで入津、この一番船功績で三年間の役免除となった（『新編青森県叢書』八、一三七～一三八頁）。
＊53 同前一一三頁。
＊54 前掲 『新編青森県叢書』八、一三八頁。
＊55 前掲『平山日記』四二六頁。
＊56 同前四二七～四二八頁。田稗については、注12拙稿参照。
＊57 同前四三〇頁。青森騒動で復帰が要求されていた佐藤伝蔵は、天明四年九月十五日に町年寄（五十石）として「帰参」している（『国日記』同日条）。
＊58 前掲『新編青森県叢書』八、一四〇～一四一頁。

＊59 滝本寿史「寛政改革と藩士土着政策」（『津軽藩の基礎的研究』国書刊行会、一九八四年）で天明四年令の検討がなされている（三四六〜三四九頁）。
＊60『新編青森県叢書』四（歴史図書社、一九七三年）二三八〜二四〇頁。
＊61 前掲『平山日記』四三九〜四四六頁。拙著『飢饉から読む近世社会』（校倉書房、二〇〇三年）二〇九〜二一一頁。

近代における左官と建築彫刻

鈴木　靖

はじめに

近代以降、建築に関わる多くの職人たちは、江戸時代から培ってきた自らの技術をもとに、西洋文化を取り込ながら新しい時代に合った仕事を開拓していった。たとえば、明治になって数多く建築された西洋風の建物は、設計が西洋人によるものであっても、施工は日本の職人たちの手によったのである。

しかし、西洋風の近代建築は時代が下るにつれますます多くなり、同時に、これに伴う様々な技術的変化がおこった。このような中で日本の職人たちはどのように対応していったのであろうか。本稿ではこの点に注意を払いながら、近代の左官職人の姿を、特に鏝絵と呼ばれる漆喰細工と、その技術を活かした近代建築の彫刻に着目してみていきたい。

これまで、鏝絵については名工として知られる伊豆長八の作品集が編纂され、壁面、彫塑、建築と活躍した様相が紹介されている＊1。また、近年では全国に所在する鏝絵について、藤田洋三氏が精力的に調査、発表されている＊2。この成果により、伊豆長八により脚光を浴びた鏝絵の技術は、全国に広まっていたことが判明している。

左官職人の歴史については山田幸一氏の研究によって明らかにされている＊3。山田氏は、近世から近代の左官と建築物の関係について、三次元的造形を発想した点に特徴を持つ漆喰彫刻の技法を習熟したことは、洋風建築の導入を著しく容易にしたはずであると述べ、「左官技法に関しては特に技能者の応援を仰ぐことなく新様式に順応し、洋風ないし擬洋風建築（開智学校）の多くの需要を賄い得たことは、やはり江戸時代までのわが技術が優に国際的水準に達していたことを物語るものであろう。」＊4と評価している。しかし、その後の近代建築の中でどのように左官と左官の漆喰彫刻技術が活かされていったのかについては説明がない。一方、建築史の分野では、建物のデザインが注目され、主として建築家が取り上げられるが、そこで建築彫刻を担当する左官等への論究はほとんどなかった。

このようななかで、昭和六〇年にＩＮＡＸギャラリーで開催された「日本の壁―鏝は生きている」＊5では、藤森照信氏＊6や、建築彫刻の復元工事に携わった斎藤金次郎氏＊7が、左官による漆喰細工の製作技術が、その後の近代建築彫刻製作に役立ったことを指摘している。また、筆者が担当者の一人として関わり、平成八年に新宿区立新宿歴史博物館で開催した特別展「鏝（ＫＯＴＥ）―伊豆長八と新宿の左官たち―」＊8は、漆喰細工の技術を有した左官職人がその後の近代建築で果たした成果を見ていったものであり、その中には、筆者の「鏝絵から近代建築彫刻へ」、倉方俊輔氏「日本近代の左官装飾―装飾における『技術』と『美術』」を収録した。これらは近代建築彫刻にそれまでの左官の技術がどのように関わったのかを解説している。

本稿では、これまでの成果に学びながら、江戸時代から明治、大正期に活躍した吉田亀五郎と、戦後まで活躍した亀五郎の弟子、伊藤菊三郎という二人の左官の仕事をとりあげる。この二人の業績を通して、左官が日本の近代建築、特に建築彫刻に果たしてきた役割を考えてみたい。

一、吉田亀五郎

（一）吉田亀五郎のおいたち

吉田亀五郎は弘化元年（一八四四）六月一二日四谷見付外北側角辺に住む左官、辰五郎を父に生まれた＊9。辰五郎は麹町辺の大名屋敷、商家に出入りする腕の良い左官であったと言われている。

吉田家は代々「沓屋」と呼ばれていた。この屋号「沓屋」については次のような謂れが残っている。江戸時代、四谷には甲州道中が通り人馬の行き来が盛んであった。冬の間、殊に雪が降ると普通の草鞋では冷えるし、長歩きは凍傷の心配もあったので、当時の人馬は藁沓をはいた。吉田家は四谷見付という場所に住んでいたためか、藁沓を人馬に売っていたが、左官と藁沓売りを交互に行なえば失業の心配もなく、材料の藁クズは左官が使用する材料でありその確保に困らないため、辰五郎の代になっても一方で左官、冬には藁沓屋を継いでいた。このため吉田辰五郎は沓屋の辰五郎と呼ばれ、その息子の亀五郎は「沓亀」と呼ばれた、というものである。

明治・大正時代頃まで、冬の特に寒さの厳しい期間は、材料が凍結するため左官たちは仕事ができなかった。そこで、身持ちの悪いものは賭博場に出入りしたりしていたが、中にはへっつい直しをやり、モッコウを担いでへっつい繕いと呼び掛けて歩いた人も多かったと言われている。このように左官にとって冬の間どのような暮らしをするかが問題であった時代に、吉田家は藁沓を商っていたため、これにちなんだ屋号がついたものであろう。

亀五郎が左官修業を始めたのは十一歳の時であった。父の辰五郎を師匠にし、他の弟子だちと寝食をともにして修業に励んだという。そして、左官の修業をしながら好きな絵を狩野派に学び、彫塑（漆喰細工）を伊豆長八のもとに学んだ。これらの点は後の亀五郎にとって大きな意味を待った。

まず、左官の修業に入門した当時の亀五郎が、左官修行の傍ら狩野派の絵を習っていたという点である。後述する伊豆長八も狩野派の絵を習ったと言われているが、当時、特に漆喰細工という装飾的にも美術的にも優れた技術を持つ者にとって、絵を習うことは単に趣味の問題ではなかったのである。その点について亀五郎の弟子にあたる池戸庄次郎は次のように述べている。

型物でない手付けの左官の彫刻仕事は、やりだしたら一気呵成に仕上げてしまわなくちゃなりません。それにはどうしても、その物の特徴が肛に入ってないと困ります。絵をかくことは、その、特徴をつかまえるのに役に立

つんです*10

彼によれば、石膏のように型を用いる彫刻ではなく、その現場で作って取り付けるという左官が行う彫刻の作業は、短時間で仕上げることを要求されるため、完成製品の特徴を作業前に適確に把握しておく必要があるというのである。このために不可欠と考えられていたのが絵を描くことであり、近代以前日本絵画の主流であった狩野派の絵を習うことは、漆喰細工を製作する者にとって、自らの素養（デザイン能力）として、かつ自らの技術を活かす前提として考えられていたのであろう。

今一つは伊豆長八に彫塑（漆喰細工）を学んだ点である。伊豆長八とは幕末から明治にかけて活躍した左官である。彼は伊豆の松崎に生まれ、江戸に出てからは特に漆喰細工、鏝絵の名手として知られた。亀五郎が後に多くの漆喰細工を残したのもこの長八からの教えによるところが大きいといえる。亀五郎にとって伊豆長八の存在がいかに大きいものであったかは、次のような逸話を伝えていることからも窺える。

亀五郎が長八のもとへ通っていた当時、伊豆長八は日本橋、深川などを点々としていたが、四谷から通うのには時間がかかった。ある時、その日の内に四谷に帰らねばならない用事があったが、帰りが夜になることを心配した長八は、弟子の亀五郎のために帰路の安全を祈願してくれたという。また、亀五郎が赤坂の左官筆頭頭梁であった時、神社の祭礼で左官たちと他の職人とがけんかになり、これを仲裁するため、長八が祭りの山車に乗ってくれるように亀五郎が頼んだという逸話もある*11。亀五郎と伊豆長八とのつながりはこれ以上明らかではないが、亀五郎は長八の流れを受け継ぐ左官であることをここでは確認しておきたい。

（二）吉田亀五郎の仕事と作品

吉田亀五郎は数々の仕事をし、左官の間でも名手として有名であった。結城素明氏によれば、明治初年からその中期にかけて、鏝細工の五人男といわれたのが、今泉善吉、江口庄太郎、天神の梅、沓屋の亀、芝の市でその外に越総州、上田長吉、荒木亀吉、小牧三之助等の名工がいたと言われている*12。言うまでもなく沓屋の亀が吉田亀五郎にあたる。ちなみに荒木亀吉は亀五郎の弟子ともいわれている。

亀五郎は中でも特に龍の名人だったと言われていたという。そして結城氏は、亀五郎をはじめとする鏝細工の五人男たちの有名な合作として、小伝馬町獄屋跡にできた仏殿の鬼子母神、弘法大師、日蓮上人の像をあげ、今泉善吉と亀五郎の合作として霞ヶ関離宮の唐草の図をあげている*13。

では、ここで亀五郎がどのような仕事をしたのかを見てみたい。亀五郎の晩年の弟子、伊藤菊三郎氏の調査によれば表1のようになっている。万延元年（一八六〇）を始めとし、大正一一年（一九二二）一月三一日に亡くなるまで、数多くの作品を遺しているが、この中から特徴的な点を指摘してみよう。

表1　吉田亀五郎主要作品

年代	場所	作品
万延元年（1860）	内藤新宿秋葉神社奥院土蔵造扉	左右随臣、下部蝦幕仙人。上部白漆喰、下部着色
文久2年（1862）	日本橋西河岸地蔵堂人見壁	頴応仙人（琴ををかなでる唐の女）白漆喰塗りだし、浅絳風模様
明治4年（1871）	日本橋海運橋畔三井組為替座	軒下蛇腹、長八流大浪模様
15年	霞ヶ関離宮	
20～30年	銀座二丁目岩谷天狗煙草店屋上	地球儀に乗った天狗立体像　漆喰西洋風模様
22年	神田駿河台ニコライ堂	西洋風模様
23年	宇都宮県庁	日本模様
	（明治天皇銀婚式祝賀祭）	鶴亀の飾り物
27年	四谷須賀神社境内大鳥神社土蔵扉	鷹と古松、遠望の小島に樹立、唐獅子

	（四谷須賀神社祭礼）	壁土、桃太郎の洗濯ばばさん飾り物
28年	（四谷須賀神社祭礼）	白漆喰の二羽の鶴飾り物
31年	（四谷須賀神社祭礼）	壁土、司馬温公瓶割りの図飾り物
32、33年	四谷天王坂下西横丁鬼子母神堂	縦60センチ横1メートル額、上半身女、下蛇体、黒雲中に飛行、着色
33年	四谷須賀神社祭礼	素戔嗚尊大蛇退治の額　※大正4年に額縁を作る
34年	新宿太宗寺閻魔堂	天井に天人散華、人見壁、虹梁表面波模様
	新宿柏木常円寺奥の院扉額　※弟子の熊木三次郎と共作	等身大右弼金剛、左輔金剛、仁王尊着色。虹梁鳳凰白漆喰、本堂奥の院間壁に雲形中に蓮池。中央看経御座所上欄間十六羅漢漆喰透塗着色。本堂内部左右壁天人散華。土蔵造り外窓扉白漆喰花鳥
44年	吉原遊女屋左右戸袋壁	花篭に王堂富貴（牡丹海棠木蓮）燕二羽、片方に孔雀雌雄と長春バラ
大正2年（1913）	（四谷見附橋開橋式）	壁土細工、神楽、桃太郎の洗濯ババ
	（開橋式）四谷見附外三河屋店前	壁土細工、着色、横2メートル80センチ余り、舞踊石橋の舞姿
	（開橋式）四谷伝馬町	壁土細工、菊茲童が菊の葉に詩を書く図
3年	（上野不忍池端大正博覧会会場）	漆喰着色、鉱山模型内坑内作業坑夫。鞍馬山の牛若丸
	四谷西念寺横丁演芸場喜よし亭入口上	白漆喰、2メートル80センチ縦額、桃太郎鬼ヶ島へ渡航の場面
大正初期	四谷見附外三河屋二階柱上場、廻縁	鷹が飛び柱頂上に止まった立体漆喰、着色
4年	（四谷須賀神社祭礼）	壁土細工、岩山上に50センチ余りの立体獅子、バックに尾の部分
4、5年	（四谷須賀神社祭礼）	桃太郎鬼ヶ島征伐の途中
	四谷寺町顕性院本堂玄関	四方釣壁三羅漢白漆喰。右壁跋陀羅尊者と虎。左壁迦哩尊者と半

		諾迦尊者。正面半諾迦尊者と飛行の滝。正面方立脇壁鏝先描きの滝。庫裏と本堂境壁雲形中に蓮池
6、7年	（四谷須賀神社祭礼、四谷さぬきや前）	能舞の石橋、高砂の額、二人石橋能姿
9、10年	（四谷須賀神社祭礼）	青砥左衛門なめら川銭ひろいの場
	新宿太宗寺前遊女屋本勢州	土蔵二階窓、張り出し天井に桐の花模様
	新宿本勢州前新たまり屋	二階戸袋壁、鏝先描きの浪
	四谷見附内煉瓦蔵印刷工場屋根甍	立体の竜、白漆塗。立浪、鏝先描き浪
	四谷見附外南角料亭魚金屋根鬼瓦台	鯉の滝昇り
	四谷見附北角美濃屋食堂衝立様壁	二十四孝養老の滝、着色
	四谷箪笥町稲荷横町浅間神社	富士白糸の滝前の岩の上、行者本山滝下で行をする細工
	四谷天王坂下鬼子母神堂隣の寺屋根棟面	雲模様
	四谷三味線屋猫屋看板	猫、漆喰着色
	尾張横丁北側土蔵造り中野時計店	店霧除け屋根持送り（熨斗瓦留部分）立体の波、エブリ（妻板留り正面）鯉と波、店中壁　40×60センチ縁、漆喰紫檀塗、中は神農
	四谷伝馬町料理屋伊勢虎	漆喰着色立体の虎

まず、表1を見るかぎり、その仕事のほとんどが漆喰細工であることが指摘できる。この点については、伊藤菊三郎氏がまとめたさいに、意図的に漆喰細工を取り上げたとも考えられるが、現在の左官と比較すれば漆喰細工がいかに多かったかの証明にもなろう。

漆喰細工は多くの場合壁や土蔵に作られるものが多いが、亀五郎の作品をみると看板や祭礼の奉納額なども見られる。祭礼の時に漆喰細工を奉納することは江戸時代にすでにみられる。斎藤月岑は日記の中で、奉納された漆喰細工が不出来であることを記しているが*14、出来映えの優越を論ずるということは、この当時、漆喰細工が他にもあり、中には見事な出来映えと評価されるものも存在していたことを暗示させてくれる。

また、岩谷天狗煙草店の屋上に、漆喰で作られた地球儀に乗った天狗立像も注目される。亀五郎をはじめ、伊豆長八の作品も平面を立体的に盛り上げて作製され、立体像は数が少ない。亀五郎の場合、店舗の屋上にあった人間大の像と推測される*15。ここまでの大型立体像は伊豆長八の作品にも現存していない。

亀五郎の漆喰細工の作品は現在ではほとんど見られないが、明治二七年（一八九四）に作られた須賀神社境内大鳥神社土蔵扉は、漆喰細工部分だけが額に直されて須賀神社に保存されている。もともとは正面向かって右側に、上部に松にとまった鷹、下部に唐獅子、向かって左側には上部に飛んでいく鳩、下部に唐獅子が作られていた。この工事の際にまつわる話が伝えられているのを紹介すると、「沓屋の親方は何かの都合で朝遅く来て、中途の土を鏝の先でガリガリ木ガラ『扉の下地の材木』までケヅッて居たが、何時のまにか岩が出き、滝が出き、その日早く獅子まで塗上て驚きました」*16と言われている。

亀五郎の漆喰細工に対する技術の優秀さは、大鳥神社土蔵扉にまつわる話として伝えられているような仕事の素早さだけではない。伊藤氏は「下地に針金麻を巻き、四半と称する柳の葉の形の鏝の背裏にて漆喰をすくい、裏面より表面に押し付ければ、漆喰が生きる虫のように針金に絡み付く」*17と、その鏝さばきの妙を記している。

では、当時の左官たちの技術水準はどのようなものだったのであろうか。明治一九年（一八八六）に決められた、東京左官業組合申し合わせ業格等級によれば、左官たちは次のような等級に分けられていた。

美術一等工　肖像ならびに動物形体が造れること
美術二等工　立体幾何学、解剖学、画学、植物模型
美術三等工　平面幾何学、理学初歩、美術初歩、画学大意を心得ており、かつ普通左官職一等工事をなし、棟

梁代理たるを得べきもの

美術四等工　普通絵、模様塗、普通型模様塗ができるもの

普通一等工　上等見世蔵、上等倉庫（土蔵）上等みがき、上等海鼠口回り上等仕上げ、西洋蛇腹正真線塗、家屋漆喰肉揃灰頭絞り、上等数寄屋壁などをなし得るもの

普通二等工（以下省略）＊18

これをみると左官は「美術」と「普通」の二種類に分けられ、その中でさらに一等から四等までにわけられている。「美術」に分けられた左官には肖像、動物をはじめ、絵画、模様という美術的な技術が要求されているが、「普通」に分けられている者は日常的な技術内容が条件となっている。美術三等工が普通左官職一等工事を行なえること、棟梁代理を務められることを資格条件にしていることと併せて考えると、「普通」より高度な技術を持っているのが「美術」に該当する左官であろう。亀五郎がどの業格等級に相当したかは不明であるが、赤坂の左官棟梁であったといわれていることや＊19、鏝絵の名人と言われていることから美術一等工に位置付けられるような技量であったことは間違いない。このように見ていくと、漆喰を使用した仕事については、間違いなく亀五郎は高度な技術を待った左官職人であると言えよう。

亀五郎の仕事のうち今一つの特徴として洋風建築があげられる。明治四年（一八七二）の日本橋海運橋畔三井組為換座、同一五年（一八八二）の霞ヶ関離宮、同二二年（一八八九）の神田駿河台ニコライ堂などがこれにあたる。

三井組為換座は日本で初めての和洋折衷建築物として知られ、また、外国人を一切入れないで建築にあたった洋風建築物としても知られている。当時この建物の設計を請け負ったのは、後に清水組を創設する清水喜助であった。この工事の中で亀五郎は軒下の蛇腹、長八流大浪模様を作っている。この工事は亀五郎にとってもはじめての洋風建物であったろう。しかし、この時にはまだ和風の模様を塗ったのに対し、この後の霞ヶ関離宮では洋風模様を塗っている。既に亀五郎の仕事の中に西洋化の影響が表れていることに注目しておきたい。

晩年、鏝絵を弟子たちに教える際、亀五郎は、漆喰よりも製作に融通のきくイタリア産の油土を使って教えていたと言われている。弟子の一人である伊藤菊三郎は、漆喰細工の製作を次のように行ったという[20]。

原寸通りの枠をつくり紙を敷き、下絵を描き彩色してみるんでさあ。つぎに油粘土で枠付の額のなかに、充分納得いくまで原寸通り造ってみるんですよ。それから漆喰作業にかかるわけです。手早くやっつけないと乾きはじめるんで、一気呵成に塗りあげます。

伊藤は、始めに下絵を描いて彩色し、次に油土で形を決めてから、漆喰を使用した塗り出しにかかったのである。形を決めるのは、油粘土（油土）による造形化という作業を経たうえで行っていた。

油土は明治大正期を代表する木彫家、高村光雲の回顧談に「その土は附けたり、減らしたり自由自在に出来るから、何んでも思うように実物の形が作れる」[21]と登場するように、修正可能で、納得いくまで造形化できるという特徴をもっていた。油土を使って造形する方法は、もともと西洋彫塑が行っていたもので従来の日本にはなかった。

近代以降、日本でこの油土を使い始めたのは西洋彫塑を勉強する人々であった。彼らはまた美術の彫塑だけではなく、建築彫刻の模型も作り始めた。工部美術学校をはじめ、卒業生の進路の中に建築彫刻製作が含まれていたのである[22]。吉田亀五郎がいつからこの油土を使い始めたかは不明であるが、洋風建物の現場の中で、彼らと接触を持ち、使い始めたと推測されよう。しかし、西洋彫塑の建築彫刻では、油土の原型から型をおこし、その型から石膏彫刻を取り出すことが行われるが、亀五郎の仕事に型おこしの彫刻は見えない。亀五郎の場合は、あくまでも漆喰細工を塗り出す際のモデルとして、詳細等も含めた造形検討のために油土を用い、実際の製作は漆喰を用いて、そのまま塗り出していたと考えられる。

亀五郎に対する左官業界の評価は、「生き物や焙烙面におかめを塗っては名人だが、洋館飾りの唐草模様を塗っては某人に劣る」[23]というものであったという。この某人が誰なのか判明しないが、一般には洋館飾りについては、亀五郎は随一の名人とは言えないと評価されていることがわかる。しかし、伊藤氏が後年になって、「某人の作る様式は鏝先のタッチも入れられるので、作り栄のするので常人には良く見へるやも知れぬが、又師の作る様式は鏝細工では少々無理な処もあり、此様な作りにくい彫塑を良く之れだけに作れたと敬服しました。」＊24と、自らの左官としての体験の中から記していることから考えると、技量が劣っているというよりも、製作方法、工具が異なっているため、その範囲で最高のものを示しても劣っていると評価されたと考えられる。

亀五郎の関わった洋風建築は、現在のところ表1に示したものの他には不明であるが、伊藤氏の言葉を頭に入れて考えると、漆喰細工という高度な技術を待った左官だからこそ、この工事を完成させることができたと考えられた方がよいであろう。しかし、従来の漆喰細工は引き続き行なっているものの、本格的な近代洋風建築については表に載ってこないことの意味も考えなければならない。

建築用彫刻作製のために設計図から油土の模型を作る際、和風デザインの得意な者は和風に、洋風デザインが得意な者は洋風に出来上がるとされる＊25。この指摘からすると、元々日本画を学び、和風建築から育った亀五郎にとってみれば、近代洋風建築のデザインを表現することは、難しかったものと考えざるを得ない。さらに、石膏での型取りをはじめ、近代洋風建築の技術的前進は日々めざましいものがあり、これに適応していくことが常に求められたが、表を見ているかぎりでは、亀五郎が適応していく姿は現れてこない。見方を変えれば、亀五郎の活躍していた時代は、まだ近代洋風建築に必要とされる技術やデザイン力が、左官の技量として不可欠とはなっていないとも考えられる。亀五郎以後の左官にとって、より現実的な課題として近代洋風建築技術とデザイン力の取得が必要とされてくるのである。

二、伊藤菊三郎

（一）伊藤菊三郎のおいたち

左官の仲間内でも有名であった吉田亀五郎には多くの著名な弟子がいた。この内主な弟子と業績を示したのが表2である。ここにあがっている弟子の内、熊本三次郎は亀五郎とともに多くの仕事をし、優秀な弟子を何人も育てている。その中には東京駅の石膏彫刻を担当した鈴木安之丞や、帝国議事堂の模型部に所属し、議事堂内の彫刻模型を担当した相曽秀之助等がいる。時田亀蔵は、大正五年（一九一六）、東京壁職業組合の推薦を受けて東京府立職工業学校（大正九年より府立実科工業学校）の左官科講師に着任し、東京株式取引所旧本館の外部人体像や、聖徳記念絵画館の石膏彫刻を手がけた藤井平太郎を教えた。伊藤菊三郎によれば、日本をはじめ朝鮮、中国、台湾など主な建造物の彫刻は八〇%まで吉田亀五郎の流れであるという*26。ここではこれらの弟子の中から亀五郎の晩年の弟子である伊藤菊三郎をみていくことにする。

表2　吉田亀五郎弟子一覧

- 伊豆長八
  - 吉田亀五郎
    - 熊木三次郎（東宮御所造営局）
      - 高橋祐造（杉野兵曹銅像原型）
      - 高梨三五郎（台湾総督府市街建築美化指導員）
      - 鈴木安之丞（東京駅石膏請負）
      - 相曽秀之助（帝国議事堂模型部）
      - 武野正一（帝国劇場内部石膏彫刻原型）
    - 時田亀蔵（東京府立職工業学校左官科教師）
    - 荒木亀吉（帝国劇場外部焼物彫刻原型）
    - 前島茂助（左官工事世話方）
    - 伊藤菊三郎
    - 池戸庄次郎

伊藤菊三郎は明治二二年（一八八九）、四谷区箪笥町に左官職伊藤留吉の三男として生まれ＊27、明治三七年（一九〇四）、父親の死去とともに、兄廣吉、勘次郎に従い稼業の左官職人となった。吉田亀五郎に弟子入りしたのは、明治四一年（一九〇八）、菊三郎一八才、亀五郎六五歳のときであった。

菊三郎は四谷見付南角の料亭魚金の現場で、はじめて亀五郎に浪を指導してもらっている。亀五郎が明治四五年（一九一二）に現役を引退したのちには、大正五年（一九一六）に、洋館蛇腹司松村方、渡辺源次郎について洋館工事に従事し、大正一一年（一九二二）には、石膏司、鈴木安之丞のもとで石膏司となり、同時に師・吉田亀五郎の高弟の一人、熊木三次郎の甥にあたる牧野萬蔵について建築彫塑原型を研究した。

この経歴をみると、菊三郎は、しだいに近代洋風建築が増加していく傾向のなかで、亀五郎が引退したあと近代洋風建築工事を学び、師匠の亀五郎とは異なる道を歩んでいることがわかる。

（二）伊藤菊三郎の仕事

ではここで、伊藤菊三郎の仕事の代表的なものをみていくこととしたい。表3は菊三郎の代表的な仕事、作品を彼の「経歴書」＊28から作成したものである。この表からその特徴を指摘したい。

表3　伊藤菊三郎主要作品

年代	場所	作品
明治41年	四谷矢仙料亭看板台	浪に鶴と松
42年	大久保専念寺本堂釣鐘	天人散華
44年	四谷見附外魚金料亭鬼瓦台	鯉の滝登
	吉原大国楼の甍	鶴（彫刻）

大正3年（1914）	大正博覧会不忍池端	鉱山大模型坑内作業坑夫人形並頂上鞍馬山の牛若に小天狗
3〜7年	四谷須賀神社祭礼	桃太郎鬼ヶ島への道中の犬、青砥左衛門銭ひろいの従者
4年	須賀神社奉納	素戔嗚尊額
	神田明神境内稲荷社屋根鬼瓦	立体の竜に雲波
	大伝馬町御神輿庫屋根鬼瓦	雲と浪
7年	港区三田小山某邸洋館正面壁	人造石洗出塗の模様
10年	芝公園子育てドン子堂正面壁	唐子遊の図
	横浜高等工業学校講堂正面壁	タテ飾石膏製原型
	丸ノ内朝鮮銀行外部	石彫刻の模型
	丸ノ内日本クラブ	石膏工事
	上野不忍池畔産業館	セメント工事
11年	丸ノ内毎日新聞社屋上正面	楯飾
	丸ノ内郵船ビル丸ビル	石膏彫刻原型
12年	小樽市今井デパート屋上正面壁	藤、牡丹の花模様彫刻
15年	那須御用邸	彫刻、石膏彫刻の原型
	三重県付属貴族宿舎	外部壁リシン塗、石膏彫刻製作指導、彫刻模型
昭和2年（1927）	丸ノ内胃腸病院	セメント、リシン仕上彫刻
3年	丸ノ内日本勧業銀行階段	模型
	駿河台ニコライ堂正面大丸窓	復興石（人造石）彫刻模型

4年	上野松阪屋	彫刻模型
	上野公園内図書館外部軒	蛇腹銅版製模型
5、6年	国会議事堂	大理石、本彫刻模型
8年	三越本店中央階段	金属彫刻模型
	上野博物館正面	金属扉彫刻模
	湯島聖堂内講堂	彫刻模型
11年	大森日本特殊鋼内貴賓室	彫刻模型、石膏彫刻工事
14年	ドイツ大使館、赤坂離宮	車寄
16年	朝霞予科士官学校便殿	石膏細工
	外交官沢田邸防火用水要池	ホタテ貝にナマズの口よりの噴水に植木鉢、白セメント作り
17年	国技館秋の菊人形興業	日蓮上人辻説法の人像、色漆喰塗
18年	玉川園大東亜戦々勝記念興行	ビルマ、仏透視像体長20メートル、着色漆喰
25～39年	杉並区堀ノ内妙法寺	山門、鐘楼、庫裏の屋根鬼瓦、浪に千鳥
	江東区北砂町町社稲荷神社	県魚、虹梁に狐、若葉模様
	渋谷区広尾祥雲寺	庫裡イラカ壁に漆喰雲鶴
	中野区桃園町稲荷社	相向の狐立体像セメント作り
	東京都内十数軒浴場	破風造り入口、色漆喰

第一点は、初期の仕事が昔からの漆喰を使用する日本建築であったのに対し、大正一〇年（一九二二）頃より近代洋風建築が多くなる点である。これは吉田亀五郎以降、異なる師匠に師事した時期にほぼ当たっている。

第二点は大正一〇年（一九二二）頃より素材に石膏、セメントが使用されていることである。日本で最初にセメントが使用されたのは幕末の横須賀製鉄所の工事であったが、その当時はすべて外国からの輸入であった*29。しかし、明治八（一八七五）年には国産セメントが生産され、以後建築材料として急速に普及した。セメントの普及とともに、従来壁の材料であった漆喰に代わり、セメントと川砂を水練りしたモルタルが壁材料として使用されるようになった。このモルタルセメントを使用する壁工事は、従来の漆喰塗りとはまったく異なった手法を左官に要求した。

漆喰は塗り伸ばすが、モルタル塗りは塗り伸ばすのではなく、壁にモルタルをつけて落とせと教えられたという話が伝えられているが、これは当時のモルタルは粘り気が少なく、塗り伸ばしがきかなく、無理すれば落ちてしまったからだと言われている*30。また、当時の左官たちは元首鏝を使用していたが、元首鏝では腕の力も十分に伝わらず、粘り気の少ない当時のモルタルは鏝つきが悪く、壁にモルタルを配布するまでにはその半分は落下してしまい、モルタルは落ちるものだという考えは、当時の左官一般の常識だったとも言われている*31。つまり、材料の変化が従来の左官の技術、工具に新たな変化をもたらす背景となったのである。

おいたち項でも記したように、菊三郎は吉田亀五郎の後、洋館蛇腹師、石膏司のもとで仕事を覚えている。以前の仕事がほとんど漆喰を材料としたものであるのに対して材料の変化は著しい。初めの師である吉田亀五郎の時代にはほとんどの材料が漆喰であったのに対し、菊三郎が活躍した時代にはすでに漆喰ではなく、セメント、石膏をはじめとする近代建築の材料が左官に必要不可欠になっている。これに対する技術的な対応を迫られる状況が、洋館蛇腹師、石膏司のもとで、菊三郎に仕事を覚えさせる要因になっていると考えられよう。

第三点は、大正一〇（一九二二）以降、原型、彫塑模型と名のつく作品が多くなってきていることである。菊三郎によれば、「此の離宮（赤坂離宮）建造の頃より、諸官庁や有名建物の彫刻は、漆喰と変りに、外国より石膏を材料を使用するので、其の原型作の油土と称して化学士も輸入され、原型を作る鏝を黄楊（ツゲ）の木のヘラに変わりて作る様に成て、石、木、金属等々凹凸の有る物体は凡て此の土で原型を作り、石膏に型取りて各種彫刻司之れを手本として刻する。」＊32と明治三二年（一八九九）から約一〇年の歳月をかけた赤坂離宮の建設の頃より、従来の漆喰に代わり、石膏を材料とした彫刻になったと述べている。また、この彫刻の製作は油土を木のヘラにて原型を作り、石膏で型取りして模型とし、これを手本として彫刻する工程を経ていたと記されている。製作に用いる工具も従来の鏝から黄楊のヘラに変わっている。先述したように、菊三郎の師である吉田亀五郎が、晩年、油土を使用していたが、菊三郎が活躍した時代には、石膏による建築彫刻製作の際には、原型を作るために油土は不可欠なものとなっていたのである。

さらに、石膏だけではなく、石、木、金属等、建築で使用されるあらゆる彫刻類はすべて油土の原型製作が必要とされ、これを石膏で型取ったものが手本となり、これをもとに各種の彫刻が製作されるようになったと記している。

ここでの変化の中で質的に大きな点は、それまで漆喰で彫刻実物を仕上げていたのが、ここに至り彫刻の模型を製作することとなったことである。漆喰細工は蔵の扉に代表されるように、本来平面であるところに、職人自らのデザイン能力を発揮して立体物を、それも現場で塗り出すところに特徴があったが、彫刻模型の場合、当初から立体物を製作し、完成品が柱や壁などに取り付けられる。また、模型と記されているように、それのみでは完成品とは言えず、この模型をもとに彫刻を製作したり、模型を型取りして彫刻が製作された。さらに、これらの模型は建築家が描いた設計図をもとに忠実に作ることが要請されたのである。そこには職人自らのデザイン能力、創意工夫が入り込む余地はほとんどなく、現場で職人が直接塗り出すような技量発揮も少ない。模型を型取って正確に完成品を製作するという、これまでとは別の、洋風建築で使用される西洋彫刻の技法が要求されたのである。

第四点は、作品表をみるかぎり、昭和一〇（一九三五）年代まで菊三郎の活躍がうかがえられるが、特に戦後になるとその作品数は少なくなり、それ以前までは大建築の中に見られた作品が、戦後は、寺社に見られるにとどまっている。これは、戦後の建築が機能主義、合理主義を中心に発達したため、以前の建築に多く見られた装飾などが嫌われ、寺社などの空間にのみわずかに残ったことを意味していよう。晩年の作品として、都内の浴場数箇所にあった色漆喰の細工があげられているが、これも、この細工が建築の花形的存在として注目をあびた時代の名残として位置付けられよう。

このようにみていくと、菊三郎の作品はまさに、近代洋風建築の時代的背景にともない変化した。はじめの師、吉田亀五郎のもとを離れて以来、洋館、石膏工事と新たな技術を取得し、新たな材料に対応してきた。しかし、これらは、必ずしも従来の左官の技術をすべて前提としたものではなかったようである。たとえば、大正一五年（一九二六）の三重県付属貴族宿舎などに用いられたリシン塗について、菊三郎は次のように記している*33。

リシン塗は外壁面の仕上げの呼名で、色セメントと砕石を混合して壁に塗付けて、「カタマル」を待ちて板金を鋸の刃の様に作りて、塗付けた表面を「カキオトシ」であらびた表面を作るので、少し練習すれば出来るので、なれるにしたがい材料の混合も合法化し、カキオトス道具も数々出来て、現在では吹き付け作業に変われど、当時は安価に仕上がるのでひと時は大流行であった。

これをみる限り、このリシン塗は、ある程度の技術の持ち主でなくても、少しの練習で出来るようになるということがわかる。さらに、この作業は現在では吹付作業となっていることが記されているように、作業の効率化が進行し、従来の技術を必要としない簡単な作業が生み出されていったことがわかる。このことは菊三郎以降、漆喰細工に代表される旧来からの左官技術がすたれてしまいつつあることを暗示していると思われる

三、建築彫刻と左官たち

伊豆長八、吉田亀五郎、伊藤菊三郎と伝えられてきた漆喰細工に代表される左官の技術は、近代建築物の中でどのように息づいていたか。近代建築現場の中で、左官たちは、内外の壁や天井の仕上げ、彫刻作製、取り付け、と活躍している。ここでは実際の近代建築現場のなかで、左官たちが、どのような存在であったか、みていくことにしたい。

表４は、吉田亀五郎やその弟子たちが関わったと推測される近代建築物と設計者、職人、作業内容等を概観するため作成したものである＊34。ここには自ら現場に出たもの、師匠や兄弟弟子たちの現場として見聞きしたものが記されている。三井組為替座をはじめ、日本の代表的近代建築物がここには記されている。そこでの施工内容を見ると、三井組為替座の「波模様塗りだし」をはじめ、塑像、石膏彫刻、装飾の原型等、多くは建築物に使用される装飾であることがわかる。おそらく、伊藤菊三郎も師や自分の業績を顕彰する意図もあり、代表的な建築物をあげたと考えられ、小さな現場も含めれば関与した建築物の数はもっと多くなるであろう。また、吉田亀五郎門下以外の伊豆長八の流れをくむ左官たちの業績を加えれば、その数はさらに多くなろう。

表４　吉田亀五郎とその門下が関与した近代建築

建築物名	施工年	設計者	施工職人名	施工内容
三井組為替座	明治５年（１８７２）	清水喜助	吉田亀五郎	波模様塗りだし
宇都宮県庁	明治23年		吉田亀五郎	
日本聖ハリストス正教会東京復活大聖堂	明治24年	J．コンドル	吉田亀五郎	
箱根富士屋ホテル	明治24年	河原兵次郎・河原徳次郎	荒木亀吉	
岩谷天狗煙草店工場兼倉庫	明治中頃		吉田亀五郎	屋上球体上の天狗立像塑像
東京株式取引所	明治30年	佐立七次郎	熊木三次郎	
三井銀行本店	明治35年	横河民輔	熊木三次郎	
大阪北浜銀行	明治37年	鈴木禎次	熊木三次郎	
横浜正金銀行	明治37年	妻木頼黄	熊木三次郎	

日本橋	明治41年	妻木頼黄	熊木三次郎	柱装飾原型
東宮御所	明治42年	片山東熊	吉田亀五郎・熊木三次郎	
帝国劇場	明治44年	横河民輔	荒木亀吉	外部テラコッタ原型
東京中央停車場	大正3年（1914）	辰野金吾	鈴木安之丞	貴賓室石膏装飾
東京日日新聞社	大正6年	遠藤於菟	鈴木安之丞・伊藤菊三郎	屋上セメント製楯飾り原型
平和祈念博覧会外国館	大正10年		時田亀造	正面浮き彫り
日本倶楽部	大正10年	田辺淳吉	鈴木安之丞・伊藤菊三郎	
横浜高等工業学校	大正10年		伊藤菊三郎	講堂石膏製楯飾り原型
朝鮮銀行東京支店	大正11年	辰野葛西事務所・池田稔	伊藤菊三郎	
日本石油株式会社有楽館	大正11年	曽禰中條建築事務所	鈴木安之丞	
丸の内ビルディング	大正12年	桜井正太郎	伊藤菊三郎	
今井呉服店小樽支店	大正12年	遠藤於菟	牧野萬蔵・伊藤菊三郎	屋上看板の飾り
日本郵船ビル	大正12年	曽禰中條建築事務所・中村順平	伊藤菊三郎	石膏装飾原型
郡山市公会堂	大正14年	矢橋賢吉（荻原貞雄）	牧野萬蔵	時計台の装飾
松屋呉服店	大正14年	木田保造	鈴木安之丞	中央ホール石膏装飾
那須御用邸	大正15年		伊藤菊三郎	彫刻原型・石膏彫刻原型
聖徳記念絵画館	大正15年	小林正紹・佐野利器	藤井平太郎	広間天井装飾

胃腸病院	昭和2年（1927）	小林正紹	伊藤菊三郎	玄関彫刻リシン仕上げ
三越本店三越劇場	昭和3年	横河民輔	武野正一	石膏装飾
日本勧業銀行	昭和3年	渡辺節	伊藤菊三郎	階段装飾模型
日本聖ハリストス正教会東京復活大聖堂	昭和4年	岡田信一郎	伊藤菊三郎	
松坂屋呉服店	昭和6年	鈴木禎次	伊藤菊三郎	彫刻模型
東京証券取引所本館	昭和6年	横河民輔・横河時輔	藤井平太郎	正面人体像・軒下蛇腹
堀商店	昭和7年	小林正紹・公保敏雄	伊藤菊三郎	外壁彫刻
三越本店	昭和10年	横河工務店	伊藤菊三郎	中央階段金属部分装飾原型
帝国議会議事堂	昭和11年	大蔵省営繕課財務局	相曽秀之助・伊藤菊三郎・藤井平太郎	装飾模型・彫刻原型

新宿歴史博物館特別展図録『鏝（KOTE）―伊豆長八と新宿の左官たち―』（平成8年）より作成

では、具体的には建築物の彫刻は、どのように製作されていたのであろうか。まずはじめに、工事の仕様書を見てみよう。

十三　装飾付漆喰工事用
装飾付漆喰工事用模型ハ建築技師ノ監督ノ下ニソノ選抜シタル模型工ヲ用ヒ作成スルコト
現場工事ハ建築技師ノ承認シタル右ノ模型ニ準ジ施工出来スルモノトス＊35

これは東京丸の内の丸ビルにおける装飾漆喰塗りに関する仕様書であるが、これには、建築技師の監督下に、選抜した優秀な模型工を置き、工事用模型を作ること、その模型に準じて塗り出すことが記されている。

また、帝国議会議事堂の石膏製作及び取り付けに関する仕様の中で、繰り型彫刻部分は次のようになっていた。

一、繰型彫刻ハ模型ヲ現寸図ニ依リ技量優レタル彫塑工ヲシテ油土ヲ以テ製作セシメ、掛官ノ検査ヲ受ケ更ニ石膏鋳抜ノ型ニ送リ提出スヘシ*36

ここでは原寸図に基づき、優れた彫塑職人が油土で模型を作った後、係官の検査を受け、その上で石膏抜き型を作って提出するという手段を踏んでいる。前者は漆喰による塗り出しの彫刻、後者は石膏による型抜きの彫刻であるが、それぞれ事前に模型を製作すること、係官等による承認、または検査が必要となっていることが明記されている。

実際にこれらの現場で、左官職人たちがどのように関わっていたか紹介しよう。はじめに明治三〇~四〇年代に、多くの建築に関わったとされる熊木三次郎をとりあげたい。熊木三次郎は、吉田亀五郎の高弟の一人で、伊藤菊三郎の兄弟子にあたる。

熊木は、明治三七年（一九〇四）八月一六日に東宮御所御造営局に雇用され、四年後の明治四一年五月二九日に退職している。この際、自らが提出した経歴書が遺されている。これによれば、明治四年（一八七一）に生まれ、明治二〇年四月に吉田亀五郎の門弟になった。明治二二年頃より装飾漆喰を志し、兜町株式取引所、大阪北浜銀行、東京第一銀行、東京三井銀行等の現場を経て、明治三五年には、横浜正金銀行建築所に入り、装飾用モデルを作った。二年後の三七年に東宮御所御造営局に雇用された際の採用条件は、壁及び天井その他の石膏工事であり、日給一円五〇銭であったとされている*37。

熊木の代表的な仕事の中に日本橋橋飾りがある。現在、国の重要文化財に指定されている日本橋は、明治四一年（一九〇八）、妻木頼黄設計によって竣工した。竣工後に刊行された、『開橋記念日本橋志』*38中に次のような記載がある。

之等の装飾物は装飾柱と共に市当局より東京美術学校に依嘱して製作したもので、装飾柱に属する原型彫刻は学校の推挙により熊木三次郎氏の手に成り、麒麟及び獅子に属する原型製作は同じく校の推挙によって渡邉長男氏

担当し、鋳造は校の工場及び岡崎雪声氏等の工場に於いて為された

日本橋の橋飾りとして知られる麒麟、鳳凰部分の原型は、彫刻家浅倉文夫の兄である渡辺長男の製作であるが、その他の装飾柱については、東京美術学校の推挙により、熊木三次郎が彫刻の原型を製作したと記している。日本橋の柱装飾は、妻木頼黄のもとで、熊木三次郎が彫刻原型を製作していたのである。

次の例は、先述した伊藤菊三郎が彫刻を施工した丸の内胃腸病院である。この建物は、昭和二年（一九二七）、聖徳記念絵画館の設計公開コンペで優勝し、議事堂設計にも活躍した小林正紹が設計した。この施工の様子が伊藤菊三郎により業界紙に紹介されている*39。この時、入口玄関に、業界ではじめてリシン塗りの彫刻を施工することになった。しかし、当初、今泉善吉（伊豆長八の弟子）門下の左官がこれを担当したもののうまくいかなかったため、以前、小林正紹と仕事をしたことがあった伊藤菊三郎が呼ばれ、急遽担当することになった。菊三郎の甥にあたる伊藤登日太郎や、小林の仕事を最初に菊三郎に紹介した東京工芸学校出身の堀川喜造、菊三郎の兄弟子、熊木三次郎の弟子にあたる池田国吉とともに、これを完成させたと記している。

これらの例からは興味深い点が窺える。第一点目は、左官職人たちと美術関係者との関係である。熊木三次郎が日本橋の装飾柱原型製作をした際、これを推挙したのは東京美術学校であった。また、伊藤菊三郎が現場で共に作業したのは、東京高等工芸学校出身の職人であった。

日本最初の美術教育機関であった工部美術学校の彫刻科では、油土による石膏像模作が指導された。卒業生の中には建築彫刻の仕事に就く者も多く、油土で彫刻の手本を作り、左官たちに渡すことが、彼らの役割であったという*40。この工部美術学校を卒業した彫刻家佐野昭は、後に帝国議会議事堂の建築彫刻模型を製作したが、ここには熊木三次郎の弟子とされる相曽秀之助も、模型を担当する営繕管財技師として在籍していた*41。近代建築の建築彫刻作製現場では、美術系の職人と彫刻に秀でている左官職人が共存していたのである。

すでに、吉田亀五郎は西洋彫刻で用いられていた油土を使用していたことを紹介したが、油土だけではなく建築彫

刻の現場での両者の交流が想定される。さらに建築彫刻の材料が当初の漆喰から石膏に変わっていくと、石膏彫刻の作製方法取得が必要となる。当初は美術系の職人がこれを担当していたが、次第にこの技法が左官職人にも伝えられたのであろう。たとえば、聖徳記念絵画館の石膏彫刻を手がけた藤井平太郎は、東京府立職工業学校在学時、漆喰彫刻は時田亀蔵に、彫塑の原型造り、石膏彫刻の型どりは、東京美術学校より派遣された彫刻家・児島矩一に習ったとされる＊42。

第二点目は、左官職人たちと設計を担当する建築家との関係である。丸の内胃腸病院では、難工事だった彫刻について、小林正紹が、直接、伊藤菊三郎に依頼している。いわば、小林は菊三郎ならばこの工事を仕上げられると思い依頼したのである。

伊藤菊三郎と小林正紹はこの他にも仕事を共にしたようであるが、建築彫刻の出来について、常に小林が満足していたわけではない。小林の家に模型を持参した菊三郎に対し、小林は非常に厳しい意見を投げかけ、家人をたびたび驚かせた。しかし一方で、あのような職人は現在ではいないと、後日述懐したも伝えられている＊43。菊三郎は小林から「彫刻は菊三郎にやらせろと言われた」＊44と伝えており、両者の密接な信頼関係が窺われる。小林の厳しい意見は、建築家の意図を、彫刻の製作者にどうしたら正確に伝えられるのかという苦闘を示し、一方での菊三郎に対する信頼は、真に腕の良い、優秀な職人の存在が、自らの建築作品には必要不可欠であることを示している。

この左官と美術関係者、左官と建築家の二つの関係を象徴しているのが、大正期に設立されたＯＭ彫刻研究所であろう。この研究所は、熊木三次郎の甥にあたる牧野萬蔵が主宰した建築彫刻の研究所であるが、その顧問は、洋画家で、東京美術学校図案科教授でもあった和田三造と、建築家の遠藤於菟が務めていた。遠藤於菟は妻木頼黄のもとで、現場監督として横浜正金銀行に携わっており、この時、熊木三次郎とのつながりが出来たものと考えられる＊45。

先述のように、近代建築の建築彫刻製作現場では、美術系の職人と彫刻に秀でている左官職人が共存していたが、彫刻製作、取り付け、壁の仕上げと活躍できる左官職人は、実際の建築現場では重宝されたものと考えられる。左官職人が課題としていたとすれば、建築家の要求に忠実に応える、近代建築の中で活かされるデザイン力と、石膏彫刻製作に対する技術力であろう。恐らくこの課題は、左官職人出身で近代建築彫刻の現場で活躍し始めた熊木三次郎も、その甥である牧野も認識していたのであろう。このため、この課題を解決するために、建築家と美術関係者の双方が関与した左官職人の鍛錬の場が設定され、これに建築家、美術関係者も応えた。それがこのＯＭ建築彫刻研究所と考えられるのではないだろうか。

おわりに―模型のもつ意義―

昭和初年まで多くの建築現場で作製されていた建築彫刻は、建築デザインが機能主義中心に変わる中で、その活躍の場を次第に失っていった。昭和十一年（一九三六）に竣工した帝国議事堂は、建築彫刻の現場で左官たちが活躍した、最後の国家的プロジェクトであった。この議事堂設計を主導した大熊喜邦は次のように記している。

内外に亘る石材彫刻、木材彫刻、石膏製彫刻、飾金具、透金具類等総て現物大石膏模型を製作して実施に移った＊46

議事堂建設では石膏彫刻の他、石材、木材、金具類、全ての彫刻類は石膏模型を製作していたのである。先にみたように、伊藤菊三郎は、「石、木、金属等々凹凸の有る物体は凡て此の土で原型を作り、石膏に型取りて各種彫刻司之れを手本として刻する。」＊47と記している。

近年でも複雑な細工の金物は、彫刻家に依頼し油土の模型を製作しており＊48、法務省貴賓室復元工事に際しても。木彫部分は、油土により作製した原型を石膏で型取りし、これを模型にしていた＊49。さらに、この様な模型はテラコッタにも必要であったことが判明している＊50。まさに内装から外装まで、材質を問わず、石工、木工、鋳物工等、職人の職種を問わず、全ての建築彫刻には模型が必要とされていたのである。

建築家は、建築物に対する意志を設計図によって伝えようとする。しかし、実際の建築現場では、全ての建築彫刻に対し、模型という設計図の造形化を経なければ建築家の意志を伝えることができなかったのである。建築彫刻を製作する者にとってみれば、「建築家の方は図面だけつくればいいけれど、私どもはそれからがたいへん」、「それ（模型※）がないとつくれないことはたしかです」＊51と言わざるをえなかった。そこには、図面に基づく建築家の意図を、正確に造形化するデザイン力と技術を併せ持った、美術系の職人や彫刻に秀でた左官の存在が不可欠であったことが示されている。そして、ここで活躍した左官たちの技術の底流には、江戸時代以来の漆喰細工の技術が息づいていたのである。

註

＊1『伊豆長八作品集』松崎町振興公社、一九八九年。伊豆長八については、結城素明『伊豆長八』芸艸堂出版部、一九三三年、須田昌平『圬工伝』文寿堂印刷所、村山道宣編『土の絵師　伊豆長八の世界』木蓮社、二〇〇二年などがある。

＊2『消えゆく左官職人の技　鏝絵』小学館、一九九六年、『鏝絵放浪記』石風社、二〇〇一年。

＊3 山田幸一『ものと人間の文化史四五　壁』法政大学出版局、一九八一年、『物語ものの建築史　日本壁のはなし』鹿島出版会、一九八五年。

＊4 山田幸一『物語ものの建築史　日本壁のはなし』鹿島出版会、一九八五年。

＊5 山田幸一監修『日本の壁―鏝は生きている』（INA BOOKLET Vol.5 No.2）株式会社ＩＮＡＸ、一九八五年。

＊6 藤森照信「ナマコ壁とコテ絵―もうひとつの左官技術」。この中で「左官のコテは、本格的な西洋館のなかにも活躍の場を見いだした。ヨーロッパ建築の室内は、壁の一部から天井一面にかけて、プラスターや石膏による複雑な装飾を付けるのがつねで、これらはすべて左官にまかされた。」と記している。

＊7 斎藤金次郎氏は「日本の漆喰彫刻―三井銀行旧京都支店貴賓室の復原にかかわって」の中で、「明治期の西欧建築洋式導入期になると、当然のことながら蛇腹や天井中心飾りなどの需要が多くなるが、すでに漆喰彫刻に習熟していたわが左官職にとっては、これらの新様式を受け入れるのにそれほどの抵抗はなかった。」と記している。

＊8 新宿区立新宿歴史博物館特別展図録『鏝―（KOTE）伊豆長八と新宿の左官たち―』一九九六年。

＊9 伊藤菊三郎「沓亀」（新宿区立新宿歴史博物館蔵）。以後、本稿の吉田亀五郎に関する記述は同資料による。

＊10　池戸庄次郎「思楽老コテばなし」斎藤隆介編『職人衆昔ばなし』文藝春秋、一九六七年。
＊11　結城素明『伊豆長八』芸艸堂出版部、一九三三年。
＊12　＊11と同じ。
＊13　＊11と同じ。
＊14　西山松之助「江戸の町名主斉藤月岑」（『江戸町人の研究』第五巻、一九七五年）。
＊15　＊8、五三頁。
＊16　＊9と同じ。
＊17　＊9と同じ。
＊18　『東京左官工業組合記録』。
＊19　＊11と同じ。
＊20　高橋正雄「庶民の美9　漆喰絵」『芸術生活』二五〇号、芸術生活社、一九七〇年。
＊21　髙村光雲『幕末維新懐古談』岩波書店、一九九五年。
＊22　倉方俊輔「日本近代の左官装飾ー装飾における『技術』と『美術』」（新宿区立新宿歴史博物館特別展図録『鏝―（KOTE）伊豆長八と新宿の左官たち―』一九九六年）。
＊23　＊9と同じ。
＊24　＊9と同じ。
＊25　拙稿「鏝絵から近代建築彫刻へ」（新宿区立新宿歴史博物館特別展図録『鏝―（KOTE）伊豆長八と新宿の左官たち―』一九九六年）。
＊26　＊9と同じ。
＊27　伊藤菊三郎「経歴書」（新宿区立新宿歴史博物館蔵）以後、本稿の伊藤菊三郎に関する記述は同資料による。
＊28　新宿区立新宿歴史博物館蔵
＊29　初田亨「西洋建築の導入と職人」（『講座日本技術の社会史　第7巻　建築』日本評論社、一九八三年）。
＊30　鈴木忠五郎『左官技術』彰国社、一九七一年。
＊31　＊30と同じ。
＊32　＊9と同じ。
＊33　＊9と同じ。

＊34　表4は、平成八年に新宿区立新宿歴史博物館にて開催された特別展「鏝―（KOTE）伊豆長八と新宿の左官たち―」の調査に基づき作成した。その資料となったのは、伊藤菊三郎「沓亀」、「経歴書」（共に新宿歴史博物館蔵）である。
＊35　＊25と同じ。
＊36　［大蔵省］営繕管財局編『帝国議会議事堂建築報告書』一九三八年。
＊37　＊8と同じ、宮内庁書陵部よりのご教示による。
＊38　『開橋記念日本橋志』東京印刷株式会社、一九一二年。
＊39　『建材ルート』第二五九号、一九七三年。
＊40　NK生、藤田文蔵談「塑像家藤田文蔵氏」『新小説』第四年第三巻、一八九九年（田中修『近代日本最初の彫刻家』吉川弘文館、一九九四年）。
＊41　＊36と同じ。
＊42　藤井平太郎『先祖代々江戸の土をこねて』黒潮社、一九七七年。
＊43　＊25と同じ。
＊44　＊25と同じ。
＊45　熊木三次郎の甥である牧野萬蔵と遠藤於菟は、今井百貨店小樽支店の新築工事を行っているが、この時屋上看板の飾りを塗り出したのは、牧野のもとで建築彫塑原型を研究した伊藤菊三郎であった。なお、この時、伊藤菊三郎が現場で塗りだしている写真が遺されているが、おそらく、建築彫刻の製作の様子を捉えた数少ない資料であろう（＊8、五七頁）。
＊46　大熊喜邦「議事堂建築の概要」（『建築雑誌』日本建築学会、一九三七年）。
＊47　＊9と同じ。
＊48　松本次郎「木製建具の基礎知識その2　建具金物を選ぶ」（『建築雑誌』一九九二年）。
＊49　『法務省・赤れんが棟』新建築社、一九九六年。
＊50　杉江宗七監修『建築のテラコッタ』（INA BOOKLET　Vol.2 No.4）株式会社INAX、一九八三年。
＊51　＊50と同じ。「座談会　近代建築史のなかのテラコッタ」における杉江宗七氏の発言。

近代東京の格差社会における社会事業調査

―草間八十雄の実践を具体例に―

安岡　憲彦

一、はじめに

明治期以降、日本の近代化政策はまちがいなく国民生活に一定の繁栄と安定とをもたらした。しかし、新たな貧困と差別を生み出したのも事実である。その顕れの一つが、都市において、急速な近代化にともなって形成拡大された格差社会である。東京においては、一八九〇年代には四谷鮫河橋、下谷万年町、芝新網にみられる「東京の三大貧窟」＊1があって、一九一〇年代には市街地周辺部へ拡散移動して、「これまで三大貧民窟と云はれた下谷万年町も、四谷鮫河橋も芝新網も今は殆どその形を失ひ、今日では本所横川町、長岡町、浅草神吉町、業平町、浅草町、玉姫町、今戸町、新谷町の貧民窟などが貧民の低度の激しいものとなり、新宿の方にも貧民窟が現れ、巣鴨にも現れ、王子にも現れる様になった」＊2。このような格差社会の存在形態が社会問題として、社会事業施策の対象として認識される。そして、その施策を検討する基礎資料作成のために、公的機関による社会事業調査が施行された。その結果、各種の社会事業施策がうち出された。そこでは、社会事業調査による実態把握に基づいて、対象者に施策が機能する場合と、機能しない場合もある。施策が機能するとは法律制定・施行に、または制度・施設・事業の設置・運営に連動して、対象者を社会的分業体制の一端に機能させる場合である。しかし、社会事業調査が実態把握のままで、提言にとどまって、施策にまで機能しない場合もある。

社会事業調査が施策に機能する、しないの差異は何によって生じるのか。そのために、公的機関である内務省、中央職業紹介事務局、東京市社会局において、草間八十雄が参画した社会事業調査を具体例にして検討したいと思う。草間八十雄は内務省社会局施行「細民調査」、中央職業紹介事務局施行「寄子紹介事業に関する調査」「芸娼妓酌婦紹介業に関する調査」、東京市社会局施行「浮浪者調査」に従事した。本稿では、それら社会事業調査のなかで、内務省施行「細民調査」を検討したいと思う。内務省では一九一一年に第一回細民調査、一九一二年に第二回細民調査、一九二一年に第三回細民調査を施行した。そこで、一つは第一・二・三回細民調査どのような施行内容であったのか。さらに、第一・二・三回細民調査を施行するにともなって、社会事業体系、社会事業施策の方向が確定していくが、草間八十雄が参画した社会事業調査がどのように位置付けられるのか。草間の社会事業調査の特徴を踏まえることで、考察したいと思う。

二、第一・二回細民調査の施行内容

内務省は第一回細民調査を一九一一年七月下旬から一一月下旬に施行した。この調査参画者について、「本調査ノ完成ニ就テハ本局員〈筆者註：内務省地方局〉ノ外、故桑原金杉警察署長、新井入谷警察署長、坂本〈龍之助〉万年小学校長、秋保〈安治〉東京府職工学校長、安達〈憲忠〉東京市養育院幹事、二階堂〈保則〉内閣統計局技師、田中〈太郎〉東京市嘱託等ノ労ニ依ルモノ少カラス、殊ニ花房〈直三郎〉内閣統計局長ハ当初ヨリ多大ノ便宜ト援助トヲ与ヘラレタリ」＊3と記している。ただし、これは「凡例」に記されたことで、調査主体である内務省地方局での参画者がここには記されていない。布川孫市は内務省地方局嘱託で参加したことで、「当時の〈内務省〉地方局長は床次竹二郎氏、府県課長は井上友一氏、相田〈良雄〉属の外、嘱託に留岡〈幸助〉、生江〈孝之〉両氏及筆者〈布川孫市〉あり、統計局よりは二階堂技師、後藤〈市蔵〉属、東京市より田中太郎氏、その他金杉及入谷警察署長、秋保職工学校長等参加して、施行上の熟議を重ね以て完成したのであった」＊4と記している。従って、第一回細民調査の参画者は次のように類別できる。

表1　第一回細民調査参画者

所属機関	調査者・役職
内務省地方局	床次竹二郎局長　井上友一府県課長　相田良雄属　留岡幸助・生江孝之・布川孫市嘱託
内閣統計局	花房直三郎局長　後藤市蔵属　二階堂保則技師
東京市	養育院幹事安達憲忠　万年小学校校長坂本龍之輔　田中太郎嘱託
東京府	職工学校長秋保安治
警視庁	金杉警察署長桑原　入谷警察署長新井

出典：1「凡例」『細民調査統計表』内務省地方局、一九一二年三月
2　布川静淵「社会調査の発展と其の文献　上」『社会事業』一八巻一二号、一九三五年三月、五頁

この第一回細民調査に、東京市嘱託として参画した田中太郎は一九一二年三月九日於東京統計協会月次講話会で、調査結果を踏まえて、細民の「定義」、調査の「目的物」を次のように講演している。

明治四十四年六月東京市が特殊小学校増設に関する参考資料として調査したる際は、区費を負担せざる者にして、人夫、車夫、日傭等を業とし、月収二十円以下、若しくは家賃三円以下の家に居住する者を細民と定義し、明治四十四年八月乃至十一月の間に東京市内下谷浅草の二区に渉りて内務省の試行したる細民調査は特殊小学校生徒の家庭をその調査の目的物としたのである＊5。

この田中の講演内容によって、第一回細民調査では「区費を負担せざる者にして、人夫、車夫、日傭等を業とし、

月収二十円以下、若しくは家賃三円以下の家に居住する者」を細民と規定して、調査対象にしたのを知ることができる。そこで、第一回細民調査は六つの調査によって構成されて、調査内容、調査件数、調査地域は次のようになっている。

細民戸別調査　三〇四七世帯
　東京市―下谷区万年町・山伏町・入谷町・金杉下町・龍泉寺町
　　―浅草区神吉町・新谷町
細民長屋調査　一四九棟
　東京市―小石川区一部
木賃宿調査　三〇七軒
　東京市―芝区白金猿町
　　―麻布区広尾町・新広尾町
　　―四谷区永住町
　　―本郷区冨士前町
　　―浅草区浅草町
　　―本所区花町・小梅業平町
　　―深川区富川町・東大工町
細民金融機関（質屋業）調査　九一店
　東京市―下谷区
職業紹介所（雇人口入業・寄子業・職業案内所）調査　一四一機関
　東京市―日本橋区

―浅草区

職工家庭調査　三四四世帯

東京市―市内適宜＊6

これらは細民に関する調査である。生活実態調査が「細民戸別調査」であり、住居調査が「細民長屋調査」「木賃宿調査」、細民を対象にした金融営業実態調査が「細民金融機関（質屋業）調査」、営利職業紹介業者の営業実態調査が「職業紹介所（雇人口入業・寄子業・職業案内所）調査」である。さらに、「明治末期では「貧民窟」は都市の生産体系に編入されていた」、「工場労働者はこの時期〈第一・二回細民調査〉には「貧民窟」居住者と同質の「下層社会」に属していたとみてよい」＊7実態によって、「職工家庭調査」を施行している。これら六つの調査を記載して、第一回細民調査の調査報告は『細民調査統計表』として、一九一二年三月内務省地方局で刊行された。その「凡例」には「本統計表ハ概シテ原表ニ過キサルモ、之カ集約ヲ施スノ余日ナカリシヲ以テ、其詳細ノ説明ニ至リテハ追テ報告書トシテ之ヲ上梓セントス」＊8とあるが、第一回細民調査は『細民調査統計表』のみで、「詳細ノ説明」となる調査報告は刊行されていない。

第二回細民調査は一九一二年七月上旬から一〇月中旬に施行された。第二回細民調査では生活実態調査となる「細民戸別調査」のみである。ここでは「細民部落」と称されて、「特殊小学校ニ児童ヲ入学セシムル資格者及之ニ準スベキ者」＊9が居住している地域を対象にした。その調査地域・世帯人口は次のようになっている。

東京市―本所区松倉町・中ノ郷横川町・若宮町・横川町・長岡町・太平町・柳島梅森町・柳島横川町・徳右衛門町・菊川町　一一七一世帯　四六二九人

―深川区猿江裏町・本村町・石島町・千田町　一七三九世帯　六九一六人

大阪市―難波・日本橋・今宮・木津・西浜　一六八一世帯　七九三九人＊10

調査方法は調査員の戸別訪問によって、「細民戸別調査票」に記入作成した。この調査原票を作成し、調査票の集計事務をも担当した内閣統計官後藤市蔵は、「調査員には主として警察の諸君を煩わし、その中一部分本所区と深川区においては、小学校の先生方を煩わしたところがあるのであります」＊11と述べている。さらに、「凡例」に「本調査ノ施行ニ関シテハ本局〈内務省地方局〉員ノ外、東京ニテハ警視庁方面監察丸山警視、鈴木吉岡警察署長、小出原庭警察署長、山崎扇橋警察署長、今井三笠尋常小学校長、三宮霊岸尋常小学校長、又大阪ニテハ天野難波警察署長等ノ労ニ依ルモノ少カラス」＊12と記している。従って、内務省地方局、内閣統計局では第一回細民調査と同じ構成者であったが、第二回細民調査で対象地域が変ったことで、東京市本所区では吉岡警察署・原庭警察署、三笠尋常小学校、深川区では扇橋警察署、霊岸尋常小学校、大阪市では難波警察署、各地域所管している警察署員・小学校教員が調査員となった。

第二回細民調査の調査項目は「細民戸別調査票」に四つの大項目に、小項目の三三＊13を設定している。それは次のように一覧できる。

表2　第二回細民調査の調査項目

大項目	小項目
Ⅰ所帯ノ総員ニ関スル事項	1氏名　2所帯ニ於ケル地位　3体性　4生年月　5子女ノ公生・私生ノ別　6子女ノ現父母ノ実・継・養ノ別　7出生地　8縁事身分　9不具又ハ精神病　10教育ノ程度　11現住カ非現住カ　12職業　13一ヶ月中ノ平均就業日数　14職業上ノ収入　15現ニ健康カ罹病カ　16現ニ罹病ノ為メ休業シ居ルカ　17療病ノ方法
Ⅱ所帯主及其ノ配偶者ニ関スル事項	18上京ノ年月及其ノ理由　19所帯主ハ何故ニ現今ノ境遇トナリ又ハ何故ニ現今ノ境遇ニ居ルヤ　20嗜好　21宗旨及信仰　22産及生児

Ⅲ住居ニ関スル事項　23家屋ノ構造　24室数及畳数　25床上及床下ノ高サ　26畳建具及其ノ他ノ造作　27神棚及仏壇　28炊事場及便所　29敷金又ハ前家賃　30家賃

Ⅳ爾他ノ生活状態ニ関スル事項　31主食物　32飲料水　33寝具

典拠：「細民戸別調査票」『大正元年調査　細民調査統計表摘要』内務省地方局、一九一四年三月

この三三項目を戸別訪問によって、調査・記入して、第二回細民調査の基礎データは作成された。その基礎データによって、内務省地方局は調査報告を二冊で刊行したのである。一つは『大正元年　細民調査統計表摘要』（一九一四年三月刊行）であり、もう一つはその統計表を基礎に解説した『都市改良参考資料』（一九一五年三月刊行）である。

第一回細民調査は一九一一年七月下旬から一一月下旬、第二回細民調査は一九一二年七月上旬から一〇月中旬であったから、二つの調査施行には一年を経過している。第一回細民調査を「本調査ハ我邦ニ在リテハ事創始ニ属スルヲ以テ、昨〈一九一一〉年六月以来屡々協議ヲ重ネ其項目様式及地域等ヲ協定シ」＊14 とあるように、一九一一年六月五日第一回協議会を内務省内で開催している。その席上、床次竹二郎内務省地方局長は趣旨を「地方改良事業の新施設として細民の調査を試みんとする旨を宣し」、「先ず都下の貧民窟より始め進んで全国の調査を為す事を申合せ」＊15したのである。また、第一回細民調査、第二回細民調査ともに従事した布川孫市は「当時は日露戦役を承け、財界の形成も一変し、民間には社会問題の声漸く高く、社会政策の研究また益々熾なるを致し、労働者問題も既に門に入り、官憲当局も下級者生活状態を調査して、これが対策を講ずる要を認めた反映として現われた結果とも云えよう」＊16と記して、施行者としての調査背景を述べている。確かに第一回細民調査は「東京市が特殊小学校増設に関する参考資料」、「特殊小学校生徒の家庭をその調査の目的物とした」＊17とあり、第二回細民調査には「特殊小学校ニ児童ヲ入学セシムル資格者及之ニ準スベキ者」＊18が居住している地域を調査対象にしたのは東京市特殊尋常小

学校への施策に連動しようとしたのが直接的な動機でもあったろう。しかし、東京市特殊尋常小学校への施策という個別的な動機だけでなく、調査施行の意思決定には日露戦争後の「財界の形成も一変し、民間には社会問題の声漸く高く、社会政策の研究また益々熾なる」*19によって、「地方改良事業の新施設として細民の調査を試みんとする」*20とした地方改良運動が大きな比重をしめている。

三、第三回細民調査へ草間八十雄の参画

草間八十雄の内務省嘱託期間は一九二一年一〇月一三日から一一月三一日*21まで、二ヶ月弱である。この期間に、内務省施行第三回細民調査に従事した。

この第三回細民調査は二種類からなって、調査報告三冊を刊行している。一つは『細民集団地区調査』一冊、もう一つは『大正一〇年施行　細民調査統計表』『細民生計状態調査』二冊の調査報告である。『細民集団地区調査』は一九二三年三月内務省社会局第二部刊行である。「凡例」には「細民集団の地域を区画し、その地理的環境より主要なる人事一切を鳥眼瞰的に一覧せしむるを趣旨とした」*22と記して、東京・大阪・京都・神戸・横浜・名古屋六大都市で、「代表的なる細民集団地区」*23一四ヶ所を調査地域にした。一四地域は俗称で記されているが、当時の町名・番地を併記した場合もある。ここでは、その併記されているままに記した。それは次のようになっている。

東京　深川猿江　猿江裏町自一二九番地至三〇一番地、本村町自八五番地至一一一番地
　　　浅草町　自四八番地至七五番地、自九七番地至一一二番地
　　　四谷旭町　自一番地至二五番地、自三〇番地至六三番地
大阪　六道ヶ辻
　　　釜ヶ崎

	長柄	
京都	天部寺裏	下京区　若杉町、若竹町、巽町、教業町、長光町
	柳原	下京区　小稲荷町、郷の町、上の町、川端町、下の町、西の町、東の町、屋形町、岩本町
神戸	新川部落	葺合吾妻通、北本町、南本町、各五丁目、六丁目
	番町部落	兵庫区　三番町（三丁目、四丁目）、四番町、五番町（三丁目、四丁目、五丁目）
横浜	浅間町	自九三番地至六九七番地
	乞食谷戸	南太田町、富士要耕地一部、庚耕地一部、自九九〇番地至一五六七番地
名古屋	水車	中区　蘇鉄町全部及下笹島町の大部分、南禰宜町の大部分、下広井町二丁目の一部分、禰宜町の一部分
	玄海	中区　下奥田町全部及塚越町全部、西塚町全部、宮前町の一部、東陽町の一部、東田町の一部＊24

これら一四地域において、一九二一年一〇月一五日現在の事実を調査した。調査方法は、一九二一年九月対象地域を所轄する府県市の主任吏員を招集し、協議して＊25、調査した基礎データを内務省社会局で集成した。調査項目はⅠ地理的状況、Ⅱ戸口、Ⅲ住宅、Ⅳ衛生、Ⅴ要保護者、Ⅵ参考事項に大きく六項目に分けている。さらに詳細に小項目二四＊26を設定している。それは次のように一覧できる。

表3　細民集団地区調査の調査項目

大項目	小項目
Ⅰ地理的状況	1地区総坪数　2道路　3上水　4特設下水道延長　5公園その他公衆用地　6河川延長
Ⅱ戸口	7職業別世帯数　8人口（男女）

Ⅲ住宅　9棟数、坪数　10灯火（種類別総戸数）
Ⅳ衛生　11生死（大正九年）　12病死別伝染病患者数（大正九年）
Ⅴ要保護者　13不具者、廃疾者　14精神病者　15白痴者　16前科者（罪種別及性別）　17売淫検挙者数
Ⅵ参考事項　18学事　19地区内社会的施設　20地区内在住医師産婆数　21実費診療所、22巡回診療、一ヶ年間巡回回数　23地域内木賃宿　24地域内特殊商店

典拠：「細民地区調査項目」『細民集団地区調査』内務省社会局第二部、一九二三年三月、一～一三頁

もう一種類の第三回細民調査は趣旨を『大正一〇年施行　細民調査統計表』に「本調査ニシテ生計費調査ヲ主トシ、之ト関連シテ当該世帯ノ構成、職業ノ種類、居住ノ状態ヨリ教育、衛生、信仰等ニ亙リ細民生活ノ実情ヲ観察スルコトトセリ」＊27と記している。その調査時期は一九二一年一一月中の事実＊28で、調査地域は次の四つの町である。

東京市――深川区猿江裏町
　　　――深川区本村町
　　　――浅草区浅草町
　　　――四谷区旭町＊29

この四地域は『細民集団地区調査』にある東京市内調査地域と同一である。調査方法＊30は東京府、東京市に直接の調査事務を委嘱して、四町五四八世帯に「家計簿」「戸別調査票」を配布して、記入した。記入完了した「家計簿」「戸別調査票」は内務省社会局で回収、検閲取捨して、集計製表の事務は国勢院に委嘱した。その結果、四九七世帯＊31の基礎データを統計材料にして、一九二二年六月内務省社会局は『大正一〇年施行　細民調査統計表』を刊行した。しかし、この調査報告は統計材料のみであって、「複雑ヲ極ムルアリ。其ノ詳細ナル事実ヲ知ルニハ本統計表ニ拠ルノ外ナキモ、之ガ要領ヲ会得セシムル便宜上、更ニ記述篇ヲ刊行シテ、参考ニ資スル所アラントス」＊32と

して、一九二三年三月内務省社会局第二部は「記述篇」として『細民生計状態調査』を刊行した。

『大正一〇年施行　細民調査統計表』、『細民生計状態調査』二冊ともに、基礎データは四九七世帯の「家計簿」「戸別調査票」である。「家計簿」では毎日の収入金額・科目、支出金額・科目*[33]が調査項目である。「戸別調査票」にはⅠ世帯ノ総員ニ関スル事項、Ⅱ住居ニ関スル事項、Ⅲ爾他ノ生活状態ニ関スル事項と、調査項目は大きく三つから成り、さらに小項目三七*[34]を設定している。それは次のように一覧できる。

表4　「戸別調査票」の調査項目

大項目	小項目
Ⅰ世帯ノ総員ニ関スル事項	1氏名　2世帯ニ於ケル地位及身分　3体性　4生年月　5配偶関係　6出生地　7職業　8就職方法　9現職従業期間　10一月平均従業日数　11貯蓄方法及金額　12生命保険　13教育程度　14読物　15嗜好　16娯楽　17信仰　18健康状態　19療病ノ方法
Ⅱ住居ニ関スル事項	20様式別　21建坪、室数、畳数　22床上及床下ノ高サ　23窓、押入、神棚、仏壇　24採光方法、25竈　26便所　27飲料水　28灯火　29造作ノ有無　30敷金又ハ家賃　31同居人
Ⅲ爾他ノ生活状態ニ関スル事項	32所有家具　33借入金アラバ其ノ口数金高利率担保ノ有無及其ノ用途　34救助ノ受否及救助者、35爾他ノ祖父母親子、兄弟及其ノ職業　36納税ノ種類、免除　37備考

典拠：「戸別調査票」『細民生計状態調査』内務省社会局第二部、一九二三年三月

ここにあげた「戸別調査票」の三七項目（表4）には「細民集団地区調査」の二四項目（表3）に共通内容があって、それは次のように比較できる。

表5　「戸別調査票」「細民集団地区調査」に共通調査項目

戸別調査票 大項目	戸別調査票 小項目	細民集団地区調査 大項目	細民集団地区調査 小項目
Ⅰ世帯ノ総員ニ関スル事項	7職業 本業、副業 8就職方法 9現職従業期間 10一月平均従業日数 本業、副業	Ⅱ戸口	7職業別世帯数（同一人にして二種以上を兼ねる場合は主たるもの一種を計上すること） （イ）官公衙商店等の雇傭人　（ロ）工場通勤職工　（ハ）自宅従業職工　（ニ）古物商及廃物商　（ホ）物品販売業　（ヘ）人力車挽　（ト）荷車挽　（チ）日傭及使歩き　（リ）理髪人　（ヌ）屑拾屑撰　（ル）遊芸人　（ヲ）按摩　（ワ）買卜者　（カ）其他　（ヨ）計
Ⅱ住居ニ関スル事項	20様式別 一戸建、普通長屋、棟割長屋、トンネル長屋、共同長屋（平屋建、二階建）	Ⅲ住宅	9棟数、坪数 （イ）一戸建　（ロ）普通長屋　（ハ）棟割長屋　（ニ）トンネル長屋　（ホ）計
Ⅱ住居ニ関スル事項	27飲料水 水道、井戸	Ⅰ地理的状況	3上水 （1）水道　（2）井戸数
Ⅱ住居ニ関スル事項	28灯火 専用電灯数・共用電灯数 専用瓦斯灯数・共同瓦斯	Ⅲ住宅	10灯火（種類別総戸数） （イ）電灯　（ロ）瓦斯灯　（ハ）計

	灯数、専用洋灯数・共同洋灯数

この調査項目の比較において、住居様式（Ⅱ-20）（Ⅲ-9）は一戸建、普通長屋、棟割長屋、トンネル長屋で、飲料水（Ⅱ-27）（Ⅰ-3）は水道、井戸、灯火（Ⅱ-28）（Ⅲ-10）は電灯、瓦斯灯と、両調査に共通事項もある。しかし、職業調査にみられるように、「細民集団地区調査」は職名を「同一人にして二種以上を兼ねる場合は主たるもの一種を計上する」（Ⅱ-7）としたのに対し、「戸別調査票」では本・副業（Ⅰ-7）、就職方法（Ⅰ-8）、現職従業期間（Ⅰ-9）、本・副業の一月平均従業日数（Ⅰ-10）までも調査事項としている。その詳細な項目設定からも、「細民生活ノ実情ヲ観察スル」＊[35]とした生活実態調査の趣旨をみることができる。従って、第三回細民調査は『細民集団地区調査』である「鳥眼瞰的に一覧せしむるを趣旨とした」＊[36]地域調査と、『大正一〇年施行　細民調査統計表』『細民生計状態調査』にみられる生活実態調査との二種類で構成されているのである。

生活実態調査を重視した『大正一〇年施行　細民調査統計表』、『細民生計状態調査』において、調査施行には「布川孫市氏ニ主査ヲ委嘱シタル外東京府社会課員、市社会局員、其ノ他草間八十雄等ノ尽力ニ因ル所少カラズ」＊[37]と「凡例」に記されている。これからも草間八十雄が第三回細民調査のスタッフであることを確認できる。この調査期間中であるが、一一月四〜七日、草間は大阪市中央公会堂で開催した第六回全国社会事業大会に参加した。そこでは『細民集団地区調査』の調査対象地域であった大阪市今宮、京都市柳原・三條大橋東三丁目南入長光町、神戸市葺合新川をも踏査して、翌年二月「神戸葺合新川の貧民窟を観る」＊[38]を『社会事業』五巻一一号に発表している。そのような事情によって、第三回細民調査において、草間は東京市内での調査を一時不在にしたこともあった。しかし、一一月の調査期間で、次のように労働日数の算出結果を述べた一節がある。

調査施行の大正一〇年一一月は一日の雨天もなく、晴天のみ打続いたのである。故に労働日数はこれで直ちに例月を律するは妥当ならざるも、この一一月中の平均労働日数は二三日と八分であった＊39。
ここで、「平均労働日数」を算出するのに、草間は「雨天もなく、晴天のみ打ち続いた」ことを注記しているのである。これは単なる数的処理が危ういことと喚起していると思われる。数字には表れない生活実態を考慮しようとしているのである。しかし、草間は決して数量調査を無視しているのではない。何故ならば、草間の数量調査は豊富であることで、「統計数字となると、その根拠の追求には、しばしば私自身が悩まされたほどである」＊40とまで、磯村英一に評されているのである。つまり、草間は数量調査を通じて、質的な生活実態に、さらには生活者実態にまで迫ろうとしていた、そこに草間調査の特徴があると思われる。

四、第一・二・三回細民調査の比較

一九一一年七月から一九二一年一一月にかけて、内務省は三つ細民調査を施行した。第一回細民調査、第二回細民調査、第三回細民調査の調査時期、調査内容・対象地域、調査報告を一覧表すると、次表のようになっている。

表6　第一・二・三回細民調査の時期、内容・対象地域、報告

	第一回細民調査	第二回細民調査	第三回細民調査	
調査時期	一九一一年七月下旬～一一月下旬	一九一二年七月上旬～一〇月中旬	一九二一年一〇月一五日現在	一九二一年一一月中
調査内容	**細民戸別調査** 東京市―下谷区万年町・山伏町・入	**細民戸別調査** 東京市―	**細民集団地区調査** 東京市―深川猿江、	**細民戸別調査** 東京市―深川区猿江裏町

・対象地域	調査報告
谷町・金杉下町・龍泉寺町、浅草区神吉町・新谷町 **細民長屋調査** 東京市─小石川区一部 **木賃宿調査** 東京市─芝区白金猿町、麻布区広尾町・新広尾町、四谷区永住町、本郷区富士前町、浅草区浅草町、本所区花町・小梅業平町、深川区富川町・東大工町 **細民金融機関調査** 東京市─下谷区 **職業紹介所調査** 東京市─日本橋区、浅草区 **職工家庭調査** 東京市─市内適宜	『細民調査統計表』
本所区松倉町・中ノ郷横川町・若宮町・横川町・長岡町・太平町・柳島梅森町・柳島横川町・徳右衛門町・菊川町、深川区猿江裏町・本村町・石島町・千田町 大阪市─難波、日本橋、今宮、木津、西浜	『大正元年調査 細民調査統計表摘要』『都市改良参考資料』
浅草町、四谷旭町 大阪市─六道ヶ辻、釜ヶ崎、長柄 京都市─天部寺裏、柳原 神戸市─新川部落、番町部落 横浜市─浅間町、乞食谷戸 名古屋市─水車、玄海	『細民集団地区調査』
・本村町、浅草区浅草町、四谷区旭町	『大正一〇年施行 細民調査統計表』『細民生計状態調査』

典拠：1「凡例」『細民調査統計表』内務省地方局、一九一二年三月
2「第一表　町別所帯数及体性ニ依リ分チタル人口並ニ平均一所帯人員及女一〇〇人ニ付男人口」『大正元年調査　細民調査統計表摘要』内務省地方局、一九一四年三月、一ページ
3『細民集団地区調査』内務省社会局第二部、一九二三年三月、一四〜一五頁
4『大正一〇年施行　細民調査統計表』内務省社会局、一九二二年六月、二頁

この表にあるように、第一回細民調査は細民戸別調査、細民長屋調査、木賃宿調査、細民金融機関（質屋業）調査、職業紹介所（雇人口入業・寄子業・職業案内所）調査、職工家庭調査と、調査内容を六つも構成しているが、第二・三回調査は細民戸別調査だけである。第二細民調査、第三回細民調査ともに「細民戸別調査票記入心得」にそって、「細民戸別調査票」に記した。その場合、調査対象となる細民を、第二回細民調査では四項目、第三回細民調査では六項目をあげて具体的に規定している。この規定内容を「細民戸別調査票記入心得」に記載されている順序ではなく、Ⅰ居住、Ⅱ職業、Ⅲ収入・世帯に分けると、次の表組になる。

表7　第二・三回細民調査の細民規定

	第二回細民調査	第三回細民調査
Ⅰ居住	1所謂細民部落ニ居住スル者 3一ヶ月家賃三円以内ノ家屋ニ居住スル者、但シ場所及所帯ノ状況ニ依リ夫レ以上ノ家賃ヲ払フモノト雖モ適宜斟酌スヘキコト	1所謂細民部落に居住するもの 2一ヶ月家賃若くは間代の負担五円以下の家屋に居住するもの
Ⅱ職業	2主トシテ雑業又ハ車力其他下級労働ニ従事スル者	3主として雑業又車力其の他下級労働に従事するもの
Ⅲ収入・世帯	4所帯主ノ職業上ノ収入月額二〇円以内ノ者、但シ場所及所帯ノ状況ニ依リ夫レ以上ヲ収入スルモノト雖モ適宜斟酌スベキコト	4一世帯の人員三人以上六人以下のもの 5一世帯の収入月額五〇円内外のもの 6家庭に不具廃疾者等あるか如き特殊の事情なきもの

典拠：1「細民戸別調査票記入心得」『大正元年調査　細民調査統計表摘要』内務省地方局、一九一四年三月、一頁
2「細民戸別調査票記入心得」『細民生計状態調査』内務省社会局第二部、一九二三年三月、一頁

この表から、第二回細民調査と第三回細民調査とで細民規定の差異をみたいと思う。両者の間には、第一次世界大戦（一九一四年七月〜一九一八年一一月）を挟み、米価暴騰による米騒動（一九一八年七月〜九月）があって、この物価変動が細民規定の数値を一ヶ月家賃三円以内（Ⅰ-3）から五円以下（Ⅰ-2）に、月額収入二〇円以内（Ⅲ-4）から五〇円内外（Ⅲ-5）に上昇させている。この数的変化にもかかわらず、細民の生活実態は「所謂細民部落に居住するもの」（Ⅰ-1）、「主として雑業又車力其の他下級労働に従事するもの」（Ⅱ-3）として、居住地、居住者職業の規定には変化がないのである。つまり、この生活実態が細民を規定する大きな要素となっている。

「所謂細民部落」の生活者であることが、この調査で細民規定の一つにあげられている。そこで、調査対象地域である「所謂細民部落」と東京市特殊尋常小学校所在地との具体的な関係をみたいと思う。東京市特殊尋常小学校とは一九〇三年三月万年小学校から一九二二年四月鮫橋小学校分校まで、一二校を開校して、一九二六年四月一日付で各校所在の区へ移管されるまで存続したものである。東京市特殊尋常小学校である一二校の所在地及びその隣接町域が第一・二・三回細民調査の対象地域となっている関連を次表にまとめた。

表8　東京市特殊尋常小学校・内務省「細民調査」対象地域

東京市特殊小学校			内務省「細民調査」対象地域		
校名	設立年月	所在地	一回調査	二回調査	三回調査
万年	一九〇三年二月	下谷区万年町二丁目五四番	万年町・山伏町・入谷町、浅草区神吉町・新谷町		

霊岸	一九〇三年三月	深川区霊岸町一六七番地	東大工町		
三笠	一九〇三年六月	本所区三笠町五番地		長岡町	
鮫橋	一九〇三年九月	四谷区鮫河橋谷町一丁目四二番地			
玉姫	一九〇五年四月	浅草区浅草町八四、八五、九〇～九六番地	浅草町		浅草町
芝浦	一九〇七年四月	芝区新網町北一八番地			
絶江	一九〇九年六月	麻布区本村町二〇三番地	広尾町		
林町	一九一〇年一〇月	小石川区林町四四番地			
猿江	一九一二年三月	深川区猿江町一二番地		猿江裏町・本村町	猿江裏町・本村町
菊川	一九一二年四月	本所区菊川町一丁目二六番地	花町	菊川町・徳右衛門町	
太平	一九一八年六月	本所区太平町一丁目五〇番地		太平町・横川町・柳島梅森町・柳島横川町	
鮫橋分校	一九二二年四月	四谷区旭町五六番地			四谷旭町

典拠：『下谷区史』、『深川区史』、『本所区史』、『浅草区誌』、『芝区誌』、『麻布区史』、『小石川区史』、『新宿区教育百年史』

この表にみられるように、鮫橋小学校、芝浦小学校、林町小学校所在地及その隣接町域には細民調査が施行されていない。しかし、この三校を除いて、東京市特殊尋常小学校所在地及その隣接町域が調査対象地域として選定されているのである。何故ならば「特殊小学校生徒の家庭をその調査目的にした」＊41と記しているように、東京市特殊尋常小学校への施策に連動することを直接的な動機とした細民調査であったのである。

東京市特殊尋常小学校所在地及その隣接町域をメルクマールにして、細民調査対象地域が選定されているが、それだけでは狭量となってしまう。第二回細民調査では「然るにその調査区域狭小なると、実数乏しきがため、未だその状態を推するに足らざるものある」＊42として、東京市特殊尋常小学校所在有無に関係なく、対象地域をも選定している。細民調査を重ねることで、対象地域を拡げて、データを豊富に取得しようとしたと思われる。調査データを豊富にすることによって、「所謂細民部落」の多種な職業構成ばかりではなく、その職業分布によって、調査地域の固有性をも顕著にさせている。そこで、第一・二回細民調査にかかる下谷区、浅草区、本所区、深川区、大阪市での主要な職業構成をみたいと思う。その調査対象者は下谷区二九四七人、浅草区一〇〇〇人、本所区一一六〇人、深川区一七二八人、大阪市一六五九人、合計七五九四人となっている。調査対象者数に不均等があるが、各調査地域において、従業者数を多くしている職業順にあげると、次のようになっている。

表9「所謂細民部落」の主要な職業構成

対象地域	職業構成（人数）
下谷区 二九四七人	人力車挽(四二一)　建築工業ノ職工(二六八)　物品販売商(二四九)　被服及身ノ廻リ品製造職工(二三三)　日雇及使歩キ(二三二)　屑拾・屑撰(一四八)　古物商及廃物商(一三二)　木竹等ノ工業ノ職工(一一三)　荷車挽(一一〇)

浅草区 一〇〇人	被服及身ノ廻リ品製造職工(一四)　人力車挽(一四)　建築工業ノ職工(一〇)　荷車挽(一〇)　日雇及使歩キ(九)
本所区 一一六〇人	人力車挽(一五六)　日雇及使歩キ(一二一)　建築工業ノ職工(一〇七)　金属工業ノ職工(一〇二)　物品販売商(八八)　被服及身ノ廻リ品製造職工(七二)　荷車挽(六三)　染物及其準備業(三八)
深川区 一七二八人	荷車挽(二二一)　人力車挽(一八九)　日雇及使歩キ(一五一)　建築工業ノ職工(一四九)　金属工業ノ職工(一四五)　木竹等ノ工業ノ職工(一一〇)　瓦斯電気業ノ職工・工夫(九九)　化学的工業ノ職工(三八)
大阪市 一六五九人	人力車挽(一九四)　下駄類製造及修繕職(一六三)　獣屍ノ変形処分ニ関スル業(一六一)　日雇及使歩キ(一四一)　物品販売商(一〇八)　荷車挽(八九)　草履・草鞋・鼻緒・下駄表製造及修繕職(八四)

典拠：1「第七表　体性及職業ニ依リ分チタル所帯主」『細民調査統計表』内務省、一九一二年三月、九～一二頁
2「第二一表　体性及職業ニ依リ分チタル現住所帯主」『大正元年調査　細民調査統計表摘要』内務省地方局、一九一四年三月、四四～四九頁

この表にみられるように、どの調査対象地域からも人力車挽、荷車挽、日雇及使歩キがあがっている。これらは「所謂細民部落」において主要な職種であり、細民規定を「主として雑業又車力其の他下級労働に従事するもの」(表7、Ⅱ-3) *43としていることが該当していると思われる。

人力車挽、荷車挽、日雇及使歩キを主要な職種としても、それ以外の職業分布を各調査地域においてみたいと思う。下谷区では建築工業ノ職工、被服及身ノ廻リ品製造職工、木竹等ノ工業ノ職工、物品販売商、古物商及廃物商、屑拾・屑撰など。本所区では染物工業、身ノ廻リ品製造の家庭工業などの職人・小工従事者。深川区では建築工業ノ職工、金属工業ノ職工、木竹等ノ工業ノ職工もあるが、瓦斯電気業、化学的工業の工場労働者を他地域よりも多くみること

ができる。また、大阪市では下駄類製造及修繕職、獣屍ノ変形処分ニ関スル業、物品販売商、草履・草鞋・鼻緒・下駄表製造及修繕職が多くみられる。これは調査地域に被差別部落を包含したことで、「これらの業務は古来該部落特有の職業なれば、その多きはもとより怪しむに足らず」＊44と記している。そのことを、布川孫市は「小区域ながら、東京と大阪とが多少対照され、両者の特徴を知るの便を得るに至った」＊45と述べている。このように職業分布が異なるのは、「各区の業体別を見るに其間自ら細民部落の新しいと古きとに依り別あるが如し」＊46としている。下谷・本所区は「徳川時代より継承せる細民部落」のため「古来の職業」が多く、深川区は「細民部落の新しき」ため新興工業の工場労働者が多い。つまり、地域の固有性を顕著にしているのである。

調査対象地域の固有性を顕著にするものの一つが職業構成である。調査データによって、「細民の職業は一般社会の経済如何に支配せらるること多く、従って彼等の従事する工業も亦付近の工場設置如何に伴ふものあり、故に各区の差異も亦是等の工場の種類及存否等と相関連するものなり」＊47と、『都市改良参考資料』に記している。ここで、「細民の職業は一般社会の経済如何に支配せらるる」とあるが、「一般社会の経済如何に支配せらるる」は細民職業だけではなく、細民生活実態そのものである。第一次世界大戦後の社会経済状況は第三回細民調査を意思決定させたが、その状況を次のように記している。

世界大戦を劃してその前後を対照すれば、社会各般の事態に異常の変調を呈し、殆んど隔世の感あり、随って社会問題のごとき頻繁として起り、応接に遑なからんとす。しかして細民生活の改善については、従来その調査と施設に資せるもの少なからざるが、近時財界の変動より更に種々の影響を及ぼすに至れるを以て、最近の状態を観察する必要を認め、大正一〇年一一月を期し、東京市の一部につきこれが調査を施行し、その結果の表章は、さきにこれを刊行したり＊48。

これは第三回細民調査である『細民生計状態調査』に記された一節である。第一次世界大戦後の「社会各般の事態に異常の変調」、「近時財界の変動」によって、「状態を観察する必要」が調査施行し、「その結果の表章は、さきにこれを刊行したり」とある。つまり、内務省社会局が『大正一〇年施行 細民調査統計表』を発行した経緯を記しているのである。

第一回細民調査、第二回細民調査が日露戦争後の地方改良運動によって意思決定したように、第三回細民調査も第一次世界大戦の戦後経営によって意思決定させている。その戦後経営には、一九一八年六月二五日救済事業調査会官制公布、一九二一年一月一三日社会事業調査会官制公布にもみられるように、社会事業体系、社会事業施策の方向性が確定されるなかでの細民調査であった。

五、結びにかえて

一九一七年一二月暉峻義等は東京帝国大学医学部を卒業して、一九一八年警視庁保健衛生室での細民調査に従事した。調査地域は「所謂細民部落」である本所区横川町、深川区豊住町であった。それぞれの地域に六ヶ月間居住しての実態調査であった。暉峻義等はその調査結果として、「貧困に関する社会衛生学的研究」をまとめ上げている。この細民調査を通して、「今日以後いかなる調査をし、いかなる方法を用いたら最も適切であるか、またどういうことを目標として社会的の問題を研究していったら宜いかなど云うことについて」の「私共〈暉峻義等〉の意の存するところ」＊49を次のように提言している。

細民と申しましてもこれが単に経済上の意味からばかり、即ち経済的生活の不良ということばかりが細民ではないと思われます。勿論それは最も重要なる要素に相違ありませぬが、しかし、この外に人間の生活意志、生活の欲求ということも考に入れる必要があります。彼等の生活を見ますると、人間生活の麗しい点を失い、或は追々と人間的な意志を失いつつ生活していることに気がつくのであります。尚この外に肉体的の欠陥も勘定に入れなくてはなりません。この意味において細民調査ということは決して経済上のみにて進むべきものではなく、また医学上ばかりで進むべきものではなくして、あらゆる方面、即ちもう少し深き根底、倫理学的心理学的社会学的または精神的方面からもこれを観察しなければならぬ問題であろうと思うのであります＊50。

ここで、暉峻義等は細民調査には「決して経済上のみにて進むべきものではなく、また医学上ばかりで進むべきものではなくして」、「人間の生活意志、生活の欲求」も重要な要素であると提言している。この調査時期は内務省施行第二回細民調査と第三回細民調査に挟まれて、当時の暉峻義等は二九歳の青年医師であった。

第二回細民調査では三三項目を「表2　第2回細民調査の調査項目」、第三回細民調査では二四項目を「表3　細民集団地区調査の調査項目」、三七項目を「表4　「戸別調査票」の調査項目」に前掲したが、三者ともに家族構成、衣食住、衛生にかかわる項目である。つまり、数値化が容易である経済上、医学上の調査事項に終始しており、「人間の生活意志、生活の欲求」にかかわる事項があるとすれば嗜好（表2Ⅱ-20、表4Ⅰ-15）、宗旨及信仰（表2Ⅱ-21、表4Ⅰ-17）のわずか二項目であろう。生活者にとって、「人間の生活意志、生活の欲求」は重要であるが、調査項目への設定を稀少にしている。

一九二二年九月、東京府社会課は「東京市及近接町村中等階級住宅調査」を施行した。その調査方法は第三回細民調査に倣ったことを次のように記している。

大正一〇年一一月内務省において本府並に東京市の手を透して市内細民の生計費調査を家計簿式方法（Family account method）によりて行い、現に発表せられたるものあり、故に本府において所謂中等階級の調査を大体右と同様の方法において完成する時は両者相補うを得べし＊51。

ここでの調査対象は「所謂細民部落」での生活者ではない。調査対象を「東京市並に近接町村に居住する俸給生活者生活者熟練職工及交通労働者等月収七〇円以上二五〇円以下を調査の中心点とせり」＊52と記している。調査は一九二二年七月具体案作成、住宅調査票並に趣意書印刷。九月上旬種々機関を透して配布。一〇月下旬住宅調査票回答蒐集して、整理に着手。一九二三年二月下旬製表、五月刊行となっている。この住宅調査と第三回細民調査では調査対象者・地域も異にしているが、家計簿式方法、配布・回答蒐集・整理・製表・刊行と、同じ調査方法をたどっているのである。これは生計費調査という経済上のみで進むものにもなり、青年医師暉峻義等の提言とは乖離したままの社会事業調査とあったと思われる。

第三回細民調査には草間八十雄も参画している。そもそも草間が社会事業調査にかかわったのは、一九〇九年四谷区旭町の「所謂細民部落」を踏査したことに始まっている。当時は東京府豊多摩郡内藤新宿町大字南町と称した町域で、一二年後には第三回細民調査の対象地域の一つでもあった。草間にとっては初めて臨んだ「所謂細民部落」であり、その生活実態を次のように述べている。

予は貧民問題に意を注ぎ出したのは、今から二十八年以前の明治四十二年である。その頃に貧民生活の実状を目睹しようと、初めて臨んだ貧民部落は四谷旭町であった（大正九年まで豊多摩郡新宿南町と称せり）。この街の天龍寺門前に建並ぶ棟割長屋に住む人々は、最も貧窶であり醜い生活状態であって、家主稲垣某はこの長屋の貧しい人達の生活内容を説いてくれたが、当時は公私ともに社会事業は未発達であったから、貧しい人の中には明旦を支える米の貯えはなく、身には襤褸を蔽いもしも降雨に出会えば一碗の粥を啜る事の出来ない惨なものさえある。その酷く惨ましい生活の有様を聞いて瞼に泪を浮べずにはいられない。予はその以後諸所の細民集団の地域を踏査し、貧しき人々の生活状態を探究して今日に及んだのである＊53。

これによれば、草間八十雄は一九〇九年以降も数多くの「所謂細民部落」を踏査したとしているが、調査対象が「所謂細民部落」ばかりではなくて、売笑婦、水上生活者、貧困児童、浮浪者など「貧しき人々の生活状態」にまでも及んでいるのである。この間、内務省での第三回細民調査だけではなく、東京市社会局で浮浪者調査にも参画している。

草間八十雄の東京市在籍は一九二二年二月三日付東京市社会局調査事務嘱託となり、一九三五年六月三〇日付東京市主事依願免主事までとなっている＊54。しかし、それ以降も東京市社会局嘱託として「市内浮浪者調査」に、東京市厚生局嘱託として第五回国勢調査（一九四〇年一〇月一日）で浮浪者調査にも参画*55した。そこで、「市内浮浪者調査」に注目したいと思う。調査対象は東京市内の浮浪者であり、期間は一九三七年一一月六日から二六日まで隔日に施行された。調査地域は芝区四ヶ所、四谷・淀橋区五ヶ所、下谷・本郷区八ヶ所、浅草区一二ヶ所、本所・深川区一一ヶ所の計四〇ヶ所、対象者は男三四二名、女二一名の計三六三名であった。調査報告としては『市内浮浪者調査』が一九三九年二月で刊行されている。「解説、記述、編纂は本市嘱託草間八十雄が之に当ったのである」*56と「序」に記してあるが、立案から予備調査、実地調査も含めて、草間が主導であったと思われる。

「市内浮浪者調査」が草間八十雄の主導によることで、調査項目の設定に特徴をみることができる。そこには一五項目が設定されているが、内訳は次のようになっている。

本調査の項目は総て一五項目に上るのである。ここにその項目を挙ぐれば1浮浪者数、2年齢、3出生地、4教育程度、5健康状況、6兵役関係、7配偶関係、8犯罪及処罰関係、9親族関係、10嗜好及趣味、11職業関係、12浮浪期間並浮浪の原因、13食物摂取状況、14浮浪を脱せざる理由、15将来の希望。以上のごとくである*57。

これら調査項目なかで、「6兵役関係」は設定理由を、「今や日支事変の折柄である、故に本調査に於ては浮浪者と兵役関係を調べ彼の宿ナシと謂はれ、流転の境遇にある者でも、必ずやその幾分は兵役に関係を有するものがあらうと想像したのである」*58と記している。これは戦時局下での社会事業調査であり、浮浪者にも兵力、労働力の供給源としての施策が調査項目に設定させたと思われる。戦時下においても、調査対象が浮浪者であっても、調査項目が家族構成、衣食住、衛生にかかわる内容もある。この部分だけでは細民調査、中等階級調査にも共通しているが、「人間の生活意志、生活の欲求」を体現した調査項目が設定されているのである。その項目が「14浮浪を脱せざる理由、15将来の希望」であり、「浮浪から野宿にまで零落せる者でも将来に対する希望を懐いているべきはずである」*59と記している。調査対象者三六三名から、個々聞き取り結果、「運命観からか、それとも人らしい意気を喪えるものか、とにかく更生の意志がなく現状に甘んずるという者七四人に上り、比例は二割にあたる」*60となっている。

しかし、それ以外の二八九名、八割は定職に就きたい者、商業を営みたいという者、帰国したいという者、元の職業に復したいという者等、現状脱却を希望しているのである。また、「現状に甘んずるという者」に対しては、その「浮浪を脱せざる理由」を次のように記している。

永い間にわたり浮浪を継続する者は段々と放逸に流れ、規矩に拠って働く業を嫌いまた忸怩の念は消え失せて、飢えればほしいままに食を求めに歩き、疲れては随時に憩い、夜になれば恰好の場所を覘って、どこへでも野宿する。その浮浪性の強き者にいたっては食を求めるに芥箱を漁る、俗に言う「ヒロイ」と唱えるものなど、吾人は到底想像するも及ばざる酷い者である。また、生理的欠陥による不具疾病などに悩む者には、縋るに術はなく、告ぐるに処のない、所謂無告の窮民は宿命的の念いを懐き、その境遇と現在の生活を自ら諦めて、浮浪のままで日を過ごす者があり、いずれも能動的に浮浪を脱し得ざるものがある*61。

この記述は一朝一夕の調査結果によるものではなくて、草間八十雄がつぶさに長年に浮浪者の生活実態を参与観察してきての見識であると思う。さらに、草間は「浮浪を脱し得ざる者は心的にも欠陥をもつ者の少なくない事を見遁してはならぬ。それで浮浪の習性が強く培われざる間において、更生の途に導くのが上乗の策である」*62と主張しているのである。

暉峻義等が「人間の生活意志、生活の欲求」を重視して、「経済的生活の不良ということばかりが細民ではないと思われます。」「彼等の生活を見ますると、人間生活の麗しい点を失い、或は追々と人間的な意志を失いつつ生活していることに気がつくのであります」*63と記している。それを、草間は「所謂無告の窮民」にも将来への希望を重視し、そうでない場合に「宿命的の念いを懐き、その境遇と現在の生活を自ら諦めて、浮浪のままで日を過ごす者があり、いずれも能動的に浮浪を脱し得ざるものがある」*64となっている生活実態を直視しているのである。この両者は、調査対象が細民、浮浪者の相異があるにせよ、人間存在を重視した生活実態調査であったと思われる。つまり、草間八十雄が社会事業調査に参画する場合には、人間存在を重視した生活者実態調査が特徴と思われる。

第一・二・三回細民調査施行にともなって、社会事業体系、社会事業施策の方向性が確定されてくる。本稿ではその方向性が確定されるまでと、社会事業調査に参画した草間八十雄の特徴を記述したにとどまっている。従って、今後の課題としては、実際の社会事業に、社会事業施策の展開に、草間調査の特徴がどのように機能するのか、関連付けられるのかを考察したいと思う。そして、草間の社会的弱者への眼を通して、大正・昭和戦前期の社会事業調査、社会事業施策のあり方を捉え直すことにしたいと思う。

註

＊1　横山源之助『日本の下層社会』『横山源之助全集　第一巻』明治文献、一九七二年一二月、二三頁。
＊2　賀川豊彦『貧民心理の研究』警醒社、一九一七年二月、八七頁。
＊3　「凡例」『細民調査統計表』内務省地方局、一九一二年三月。
＊4　布川静淵「社会調査の発展と其の文献　上」『社会事業』一八巻一二号、一九三五年三月、五頁。
＊5　田中太郎「統計的細民調査論　一」『統計集誌』三七四号、一九一二年四月、二〇一頁。
＊6　「凡例」『細民調査統計表』内務省地方局、一九一二年三月。
＊7　津田真澂「解説」『内務省地方局・社会局編纂　細民調査統計表　復刻』慶応書房、一九七九年二月、三〜四頁。
＊8　「凡例」『細民調査統計表』内務省地方局、一九一二年三月。
＊9　「細民戸別調査票記入心得」『大正元年調査　細民調査統計表摘要』内務省地方局、一九一四年三月、一頁。
＊10　「第一表　町別所帯数及体性ニ依リ分チタル人口並ニ平均一所帯人員及女一〇〇人ニ付男人口」『大正元年調査　細民調査統計表摘要』内務省地方局、一九一四年三月、一頁。
＊11　後藤市蔵『都市細民調査の結果』（発行者、年月記載なし）五頁。一九一四年一〇月、第七回感化救済事業講習会における後藤市蔵講演内容である。
＊12　「凡例」『大正元年調査　細民調査統計表摘要』内務省地方局、一九一四年三月、一頁。
＊13　「細民戸別調査票」『大正元年調査　細民調査統計表摘要』内務省地方局、一九一四年三月。
＊14　「凡例」『細民調査統計表』内務省地方局、一九一二年三月。
＊15　「細民調査の方針」『東京日日新聞』一九一一年六月六日付。

＊16 布川静淵「社会調査の発展と其の文献　上」『社会事業』一八巻一二号、一九三五年三月、五頁。
＊17 田中太郎「統計的細民調査論　一」『統計集誌』三七四号、一九一二年四月、二〇一頁。
＊18「細民戸別調査票記入心得」『大正元年調査　細民調査統計表摘要』一九一四年三月、一頁。
＊19 布川静淵「社会調査の発展と其の文献　上」『社会事業』一八巻一二号、一九三五年三月、五頁。
＊20「細民調査の方針」『東京日日新聞』一九一一年六月六日付。
＊21『昭和一〇年　退職死亡者履歴書』東京都公文書館蔵。
＊22「凡例」『細民集団地区調査』内務省社会局第二部、一九二三年三月、一頁。
＊23「凡例」『細民集団地区調査』内務省社会局第二部、一九二三年三月、一頁。
＊24『細民集団地区調査』内務省社会局第二部、一九二三年三月、一四〜一五頁。
＊25「小引」『細民集団地区調査』内務省社会局第二部、一九二三年三月、一頁。
＊26「細民地区調査項目」『細民集団地区調査』内務省社会局第二部、一九二三年三月、一一〜一三頁。
＊27「凡例」『大正一〇年施行　細民調査統計表』内務省社会局、一九二二年六月（『都市下層民衆生活実態資料集成　草間八十雄　一九二一〜一九三七年調査Ⅰ』明石書店、一九九三年七月　六九頁）。
＊28「凡例」『大正一〇年施行　細民調査統計表』内務省社会局、一九二二年六月（『都市下層民衆生活実態資料集成　草間八十雄　一九二一〜一九三七年調査Ⅰ』明石書店、一九九三年七月、六九頁）。
＊29『大正一〇年施行　細民調査統計表』内務省社会局、一九二二年六月　二頁（『都市下層民衆生活実態資料集成　草間八十雄　一九二一〜一九三七年調査Ⅰ』明石書店、一九九三年七月、八一頁）。
＊30「凡例」『大正一〇年施行　細民調査統計表』内務省社会局、一九二二年六月（『都市下層民衆生活実態資料集成　草間八十雄　一九二一〜一九三七年調査Ⅰ』明石書店、一九九三年七月、六九頁）。
＊31「本統計表ノ編整ニ就テ」『大正一〇年施行　細民調査統計表』内務省社会局、一九二二年六月、一頁（『都市下層民衆生活実態資料集成　草間八十雄　一九二一〜一九三七年調査Ⅰ』明石書店、一九九三年七月、七一頁）。
＊32「凡例」『大正一〇年施行　細民調査統計表』内務省社会局、一九二二年六月、二頁（『都市下層民衆生活実態資料集成　草間八十雄　一九二一〜一九三七年調査Ⅰ』明石書店、一九九三年七月、七〇頁）。
＊33「家計簿」『細民生計状態調査』内務省社会局第二部、一九二三年三月、一四〜一八頁（『都市下層民衆生活実態資料集成　草間八十雄　一九二一〜一九三七年調査Ⅰ』明石書店、一九九三年七月、四四二〜四四六頁）。
＊34「戸別調査票」『細民生計状態調査』内務省社会局第二部、一九二三年三月（『都市下層民衆生活実態資料集成　草間八十雄

一九二一～一九三七年調査Ⅰ』明石書店、一九九三年七月、四二六～四二七頁)。
＊35 「凡例」『大正一〇年施行 細民調査統計表』内務省社会局、一九二二年六月(『都市下層民衆生活実態資料集成 草間八十雄 一九二一～一九三七年調査Ⅰ』明石書店、一九九三年七月、六九頁)。
＊36 「凡例」『細民集団地区調査』内務省社会局第二部、一九二三年三月、一頁。
＊37 「凡例」『大正一〇年施行 細民調査統計表』内務省社会局、一九二二年六月、二頁(『都市下層民衆生活実態資料集成 草間八十雄 一九二一～一九三七年調査Ⅰ』明石書店、一九九三年七月、七〇頁)。
＊38 草間八十雄「神戸葺合新川の貧民窟を観る」『社会事業』五巻一一号、一九二二年二月(『近代都市下層社会 Ⅱ貧民街 浮浪者 不良児・貧児』明石書店、一九九〇年一〇月、八八九頁)。
＊39 草間八十雄『どん底の人達』玄林社、一九三六年一二月(『近代下層民衆生活誌 Ⅰ貧民街』明石書店、一九八七年九月、四三九～四四〇頁)。
＊40 磯村英一「序文」『近代下層民衆生活誌 Ⅰ貧民街』明石書店、一九八七年九月、六頁。
＊41 田中太郎「統計的細民調査論 一」『統計集誌』三七四号、一九一二年四月、二〇一頁。
＊42 「緒言」『都市改良参考資料』内務省地方局、一九一五年三月、二頁。
＊43 「細民戸別調査票記入心得」『細民生計状態調査』内務省社会局第二部、一九二三年三月、一頁(『都市下層民衆生活実態資料集成 草間八十雄 一九二一～一九三七年調査 Ⅰ』明石書店、一九九三年七月、四二九頁)。
＊44 「第三職業」『都市改良参考資料』内務省地方局、一九一五年三月、七〇頁。
＊45 布川静淵「社会調査の発展と其の文献 上」『社会事業』一八巻一二号、一九三五年三月、六頁。
＊46 「第三職業」『都市改良参考資料』内務省地方局、一九一五年三月、七〇頁。
＊47 「第三職業」『都市改良参考資料』内務省地方局、一九一五年三月、六八頁。
＊48 「小引」『細民生計状態調査』内務省社会局第二部、一九二三年三月、一頁(『都市下層民衆生活実態資料集成 草間八十雄 一九二一～一九三七年調査 Ⅰ』明石書店、一九九三年七月、三〇六頁)。
＊49 暉峻義等『社会衛生学―社会衛生学上における主要問題の論究―』吐鳳堂書店、一九二七年一月、三七一頁、三七二頁。
＊50 暉峻義等『社会衛生学―社会衛生学上における主要問題の論究―』吐鳳堂書店、一九二七年一月、三七三頁。
＊51 東京府社会課編『東京市及近接町村中等階級住宅調査 大正十一年九月施行』東京府社会課、一九二三年五月、二頁。
＊52 東京府社会課編『東京市及近接町村中等階級住宅調査 大正十一年九月施行』東京府社会課、一九二三年五月、二頁。
＊53 草間八十雄『どん底の人達』玄林社、一九三六年十二月(『近代下層生活誌 Ⅰ貧民街』明石書店、一九八七年九月、一八〇

頁)。
＊54『昭和一〇年　退職死亡者履歴書』(東京都公文書館蔵)。
＊55　東京市厚生局庶務課計画掛『第五回国勢調査に於ける市内浮浪者発見数』東京市厚生局、一九四〇年一〇月(『近代日本の格差と最下層社会』明石書店、二〇一三年二月、一六一頁)。
＊56「序」『市内浮浪者調査』東京市社会局、一九三九年二月(『都市下層民衆生活実態料集成　草間八十雄　一九二一～一九三七年調査　Ⅱ東京市社会局　東京市臨時国勢調査部　東京府社会事業協会　東京府学務部社会課』明石書店、一九九三年七月、五一三頁)。
＊57『市内浮浪者調査』東京市社会局、一九三九年二月、一頁(『都市下層民衆生活実態料集成　草間八十雄　一九二一～一九三七年調査　Ⅱ東京市社会局　東京市臨時国勢調査部　東京府社会事業協会　東京府学務部社会課』明石書店、一九九三年七月、五二九頁)。
＊58『市内浮浪者調査』東京市社会局　一九三九年三月　二四頁(『都市下層民衆生活実態料集成　草間八十雄　一九二一～一九三七年調査　Ⅱ東京市社会局　東京市臨時国勢調査部　東京府社会事業協会　東京府学務部社会課』明石書店、一九九三年七月、五五二頁)。
＊59『市内浮浪者調査』一九三九年二月、六七頁(『都市下層民衆生活実態料集成　草間八十雄　一九二一～一九三七年調査　Ⅱ東京市社会局　東京市臨時国勢調査部　東京府社会事業協会　東京府学務部社会課』明石書店、一九九三年七月、五九五頁)。
＊60『市内浮浪者調査』一九三九年二月、六七頁(『都市下層民衆生活実態料集成　草間八十雄　一九二一～一九三七年調査　Ⅱ東京市社会局　東京市臨時国勢調査部　東京府社会事業協会　東京府学務部社会課』明石書店、一九九三年七月、五九五頁)。
＊61『市内浮浪者調査』一九三九年二月、六九頁(『都市下層民衆生活実態料集成　草間八十雄　一九二一～一九三七年調査　Ⅱ東京市社会局　東京市臨時国勢調査部　東京府社会事業協会　東京府学務部社会課』明石書店、一九九三年七月、五九七頁)。
＊62『市内浮浪者調査』一九三九年二月、六九頁(『都市下層民衆牛活実態料集成　草間八十雄　一九二一～一九三七年調査　Ⅱ東京市社会局　東京市臨時国勢調査部　東京府社会事業協会　東京府学務部社会課』明石書店、一九九三年七月、五九七頁)。
＊63　暉峻義等『社会衛生学―社会衛生学上における主要問題の論究―』吐鳳堂書店、一九二七年一月、三七三頁。
＊64『市内浮浪者調査』一九三九年二月、六九頁(『都市下層民衆生活実態料集成　草間八十雄　一九二一～一九三七年調査　Ⅱ東京市社会局　東京市臨時国勢調査部　東京府社会事業協会　東京府学務部社会課』明石書店、一九九三年七月、五九七頁)。

執筆者紹介

菊池　勇夫（きくち　いさお）　宮城学院女子大学学芸学部教授
一九五〇年生まれ。立教大学大学院文学研究科博士課程単位取得退学。著書：『飢饉から読む近世社会』（校倉書房）、『菅江真澄』（吉川弘文館）、『十八世紀末のアイヌ蜂起』（サッポロ堂書店）、『東北から考える近世史』（清文堂出版）、『アイヌと松前の政治文化論』（校倉書房）など。

秋山　伸一（あきやま　しんいち）　豊島区立郷土資料館学芸員
一九六一年生まれ。立教大学大学院文学研究科史学専攻博士前期課程修了。論文：「江戸の庭園管理と園芸書」（竹内誠編『近世都市江戸の構造』三省堂）、「伊藤伊兵衛政武と楓研究」（『豊島区立郷土資料館研究紀要　生活と文化』第一三号）、「江戸北郊地域における花名所の創出」（地方史研究協議会編『江戸・東京近郊の史的空間』雄山閣）。

藤井　智鶴（ふじい　ちづる）
一九五四年生まれ。立教大学大学院文学研究科史学専攻博士前期課程修了。論文：「三河ひるわ山山論の展開―私領山論の公儀越訴をめぐって―」（『史苑』第五一巻第一号、立教大学史学会）、「村に生きた未婚の母―尾張国中島郡起村たつの場合―」（『郷土文化』第五五巻第三号、名古屋郷土文化会）、「『万日記』の内容とその分化―尾張国知多郡加木屋村久野半平家の場合」（岸野俊彦編『尾張藩社会の総合研究』清文堂）、「尾張国知多郡加木屋村における近世後期の本家・分家関係―「万日記」を中心に―」（『愛知県史研究』第七号）、「盗賊が覗いた庶民の暮らし」（『尾西市史』通史編上巻）。

髙橋　紀子（たかはし　のりこ）
一九五一年生まれ。立教大学文学部史学科卒業。豊島区史、八潮市史、吉川市史の編集業務に従事。

村井　早苗（むらい　さなえ）　日本女子大学文学部教授
一九四六年生まれ。立教大学大学院文学研究科日本史専攻単位取得、博士（文学）。立教大学、早稲田大学など講師歴任。著書：『幕藩制成立とキリシタン禁制』（文献出版）、『天皇とキリシタン禁制』（雄山閣出版）、『キリシタン禁制と民衆の宗教』（山川出版社）、『キリシタン禁制の地域的展開』（岩田書院）など。

阿部　知博（あべ　ともひろ）　私立桜の聖母学院高等学校教諭
一九五六年生まれ。立教大学大学院文学研究科修士課程修了。論文：「近世死体遺棄禁令と検死─「取捨」から「取置」へ」（『歴史科学と教育』第八号、「歴史科学と教育」研究会）、「近世都市『宿』支配と公権力」（『論集きんせい』第二二号』近世史研究会）、『三芳町史通史編』（執筆、三芳町）。

村井　文彦（むらい　ふみひこ）　馬の博物館（公益財団法人馬事文化財団）学芸部長
一九五七年生まれ。立教大学大学院文学研究科史学専攻博士前期課程修了。馬の博物館・ＪＲＡ競馬博物館主任学芸員を経て現職。

鈴木　靖（すずき　やすし）　新宿区役所大久保特別出張所長
一九五六年生まれ。立教大学大学院文学研究科史学専攻博士前期課程修了。新宿区立新宿歴史博物館学芸員として特別展「江戸四宿」、「鍋─伊豆長八と新宿の左官たち」等を担当。学習院大学等講師を歴任し「博物館資料論」担当。論文：「茨城県下における淀橋区学童集団疎開の展開」（『茨城県史研究』八一号）、「博物館の世界：博物館経営の諸問題１：経営的視点から見る博物館活動について」（『東海大学課程資格教育センター論集』５）。

安岡　憲彦（やすおか　のりひこ）　高知大学医学部非常勤講師
一九四七年生まれ。長崎純心大学大学院人間文化研究科博士後期課程単位取得退学。著書：『幕藩制から近代へ』（分担執筆、柏書房）、『日本の都市と町─その歴史と現状』（共著、雄山閣）、『近代下層民衆生活誌』（編著、明石書店）、『近代都市下層社会』（編著、明石書店）、『近代日本のどん底社会』（編著、明石書店）、『都市下層民衆生活実態資料集成』（編著、明石書店）、『近代日本の格差と最下層』（編著、明石書店）『近代東京の下層社会─社会事業の展開』（明石書店）、『草間八十雄』（大空社）。

地方史・民衆史の継承
──林史学から受け継ぐ──

2013年11月11日　第1刷発行

編著者
菊池（きくち）　勇夫（いさお）

発行所
㈱芙蓉書房出版
（代表　平澤公裕）
〒113-0033東京都文京区本郷3-3-13
TEL　03-3813-4466　FAX　03-3813-4615
http://www.fuyoshobo.co.jp

印刷・製本／モリモト印刷

ISBN978-4-8295-0603-5